KB022836

스토리씽킹

원하는 미래를 현실로 끌어당기는 퓨처 매핑 완벽 가이드

스토리씽킹

간다 마사노리 지음 | 김형숙 옮김

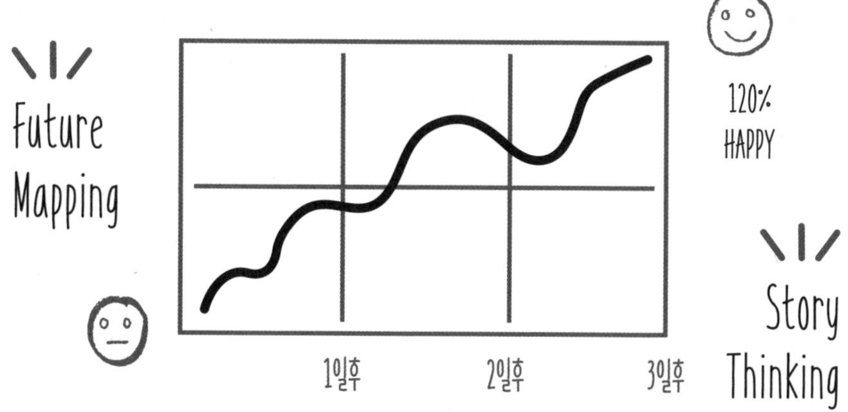

초록비 책공방

차 례

역자의 말 8

프롤로그 12

1부 스토리씽킹의 5가지 원동력

1장 스토리는 마음을 움직이는 원동력

이야기가 지닌 진짜 힘 27

설렘 만한 이야기로 미래를 그려라 29

지금까지의 회사 스토리는 유통기한이 끝났다 32

고객은 이야기의 주인공이 되고 싶어 한다 34

스토리란 '처음 · 중간 · 끝' 36

2장 당신 안에 잠재된 스토리의 힘

스토리씽킹 원동력 ❶ 스토리는 머릿속에 박힌다 44
스토리씽킹 원동력 ❷ 스토리는 위기를 기회로 바꾼다 48
스토리씽킹 원동력 ❸ 스토리는 진짜 문제를 드러낸다 55
스토리씽킹 원동력 ❹ 스토리는 팔리는 이름을 낳는다 59
스토리씽킹 원동력 ❺ 스토리는 서로 다른 재능을 통합한다 68

2부 스토리씽킹을 익히기 위한 7가지 실험

3장 새로운 환경에 대응하는 새로운 해결책 퓨처 매핑

퓨처 매핑은 어떤 때 쓰일까? 84
기술적인 문제 해결 vs. 적응형 문제 해결 87
퓨처 매핑의 기본 구조 90
3일 후의 미래를 창조한다 94

4장 퓨처 매핑 코어 스킬 : 7가지 실험

[실험1] 이타의 법칙 103
누군가를 행복하게 만드는 미래를 상상하면 어떤 일이 일어날까?

[실험2] 놀라운 이미지의 법칙 116
이미지로 답을 연상하면 어떻게 될까?

[실험3] 우연성의 법칙 138
가볍게 그은 곡선 하나, 무엇을 초래할까?

[실험4] 변혁의 법칙 ❶ 160
무관한 이야기에서 과제 달성을 위한 힌트를 끌어낼 수 있을까?

[실험5] 변혁의 법칙 ❷ 178
두근대는 이야기를 만든 후 과제 달성 자신감은 어떻게 변화하는가?

[실험6] 동기부여의 법칙 204
내면에서 쏟아져 나온 이야기는 현실적인 행동을 일으키는가?

[실험7] 공백의 법칙 216
당신의 숨은 재능을 발견할 수 있을까?

3부 씽킹에서 행동으로

5장 미래를 만드는 스토리씽킹 행동 사례

스토리씽킹은 로직과 크리에이티브를 연결한다 241

스스로 생각하고 결정하고 움직인 끝에 형태가 만들어진다 244

[행동 사례 ❶] 도요타 자동차 주식회사 246
해외 프로젝트 성공을 뒷받침한 태국과 일본 여성 기술자들

[행동 사례 ❷] NTT 어드밴스테크놀로지 주식회사 249
풍부한 기술을 바탕으로 비즈니스 모델화를 촉진하다

[행동 사례 ❸] 유명 음식점 '후지소바'를 경영하는 다이탄그룹 252
30년을 지켜온 '후지소바'가 4개월 만에 신사업에 도전한 결과

[행동 사례 ❹] 아이윌주식회사/조직·인재활성화연구소 256
퓨처 매핑으로 3주 만에 1억 원의 계약을 따내다

간디의 가르침을 실천하다 260

결과를 컨트롤하지 마라 263

부록

퓨처 매핑에 대해 자주 묻는 13가지 질문 268

퓨처 매핑 하는 법 277

연습 차트 281

에필로그 285

역 자 의 말

당신의 고민과 과제는 스토리씽킹으로 해결된다

시간 가는 줄 모르고 영화나 TV 드라마에 푹 빠져본 적 있는가? 스토리에 몰입된 것이다. 그것이 바로 스토리의 힘이다. 그런 스토리의 모방과 해석, 학습과 성찰을 통해 창조적 상상력이 탄생한다. 성공한 사람들, 성공한 제품, 성공한 회사에는 이러한 가슴 뛰는 스토리가 있다. 4차 산업혁명 시대는 바로 상상력이 뛰어난 사람, 상상하는 미래를 현실로 끌어오는 능력을 갖춘 사람이 선두에 설 가능성이 높다. 이들은 스토리를 통해 잠재의식에 숨어 있는 재능을 끌어내기 때문이다.

스토리씽킹이란 스토리를 매개로 창의적으로 사고하는 방법을 말한다. 이루고 싶은 꿈이나 과제와 전혀 연관이 없는 스토리라도 상관없다. 누군가를 120% 행복하게 하는 어떤 이야기를 자신이 목표로 하는 과업이나 꿈으로 그리는 사고 방법을 저자인 간다 마사노리는 스토리씽킹이라고 불렀다.

나는 스토리씽킹이 인간의 무한한 상상력을 자극하는 스토리를 기반으로 한다는 점, 그 상상의 결과를 단 한 장의 차트로 요약·정리하는 퓨처 매핑이라는 구체적 방법을 제공한다는 점, 그리고 이 모든 사고의 출발점을 "누구를 120% 행복하게 하고 싶은가?"라는 이타적 관점의 질문으로 시작한다는 점에 주목하고 매력을 느껴 이 책을 번역했다.

사실 스토리씽킹의 힘은 무궁무진하다. "누구를 120% 행복하게 하고 싶은가?"라는 질문에 대상을 정하고 나면 자동으로 어떤 목표가 생겨난다. 그리고 스토리씽킹은 그 목표를 달성할 수 있는 창의적인 발상으로 우리를 –너무나 자연스럽게– 안내한다. 목표 달성을 위한 아이디어와 구체적 계획, 그리고 그 달성을 위한 몰입이 필요한 일에 스토리씽킹은 제격이다.

직장인이라면 신상품 아이디어 도출에서부터 제품 출시와 시장 진입을 위한 행동 계획 수립에 이르기까지 업무 과제를 성공적으로 달성하고 싶을 것이다. 조직의 리더나 경영자라면 전사 차원의 경영혁신을 위한 마스터플랜을 세우고 이루어내고 싶을 것이다. 대학생이라면 미래의 행복한 나의 모습을 그려볼 것이다. 이처럼 이루고 싶은 어떤 꿈이나 과제에 대한 행동 시나리오를 구체화하고 싶을 때 스토리씽킹은 힘을 발휘한다. 그야말로 목표와 실행 아이디어, 그리고 그 달성을 위한 동기부여가 필요한 곳이라면 어디서든 강력한 힘을 발휘할 수 있는 것이 스토리씽킹을 통한 퓨처 매핑이다.

이 책을 만나면서부터 나는 퓨처 매핑의 방법과 위력을 몸으로 깨닫고 있다. 한국에서 교육을 받고 자란 대부분 성인은 스토리씽킹을 끌어낼 때 어려움을 겪는다. 지난 20여 년간 문제 해결 코치를 해오면서 창의적 발상을 힘들어하는 사람들을 만나면 우뇌를 자극하는 방법으로 도움을 주었지만 결코 쉬운 일이 아니었다. 그러나 스토리를 끌어다가 과제를 달성한다는 의미를 명확히 알게 된 지금, 내가 코칭하는 프로젝트 팀에게도, 우리 회사의 프로젝트를 해결하는 과정에서도, 나의 1년 후 미래를 구상하는 일에도, 매일의 삶에서 퓨처 매핑은 목표 달성에 자신감을 주는 일상의 도구가 되고 있다.

'보물지도'와 같은 이 책이 기업과 공공기관은 물론 학교, 병원, 군대, 평생교육 기관, 노동조합 등 모든 조직의 리더들에게, 자신의 꿈을 이루고 싶은 모든 직장인과 학생들에게 널리 사용되는 모습을 보고 싶다. 김구 선생님이 말씀하셨던 "우리나라가 세계에서 가장 아름다운 나라, 남의 것을 모방하는 것에서 머물지 않고 창조적 문화의 힘으로 모범이 되기"를 바란다. 나는 스토리씽킹과 퓨처 매핑이 우리 세대가 훈련해야 할 필수의 무기가 될 것이라 확신한다.

저자가 강조했듯 이 책은 지식을 얻기 위한 책이 아니라 성과를 얻기 위한 책이다. 비유하자면 순서를 잘 지키며 따라 해야 할 레시피라고나 할까? 그런 의미에서 이 책을 읽을 독자에게 꼭 부탁하고픈 두 가지가 있다.

첫째, 저자도 여러 번 말했지만 꼭 실습을 꼭 하라는 것이다. 요리는 눈이나 입으로 하는 것이 아니라 손으로 하는 것이다.

둘째, 이 책은 우리에게 익숙한 김치찌개를 끓이는 레시피를 담았다기보단 난생처음 해보는 이집트 전통요리를 만드는 레시피를 담고 있다. 그러니 간다 마사노리라는 천재가 여러분께 제안하는 스토리씽킹을 전개하는 요령을 그동안 갖고 있었던 이런저런 경험과 생각으로 저울질하지 말고 따라 해보길 부탁드린다.

내가 범했던 실수를 반복하지 않기를 바란다. 또한 스토리씽킹과 퓨처 매핑의 경험을 통해 여러분의 수많은 문제와 과업들이 창의적으로 해결되길 기원한다.

창의적 문제 해결 전문 코치 김형숙

프 롤 로 그

2013년 6월. 나는 흥미로운 실험에 참가하지 않겠냐며 약 3,000명을 불러 모았다. 꿈이 이루어지는 실험. 기간은 단 사흘. 정해진 과제 달성법을 사용해 그 기간 안에 성과가 나올지 함께 시험해보자는 제안이었다. 사흘 만에 현실이 바뀐다는 '감언이설'을 믿고 실제 실험에 참여한 사람은 극히 일부였다.

실험에 뛰어든 사람도 내심은 반신반의. 하지만 실천한 사람들의 성과가 서서히 페이스북 피드에 등장하기 시작했다.

○○○
어제 오후 3:51

깜짝 보너스라는 말을 아무 생각 없이 과제 차트에 썼는데 조금 전 고객님이 갑작스레 팁을 주셨습니다. 이런 일은 지금까지 한 번도 없었기 때문에 너무 놀라, 말도 안 나왔습니다.

좋아요 · 댓글 · 공유 ♥ 25

ㅇㅇㅇ
3시간 전

라디오 출연 성공이 과제였는데, 사흘 후 유명한 CM 제작 디렉터로부터 연락이 왔습니다. 정말 놀라웠습니다.

좋아요 · 댓글 · 공유 ♥18

ㅇㅇㅇ
1시간 전

저도 모르는 새로운 사업이 계획되어 지난주 갑자기 참가하라는 지시를 받았습니다. 뛸 듯이 기뻤습니다.

좋아요 · 댓글 · 공유 ♥15

이 시점에서 반신반의는 흥미로 변했다. '어쩌면 나도…' 라는 마음이 들기에 충분했다.

"언젠가 이루어지면 좋겠는데."라고만 생각했던 꿈이 정말 이루어질지도 모른다는 생각을 품기 시작했을 때, 참가자들에게 다시금 제안했다. 이번에는 21일 안에 좀 더 큰 과제를 달성하는 실험을 해보지 않겠냐고.

과제를 달성하기 위한 접근법은 지금까지와는 전혀 다른 기법이었다. 과제가 발생한 원인을 깊이 연구하거나 외부에서 정보를 모아 분석하는 게 아니라 누구나 어렸을 때 수업 시간에 해본 적 있는 '이야기 만들기'를 하고, 그렇게 이야기를 짓는 동안 까다로운 업무상 과제 해결책이 나오고, 두근대는 가슴을 안고 행동하는 와중에 과제가 달성된다는 이야기인데….

"그런 말도 안 되는 일이 나에게 일어날 리가."라는 의심을 떨칠 수 없다. 그럼에도 도전 정신이 왕성한 일부 참가자는 21일간의 실험을 시작했다. 그 결과 '말도 안 되는 일'이 벌어지기 시작했다.

대형 안건을 따내는 과제에 뛰어들었는데, 확률이 반반이었는데도 빠르게 내부 결정이 이루어져 **계약 수속을 밟고 있다.**

'앞으로 자립하려면 어떤 일을 준비해야 할까?'라는 과제에 몰두했을 때, 마케팅 대처 사례 강연 의뢰를 받았다. 내 아이디어가 어디까지 통할지 과감하게 부딪칠 **절호의 찬스를 잡았다.**

'토목회사의 자금 융통 개선'을 과제로 삼았다. 나 자신도 사외이사로 들어가 재무, 영업, 인사까지 모든 것을 뒤엎을 기세로 실행한 결과, **단번에 상황이 개선**됐다. 절망적이었던 자금 융통에 한 줄기 빛이 비치었다.

5년 동안 강의하고 싶다고 생각했지만 개설조차 되지 않았던 '엄마들을 건강하고 행복하게 만드는 강좌'가 드디어 **개최되었다**.

사내 벤처 제도에 응모해 신규 사업 계획을 제안했는데, 임원회의 프레젠테이션을 통해 정식 사업으로 결정됐다. 반년 후에는 **사장에 취임**할 예정이다.

여기에 실험 결과 집계를 공개한다.

'달성된다면 무척 두근거릴 3주 간의 과제'에 도전했더니…

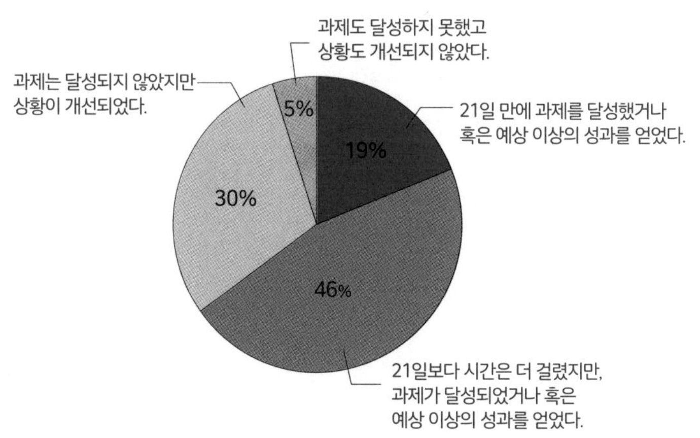

실제 실험 참가자 중 95%에게 말도 안 되는 일이 시작되었다.

이 책의 목적은 21일간의 실천을 통해 참가자들이 배우고 익힌 꿈을 이루는 방법을 여러분과 공유하는 것이다.

'꿈을 이루는 방법'이라는 말을 들으면 왠지 정월 대보름날 보름달을 보며 소원을 비는 이미지가 떠오른다. 그러나 당신이 앞으로 손에 넣을 '퓨처 매핑'이라는 과제 달성법은 현실적인 성과를 불러오는 방법이다. 영업 실적을 향상하고 싶거나 신규 사업을 개발하거나 인사제도를 구축하고 싶은 직장인부터 운동회에서 우승을 노리거나 즐거운 소풍 계획을 짠다거나 여름방학의 자유 탐구 주제를 정하고 싶은 초등학생까지 누구나 눈에 보이는 확실한 성과를 내고 싶을 때 사용할 수 있는 방법이다.

성과는 노력만으로 얻을 수 없는 경우가 많다. 새로운 기술을 익히거나 돈이 없으면 안 된다거나 본인에게 부족한 무언가를 보완하지 않으면 현실은 변하지 않을 거라고 생각하기도 한다.

그러나 퓨처 매핑은 부족한 무언가를 채우기 위해 험난한 산길을 헤치며 나아갈 필요가 없다. 파도에 몸을 맡기듯 가볍게 나아가면 된다. 과제를 쉽게 달성하도록 도와주는 재능이나 돈, 인맥 같은 자원을 본인이 이미 가지고 있음을 깨닫는 것만으로 어렵지 않게 성과를 낼 수 있다.

이는 과제를 달성하는 데 있어 커다란 패러다임의 전환Paradigm shift이다. 부족한 기술을 외부에서 보완하는 게 아니라 지금까지 깨닫지 못한 숨겨진 재능을 드러내어 과제를 달성하는 모습으로 거듭나는 것이다. "그런 말도 안 되는 일이 가능하다면 누가 노력을 하겠어."라며 예전과 같은 익숙한 방법으로 돌아가려고 한다면 주목해주기 바란다. 왜냐하면 이것이야말로 내가 이 책을 통해 전하고 싶은 핵심이기 때문이다. **이상적인 현실을 얻기 위해 노력은 전혀 필요 없다. 인간이라면 누구나 갖고 있는 이야기의 힘을 사용하는 것만으로 간단하게 새로운 현실이 시작된다.**

이 방법으로 만들어지는 건 새로운 현실이지만, 방법론 자체는 새로운 게 아니다. 5년 전에 출간한《전뇌사고》(랜덤하우스코리아)에서 발표한 방법이기 때문이다. 그러나 그 이후 완전히 별도의 것이라 불러도 될 정도로 큰 폭의 진화를 이루었다.

퓨처 매핑은 시작부터 성과를 내기 위한 것이다. 원래 이 방법은 내

과제 달성을 위한 '등산 모델' vs. '파도타기 모델'

장애물을 넘어서기 위한 노력과 기술 보완이 필요하다.
그러나 지금까지 눈치채지 못한 재능을 깨닫는다면…

미래의 파도가 당신을 목표 달성으로 이끌어준다.

가 마케터로서 15년에 걸쳐 다뤄온 수많은 판촉 기획과 메시지 가운데, 매출이 잘 나온 것과 그렇지 않은 것은 어떤 차이가 있는지 패턴을 분석하여 반응이 좋은 메시지를 끌어낸 사고 프로세스를 차트화한 것이다. 기획 정확도를 높이기 위해 개인적으로 이용하던 것인데, 어쩌다 클라이언트에게 차트를 통째로 건네주었더니 내 손을 떠나서도 성과를 내기 시작했다. 또한 회의나 미팅 시 구체적인 행동으로 이어지게 만드는 데 매우 효과적이었다.

스토리의 진정한 힘

여기까지라면 보통의 편리한 비즈니스 툴과 별다르지 않을 것이다. 그러나 퓨처 매핑 이야기는 사실 여기부터가 시작이다.

이 기법을 코칭이나 회의 진행에 적용하는 케이스가 많아지자 이 방법론이 가진 예상 밖의 효과가 눈에 띄기 시작했다. 예를 들어 퓨처 매핑에는 미래에 대한 상상을 쓰는 과정이 있는데, 그 상상 속 이야기가 실제로 일어난다는 사례가 보고되기 시작한 것이다. 이러한 우연을 계기로 '일에 열중한 상태', 즉 플로우Flow라고 불리는 몰입 상태에 놓이게 되고 상상한 미래와 똑같지는 않을지라도 현재보다 분명히 높은 단계에 도달하게 되었다.

보통은 의도해도 잘 일어나지 않는 플로우 상태가 퓨처 매핑에서 빈번하게 일어나는 경험을 한 후 우리는 왜 이야기가 플로우를 일으키는지 의논하기 시작했다. 그리고 기업 현장의 매니저급과 컨설턴트가 중

차트 위에 그린 상상 속 이야기가 플로우 체험을 일으킨다

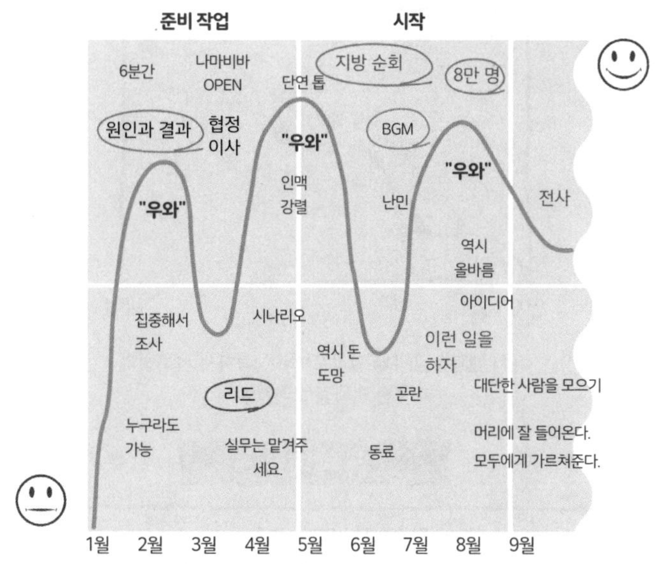

대기업 통신회사에 근무하는 과장이 그린 차트.
4월 즈음에 '인맥, 강렬', '이사'라는 문자가 보인다.
그는 이후 실제로 다마 대학 대학원, 곤노 노보루 교수가
시니어 어드바이저를 맡고, 광고 프로듀서 고야마 류스케 씨가 대표인
일반 사단법인 비즈니스모델 이노베이션협회의 이사로 발탁되었다.
퓨처 매핑에 의한 행동 계획을 실천하는 사이, 우연히 계기가 되어
플로우 체험이 시작되는 경우가 많다.

심이 되어 밤낮으로 연구에 몰두했다.

그 결과 알게 된 사실이 있다. 퓨처 매핑은 미래에서 현재로 흐르는 물결을 그리고, 이상적인 미래와 현실 사이의 차이를 메우기 위해 발상의 폭을 넓혀준다는 것이다. 경제 경영서를 자주 읽는 사람이라면 이

귀납·연역적 사고와 퓨처 매핑의 차이

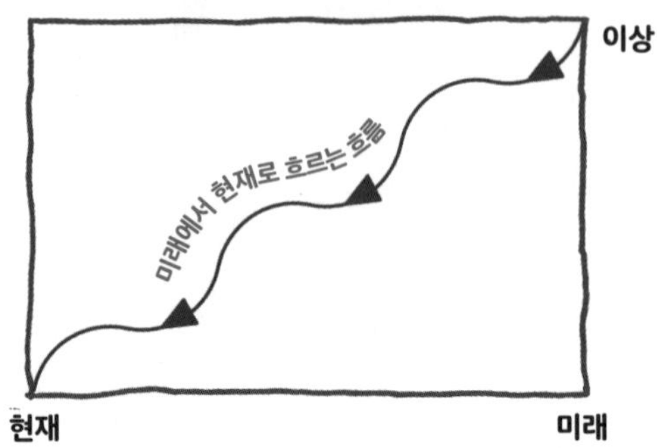

퓨처 매핑은 미래나 결과로부터 생각하는 사고법과
비슷한 것처럼 보이지만…

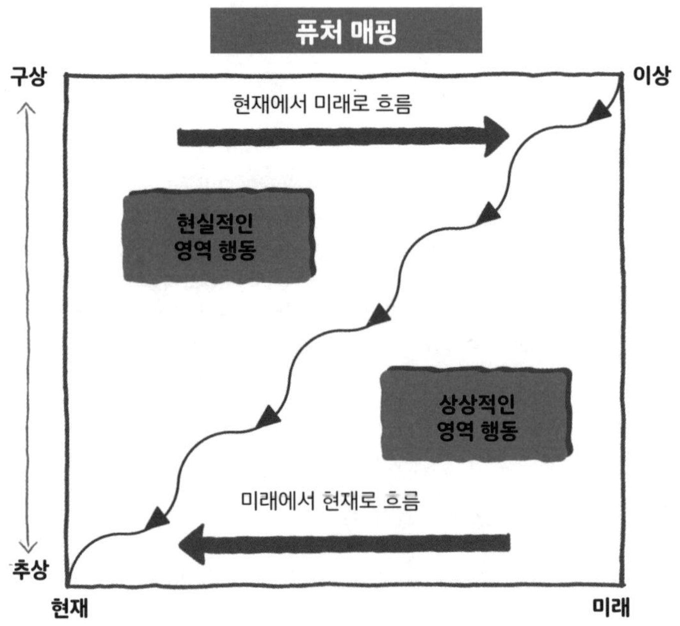

실은 시간을 거슬러 올라감으로써 발상을 얻을 뿐만 아니라
이야기를 활용해 구체적인 행동을 유도하는 사고법이다.

설명이 '귀납적 사고'나 '연역적 사고'라는 친숙한 방법론과 비슷하다고 생각할 수 있다. 그러나 퓨처 매핑은 그러한 사고법이 가져오는 효과보다 두세 계단 더 높은 레벨까지 도달한다. 이야기를 통해 자신의 내면에 깊이 들어감으로써 지금까지 눈치채지 못한 개인의 재능이나 조직의 자원을 발견하게 되고 그 재능과 자원이 과제 달성을 위한 행동을 통해 표면에 떠오를 때 우연한 사건이 생긴다. 이때의 놀라움을 계기로 플로우 상태가 되어 눈앞의 과제에 몰두하는 사이에 필연적으로 원하는 미래가 실현된다는 메커니즘이다.

당신의 재능을 드러내는 스토리

퓨처 매핑이 상상 이상의 현실을 실현시키는 가장 큰 이유는 밑바탕에 스토리를 깔고 있기 때문이다. 태어나면서부터 친숙한 커뮤니케이션 방법인 '스토리'에는 인간의 재능을 표출할 수 있게 만드는 힘이 잠재되어있다.

자신의 재능이나 조직의 자원을 판별하는 퓨처 매핑 프로세스는 하버드대학 교육대학원 로버트 케건 교수가 저서《변화면역Immunity to Change》* 에서 설명한 '면역맵'이라는 방법론과 거의 비슷하다. 또한 이야기를 창작하며 압도적인 솔루션을 만들어내기까지의 과정은 MIT의 오토 샤머 박사가 미래를 출현시키는 과정으로 패턴화한 'U 이론'**과 같다.

* 《변화면역》(로버트 케건,리사 라스코우 라헤이 저, 오지연 역, 정혜, 2020)

** 《본질에서 답을 찾아라》(오토 샤머,카트린 카우퍼 공저, 엄성수 역, 티핑포인트, 2014)

양쪽 모두 복잡한 환경 하에서 발생하는 다양한 과제에 효과적으로 대응하는 리더를 육성하기 위한 뛰어난 학술적 연구인데, 그 프로세스를 퓨처 매핑은 한 장의 차트로 재현한다. 게다가 누구나 즐길 수 있는 이야기를 창조하며 해결을 향한 행동 시나리오를 도출하는데, 직장인부터 학생 심지어는 어린이까지 좋은 성과를 내기 시작한다.

이처럼 비즈니스 엘리트층뿐만 아니라 누구나가 매일의 일상을 통해 본인 내면의 재능에 빛을 비출 수 있다는 것이 퓨처 매핑과 다른 비즈니스 툴의 압도적인 차이점이다. 여기에는 단순한 능력 개발 방법을 넘어선 무언가 소중한 씨앗이 깃들어 있다는 것을 퓨처 매퍼인 우리는 느낄 수 있다.

그러나 아무리 이 방법의 장점을 강조하더라도 효과를 실감하기 위해서는 이 책에 나온 연습 중 적어도 몇 가지는 해봐야 한다. 일반적으로 이런 실용서를 손에 쥔 사람 중 끝까지 읽는 사람은 열 명 중 한 명이다. 그 한 명 중에서도 연습까지 실천하는 사람은 더더욱 소수라는 것을 알고 있다. 하지만 지금, 이 책을 읽고 있는 당신에게 진심으로 부탁하고 싶다.

그 소수 중 한 사람이 되어보지 않겠는가.

이 책에 실린 연습을 시도할지 말지는 당신의 인생에 있어서 큰 사건이 될 것이다. 왜냐하면 작은 연습을 통해 작은 과제를 달성하고 나면 당신은 스스로 미래를 창조하는 힘을 갖추고 있음을 깨달을 것이기 때문이다.

지금껏 알지 못했던 재능을 깨닫고 자신의 미래를 그리는 능력을 발휘하기 시작하면, 이번에는 당신이 속한 커뮤니티나 조직의 구성원들이 자신들의 미래를 그릴 수 있게 된다. 이처럼 한 사람 한 사람의 작은 깨달음과 행동이 큰 파도가 되어 보다 좋은 사회의 주춧돌을 쌓게 되는 것이다.

한 걸음을 내딛는 것만으로도 당신의 숨겨진 재능이 드러난다. 그리고 당신의 진짜 재능을 찾아내면, 앞으로는 업무가 쭉 플로우 상태에서 매우 원활하게 진행될 것이다.

이러한 이상적인 미래를 창조하는 과정의 첫걸음은 아래에 적힌 한 가지 중요한 질문으로 시작된다. 모든 변화의 출발점이 될 매우 중요한 물음이다.

그럼, 질문에 답할 마음의 준비를 하고…

이제 미래의 문을 열어보자.

<미래를 창조하는 중요한 질문>

새로운 현실을 시작할 준비가 되면 다음 질문에 답해주십시오.

당신은

누구를 행복하게 만들기 위해

이 책을 집어 들었습니까?

1부

FUTURE MAPPING STORY THINKING

스토리씽킹의
5가지 원동력

스토리는 마음을 움직이는 원동력

이야기가 지닌 진짜 힘

우선 이 책을 손에 든 당신에게 큰 박수를 보내고 싶다. 왜냐하면 당신은 선견지명이 있기 때문이다. 책의 제목인 '스토리씽킹'을 보고 '이야기'에는 분석적 방법만으로는 풀리지 않는 문제를 창조적으로 해결해주는 힘이 있을 거라 생각하고 선택한 것이 아닌가?

만약 그런 거라면 그 예상은 정확하다. 퓨처 매핑을 통해 스토리씽킹을 익히면 당신의 창의력은 잠에서 깨어나 진화할 것이고, 그 결과 창의력이 점점 더 높은 가치를 갖는 새로운 시대에 당신은 상상을 초월하는 활약을 하게 될 것이다.

이 책은 지식을 얻기 위한 책이 아니다. 성과를 얻기 위한 책이다. 다만 성과를 얻으려면 이 책을 읽지만 말고 연습을 해야 한다. "연습? 귀찮은데…"라는 생각이 들지도 모르지만 걱정할 필요는 없다.

총 일곱 가지의 연습은 원하는 목표를 달성하기 위한 사다리를 준비한 것과 같다. 하나씩 연습할 때마다 한 칸씩 사다리를 오른다. 사다리를 한 칸씩 오를 때마다 새로운 광경이 펼쳐진다.

그리고 일곱 가지 연습을 마치고 사다리를 다 오르면 퓨처 매핑이 필요로 하는 모든 스킬을 전부 체험한 셈이 된다. 일곱 가지 기술을 체험한 후, 반드시 본인의 과제를 달성하기 위한 3주간의 연습을 해주었으면 한다. 그러면 **3주 후 당신은 그전에는 예상하지 못했던 방법으로 과제를 달성하고 있을 것이다.**

내가 이렇게까지 자신 있게 말할 수 있는 이유는, 앞으로 이야기할 스토리를 활용한 과제 달성법 '퓨처 매핑'이 이미 모든 연령, 모든 위치, 모든 직업의 사람들이 실천한 뒤 성과를 낸 방법이기 때문이다. 초등학생부터 대학교수, 프리랜서, 상장기업 사장, 뮤지션, 운동선수까지 지난 6년 동안 이 방법을 실천한 사람만 1만 명이 넘는다. 지금부터 당신에게 전수할 노하우를 실제로 시험해보면 분명 인생이 긍정적으로 펼쳐지기 시작할 것이다. 그것이 스토리, 즉 이야기의 힘이기 때문이다.

재미있는 영화는 자연스럽게 이야기에 빠져든다. 끝까지 보는 데 별다른 노력이 필요 없다. 이야기를 사용한 방법론인 '퓨처 매핑' 또한 재미있는 영화를 볼 때와 같은 현상이 일어난다. 자세한 것은 나중에 설명하겠지만 퓨처 매핑은 말하자면 스스로 히어로가 되는 무대의 이야기이다. 무대 위에서 히어로를 연기하는 것은 무척 재미있지 않겠는가. 열심히 실천하는 와중에 어느새 시간을 잊고 몰입한 자신을 발견하게 될 것이다. 그뿐만이 아니다. 퓨처 매핑은 이야기에 몰두하는 동안 당신을 상상을 뛰어넘는 결과로 데려다준다. 과거 6년 동안 퓨처 매핑을 실천한 결과 확인한 원칙을 하나 말하자면 "당신이 그린 스토리에 따라 현실이 변화한다."라는 점이다. 스토리에는 그 정도로 큰 힘이 있다.

세상을 넓게 보기 바란다. 우리에게 필요했던 대부분은 미래를 상상하는 스토리 속에서 탄생했다. 예를 들어 '전화를 들고 다니며 지도나 뉴스도 볼 수 있고 쇼핑이나 은행 입금도 할 수 있는' 스토리를 상상한 사람이 없었다면 지금의 스마트폰은 없었을 것이다. '하늘을 자유롭게 날아다니는' 미래를 상상한 몽골피에 형제* 같은 사람이 없었다면 전 세계를 날아다니는 비행기도 없었을 게 분명하다. 우리가 당연한 것으로 치부하고 어떠한 의문도 갖지 않는 돈이나 국가 또한 '물물교환이 아니라 자연스럽게 상품을 교환하거나 장기간 모아두고 싶다', '주변의 침략으로부터 동료들을 지키고 싶다'라는 스토리가 없었다면 탄생하지 못했을 것이다. **스토리는 사람이 만들어낸 가장 오래된 최고의 테크놀로지다.**

설렐 만한 이야기로 미래를 그려라

떠올리자면 조금 그립기까지 한 불과 몇 년 전, 그때까지만 해도 스토리는 비즈니스와는 아무 관련이 없었다. 스토리는 어디까지나 영화나 TV 드라마, 연극과 같은 엔터테인먼트 영역의 것으로 비즈니스에 그것을 화제로 올리면 눈살을 찌푸릴 정도였다.

그런데 최근 안테나 감도가 예민한 직장인이라면 누구나 스토리의 중요성을 말하고 있다.

* 최초의 열기구를 발명한 형제. 1783년 세계 최초로 사람을 태운 열기구를 프랑스 파리 상공에 띄우는 데 성공했다. - 역주

- 브랜드를 탄생시키려면 스토리가 있어야 한다.
- 경쟁 전략을 구축하려면 스토리가 있어야 한다.
- 상품 개발을 하려면 스토리가 있어야 한다.
- 회사의 미션에 적용하려면 스토리가 있어야 한다.
- 리더십을 발휘하려면 스토리가 있어야 한다.

이런 식이다. 갑자기 붐을 탄 것처럼 스토리를 중요시하기 시작한 것은 시대가 많이 변했기 때문이다. 글로벌 경쟁에서 살아남으려면 스토리의 중요성을 외면해서는 안 된다.

2000년대 초반만 하더라도 이미 생산된 상품에 대한 시장 분석, 경쟁 상품을 분석하여 라이벌 기업으로부터 점유율을 빼앗는 것이 수익성 향상을 위한 정석이었다. 물론 지금도 이런 원리 원칙은 살아 있다. 하지만 이와 동시에 창의력을 발휘하는 것도 매우 중요해졌다. 이미 있는 시장을 빼앗는 것이 아니라 기존에 없던 시장을 만들어가는 것, 0에서 1을 창조하는 것이 요구되는 시점이다.

그 변화를 만들어낸 것이 바로 인터넷이다. 다들 실감하듯 인터넷은 지구 최고의 커뮤니케이션 플랫폼이 되었다. 아시아든 아프리카든 중남미든 다들 핸드폰을 들고 다닌다. 아프리카 사바나 혹은 아마존 정글에 사는 사람과 즉시 연락을 주고받는다는 얼마 전까지만 해도 꿈만 같던 이야기가 현실이 되었다.

이러한 전 지구 규모의 대변화에 의해 우리는 새로운 한계에 다다랐다. 이 새로운 변화에는 아직 부족한 것이 많다. 무엇보다 지금까지와 다른 새로운 것을 만들어내는 것이 중요해졌다.

인터넷 세계에는 국경이 없으므로 뛰어난 기술이나 상품이 있으면 단숨에 전 세계로 사업을 전개할 수 있다. 유망한 기술과 상품에는 얼마든지 돈이 모인다. 예를 들어 'Oculus VR'이라는 3D 영상 처리 회사가 있다. 이 회사는 2014년 3월 말 페이스북이 2,000억 엔이라는 금액에 인수했다. 놀라운 것은 인수 금액이 아니다. 이 영상 처리 기술이 아직 100% 확립되어있지 않다는 점이다. 프로토타입만 있으면 수백억 엔의 기업 가치가 생성된다.

그렇다면 어떻게 해야 다음 세대에 필요한 것을 만들어낼 수 있을까. 여기서 중요한 능력은 분석력이 아니다. 두근거리는 미래를 향한 스토리, 이야기를 자아내는 힘이다.

생각해보자. 페이스북이나 iPod, 구글 글라스*는 모두 분석에 의해 만들어진 것은 아니다. '이런 게 있으면 좋겠다'라는 이야기에서 탄생한 것이다. 예를 들어 페이스북은 '세계를 좀 더 열린 곳으로 만들고 싶다'라는 마크 저커버그의 바람으로 만들어진 것이고, iPod은 '수천 곡의 음악을 밖으로 가지고 나가서 자유롭게 들을 수 있다면 멋지겠다'라는 스티브 잡스의 생각에서 만들어진 것이다. 구글 글라스 또한 '굳이 검색하지 않아도 필요한 정보가 눈앞에 나타나는 상태를 만들고 싶다'라는 세르게이 브린**이 상상한 이상에서 탄생했다.

기업이 번영하려면 경쟁 원리로 서로의 것을 빼앗기보다 사람들이 **설렐 만한 미래 이야기를 그리는 것이 중요한 열쇠가 되었다.**

* 2012년 구글이 발표한 스마트 안경. 증강 현실(AR) 기술을 안경에 접목한 웨어러블 컴퓨터이다. - 역주

** 래리 페이지와 함께 구글을 창업한 인물이다. - 역주

지금까지의 회사 스토리는 유통기한이 끝났다

스토리가 중요해지기 시작한 이유는 그 밖에도 있다. 매력적인 스토리가 없는 회사에 우수한 인재가 모이지 않게 된 것이다.

전후의 고도 성장기에는 기업이 특별한 스토리를 만들 필요가 없었다. 대기업에 근무한다는 것 자체가 매력적인 스토리였기 때문이다. 대기업 근무는 사회적으로 안정된 생활을 가져다준다. 또한 성실하게 일하면 연령에 따라 커다란 일을 맡겨주고 일도 재미있어진다.

그러나 경제 성장이 멈추면서 이러한 스토리의 유통기한도 끝나버렸다. 기업도 언제 경영이 기울어질지 모르고, 언제 구조조정을 당해도 이상하지 않다. 오래 일해도 월급은 늘지 않고, 퇴직금도 기대할 수 없게 되었다.

한편 창업은 매우 쉬워졌다. 나는 강연할 때 중학생도 창업이 가능하다고 자주 말하는데 이는 비유도 뭣도 아니다. 실제로 2013년 일본에서는 중학생이 유능한 경영자와 함께 크라우드 펀딩 사업을 시작했고, 유튜브에서 게임 플레이 실황 중계 등으로 어른이 무색할 정도의 수입을 창출하는 사례가 잇따라 보고되었다.

예전에는 부를 만들기 위한 자본이란 작물을 길러내는 땅과 제품을 만들어내는 공장이었다. 즉 돈을 가진 '자본가'만이 부를 낳는 토지·공장·회사를 보유했고 가지지 못한 자들은 '노동자'가 되었다.

그러나 현재 부를 창출하는 것은 토지도, 공장도, 회사도 아니다. 지식과 아이디어만 있으면 누구든 부를 창출할 수 있다. '머리'가 자본이 된 것이다. 그 결과 자본가가 되는가 노동자가 되는가는 개인의 선택에 지나지 않게 되었다.

이런 시대에 기업에서 우수한 근로자를 확보하는 방법은 하나밖에 없다. '우리 회사에서 일하면 매일 설렐 수 있다."라고 느껴지는 **새로운 스토리를 만들어내는 것**이다. 예를 들어 세상을 큰 폭으로 변화시키는 비전이 있는 업무, 세계적인 네트워크나 기술의 집적 등을 활용한 세계적 규모의 업무는 큰 조직에서만 가능한 일이지만, 매력적인 스토리가 없다면 그 회사에 입사하려 하지 않는다.

회사에 스토리가 없다는 것은 무대 위의 배우에게 줄 각본이 없는 것과 마찬가지다. 동기 부여가 될 리가 없다. "가능한 한 칼퇴해야지." 하는 사람들만 양산한다.

곰곰이 따져보면 **스토리란 '사람을 움직이는 원동력'**이다. 새로운 희망의 스토리를 만듦으로써 조직도 사람도 활성화되고 소비도 활성화된다. 그 결과 기업의 실적이 향상되고 나아가 국가의 경제 성장도 이룰 수 있다. 이야기를 상상하는 힘이 국력을 결정한다 해도 과언이 아니라고 나는 생각한다.

지금의 세상은 새로운 가치관과 사회를 구축하기 위한 새로운 스토리를 요구하고 있다. 그런데 빼어난 스토리를 만들어낼 수 있는 회사나 개인은 많지 않다.

대부분의 직장인은 이야기 만들기 같은 걸 초등학생, 중학생 때 말고는 한 적이 없을 것이다. 심지어 학교에서 "스토리를 창작하세요."라는 말을 듣고 배운 것은 "기승전결에 맞추어 쓰세요." 정도다.

즉 스토리의 중요성을 인식하는 사람이 많아졌지만, 그것을 어떻게 만들고 어떻게 활용해야 좋은지는 학교에서도 회사에서도 거의 알려주지 않는다. 그렇기 때문에 더더욱 **스토리를 만들어내는 회사나 개인에게 막대한 부가 모이는 것이다.**

고객은 이야기의 주인공이 되고 싶어 한다

지금이야 스토리에 해박해졌지만, 나라고 처음부터 그 중요성을 눈치채고 있었던 건 아니다. 원래 대학 전공은 계량경제학이었고, MBA는 금융·재무를 전공했기 때문에 스토리는커녕 마케팅마저 내 분야가 아니었다.

스토리의 중요성은 실제 업무를 통해 알게 됐다. 나는 스물아홉 살에 외국계 가전 브랜드 일본 대표가 되었는데, 매출을 올려야만 구조조정을 면할 수 있는 어려운 상황이었다. 그 와중에 마케팅을 처음 해본 것이다.

그때 나는 재미있는 사실을 발견했다. 고객을 향한 광고 메시지에 스토리를 얹으면 갑자기 매출이 증가하는 게 아닌가. 가령 식기세척기를 판매하는 다이렉트 메일에 '설거지 때문에 고생하는 맞벌이 엄마의 이야기'를 덧붙이면 고객 반응이 갑자기 좋아졌다.

이러한 경험을 토대로 비즈니스에서 성과를 내려면 '스토리'가 유용한 무기라는 것을 깨달을 수 있었다. 다만 이때는 단순히 매출을 올리기 위해 사용할 수 있는 테크닉 중 하나라고만 여겼다.

스토리의 중요성을 확실히 자각한 것은 2007년, 지금까지 해온 모든 마케팅 캠페인을 분석할 때였다. 무엇이 잘됐고 어떤 것이 잘 안 됐는지를 분석해보니 잘 풀린 기획의 배경에는 반드시 이야기가 존재했다. 게다가 **고객이 히어로가 되어가는 과정을 그리는지 아닌지가 매출과 직결된 중요한 요소였다.**

세상의 마케팅 캠페인을 둘러보면 대부분의 판매자가 오로지 자사 상품의 매력을 전달하는 데만 애쓴다. 가령 자동차를 팔 때면 연비가 좋다거나 엔진의 파워, 아름다운 디자인 등을 어필한다. 이런 경우 누가 주인공인가 하면 자동차를 만든 판매자이다. 이래서는 고객이 귀를 기울이지 않는다. 사람은 누구나 자신이 이야기의 주인공이 되고 싶다고 생각하기 때문이다.

성과를 낸 마케팅 캠페인은 예외 없이 구매자가 히어로가 되는 이야기를 담고 있다. 히어로가 된다는 것은 그 상품이나 서비스를 사용하여 새로운 자신을 만나는 것이다. 히어로가 되기 전까지는 모험을 주저하거나 실패하거나 용기를 쥐어 짜내 자신의 한계를 돌파한다거나 하는 프로세스를 밟는다. 따라서 그러한 프로세스를 충분히 고려한 뒤에 콘셉트를 만든 캠페인은 좋은 성과를 낸다.

이처럼 스토리는 세일즈나 마케팅의 성과에 큰 영향을 끼치지만, 그럼에도 불구하고 "나는 세일즈나 마케팅에 관여하고 있지 않으니 상관없어."라고 생각하는 사람이 있을지도 모른다. 하지만 절대 그렇지 않다. 오늘날의 직장인이라면 누구나 '세일즈'를 행하고 있기 때문이다.

세계 톱클래스 강연자인 다니엘 핑크는 상품이나 서비스를 팔지 않더라도 거래처에 일을 의뢰하거나 동료에게 일을 부탁하는 등 상대방을 설득하고 움직이게 하는 행위 모두가 넓은 의미의 '세일즈'라고 했다(이를 'Non-sales selling'이라고 서술했다).

게다가 미국의 풀타임 근로자 7,000여 명을 조사해보니 평균적으로 직장에서 보내는 시간의 40%를 이 '논 세일즈 셀링'에 사용했다고 한다. 남편이나 아내에게 '가사를 도와 달라'라고 부탁하고, 자녀에게 '방 좀 치우렴'이라고 설득하는 것까지 포함하면 일상의 80~90%가 세일즈와 관련된 활동일지도 모른다.

이처럼 우리는 누구나 세일즈를 하고 있다. 이러한 세일즈를 효과적으로 하기 위해서는 상품을 팔 때와 마찬가지로 상대방이 듣고 싶은 매력적인 스토리를 짜야 한다. 즉 스토리 구성력이 살아가는 데 중요한 힘이 된 것이다.

스토리란 '처음·중간·끝'

지금까지 스토리에 관해 이야기했다. 그런데 '스토리'라고 했을 때 떠올리는 내용이 사람마다 다를 수 있다. 따라서 여기에 스토리를 정의해두겠다.

뿔뿔이 흩어진 사고나 사실을 얼기설기 연결한 것은 스토리라고 할 수 없다. 스토리에는 제대로 된 형식이 있다.

전형적인 스토리 형식으로는 신화학자 조지프 캠벨이 주장한 것이 있다. 캠벨은 전 세계 모든 신화를 분석하여 공통된 패턴을 찾아냈다. 그것은 '일상에서 비일상의 세계로 여행을 떠난다. 그 과정에서 보물을 획득하고 다시금 일상으로 돌아온다.'라는 형식이다. 이런 형식의 이야기는 기억하기 쉽고 많은 사람에게 퍼진다.

할리우드 시나리오 구조도

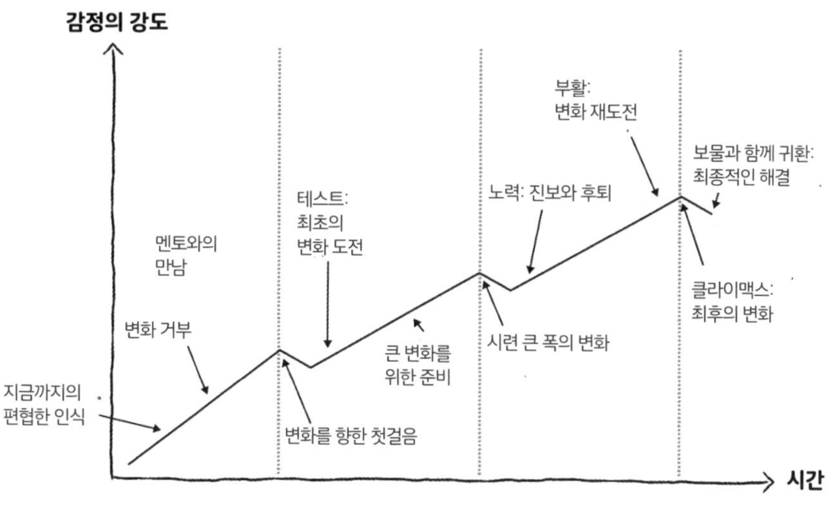

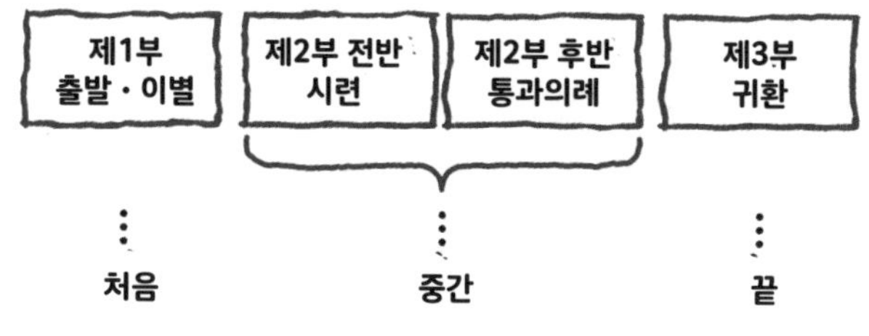

이 신화의 힘을 이용한 스토리 형식은 할리우드 영화에서 많이 활용되고 있다. 〈스타워즈〉, 〈섹스 앤드 더 시티〉, 〈24〉, 〈워킹걸〉…. 로맨틱 코미디든 서스펜스든 SF든 구조는 같다.

단, 업무에서 스토리를 활용할 때는 앞의 구조도에 토대를 둔 이야기가 조금 전문적일 수도 있다. 그래서 여러 가지로 실험해본 결과 다음 정의에 도달했다.

이는《신화의 법칙》*을 번역한 스토리 컨설턴트 오카다 이사오 씨의 정의이다. 오카다 씨에 따르면 스토리란 '처음·중간·끝'이다. '처음', '중간', '끝'이라는 3요소가 확실히 구성되어있으면 스토리라는 것이다. 왠지 김새는 느낌이지만 스토리의 힘을 활용하려면 이렇게 심플한 정의가 딱 좋다.

이렇게 정의하면 감동이나 기쁨을 주는 것은 모두 스토리가 있음을 알 수 있다. 가장 쉬운 예가 바로 음악이다. 최초의 A멜로디, 중반의 B멜로디, 후렴구는 그 자체로 '처음·중간·끝'이라는 형식에 딱 들어맞는다. 마음에 스며드는 음악은 A멜로디, B멜로디, 후렴구가 절묘한 스토리로 연결되어있다.

요리도 그렇다. 잘 짜인 코스 요리는 '처음·중간·끝'으로 구성되어있다. 애피타이저(전채 요리)에서 시작된 맛(처음)이 서서히 맛의 깊이나 식감 등에 변화를 주며 메인디시로 나아간다(중간). 그리고 처음의 애피타이저 테마가 느껴지는 디저트나 커피로 마무리된다(끝). **'처음·중간·끝'이라는 스토리로 감동을 자아내는 것이다.**

유명 요리사들은 라이벌 가게의 요리를 하루에도 몇 군데나 먹으러 다닌다고 한다. 이때 재미있는 사실은 애피타이저만 먹는다는 것이다. 배가 부르면 일을 할 수 없다는 게 이유이지만 애피타이저만 맛봐도 셰프가 그려내고자 하는 다음 요리를 알아챌 수 있다는 것이다. '처음'이 미흡하면 거기서 이미 실력이 간파된다.

'처음·중간·끝'이 없는 요리에서는 감동을 느낄 수 없다. 예를 들어

* 한국 번역명 《신화, 영웅 그리고 시나리오 쓰기》(크리스토퍼 보글러 저, 함춘성 역, 비즈앤비즈, 2013) - 역주

감동적인 것에는 모두 스토리가 있다

예	처음	중간	끝
프레젠테이션	현재의 문제점	각각의 논점과 해결책	희망이 느껴지는 미래와 가능성
요리	계절(테마)이 느껴지는 에피타이저	계절(테마)을 표현한 담음새와 조리법	테마를 시각적으로 구현한 디저트
음악	A멜로디 ♪	B멜로디 ♬	후렴구 ♭♩
매장	기대를 높이는 입구	새로운 일상을 시작하고 싶어지는 제안	재방문하고 싶은 느낌

스토리란 처음·중간·끝
스토리가 있는 음악, 요리는 인상적이다.

전문 체인점에서 규동을 주문하면 바로 나온다. 규동의 목적은 적당한 맛으로 배를 채우는 것이다. 그러므로 낭만적인 데이트 장소가 될 수 없으며 가격 경쟁이 중요해진다.

잘나가는 가게에도 '처음·중간·끝'이 있다. 가령 할인점 '돈키호테'는 일종의 이야기 공간이다. 가게에 들어가면 장난감 상자처럼 어수선하고 "뭔가 재밌는 물건을 찾을 수 있을 것 같아."라는 기대감이 부푼다(처음). 매장에 머물수록 깊숙한 곳에서 물건을 찾아내는 즐거움을 누릴 수 있다(중간). 탐험을 마친 후에는 만족감에 취한다(끝). 이러한 이야기가 짜임새 있게 구성되어있다.

또 직원들의 근속연수가 높은 회사에도 '처음·중간·끝'이 있다. 입사 환영회에서는 취업의 기쁨을 누린다(처음). 원활한 인간관계를 맺으며 착실하게 일을 배우고 의욕적으로 성취감을 맛본다(중간). 조직의 임원으로 승진한다(끝). 이러한 성장 스토리를 제공하는 회사는 직원들이 오래 근무하면서 동기부여도 받을 것이다.

한 가지 실례를 들겠다. 풀코스 요리를 저가에 제공하는 베이커리 레스토랑 생 마르크에서는 신입 스태프 교육에 스토리를 갖추고 있다. '처음' 신입 스태프가 하는 일은 고객에게 빵을 리필해주는 업무다. 빵을 리필해주면 모든 고객이 "고맙습니다."라는 감사의 말을 해주므로 업무가 즐거워진다. 일의 즐거움을 느끼면서 '중간'으로 넘어간다. 스태프가 단계를 밟아가며 성장하는 스토리의 '끝'에 다다르면 빵 리필에서 계산, 제빵까지 다양한 기술을 익히게 되며 많은 일을 할 수 있게 된다. 스토리를 갖춘 교육을 통해 스태프 한 사람의 생산성이 실제로 높아짐에 따라 저가로 풀코스를 즐긴다는 특별한 가치를 고객에게 제공할 수 있고, 고객은 이에 기쁨을 느끼는 선순환이 이루어지는 것이다.

이렇듯 '처음·중간·끝'이라는 스토리를 제대로 설계하면 상품의 가치를 더욱 정성껏 제공할 수 있게 된다.

그래서 이 책도 '처음·중간·끝'이라는 3부 구성으로 묶었다. 스토리가 있는 책은 독자를 새로운 여행으로 이끈다. 여행을 마친 후 독자는 커다란 힘을 얻고 다시금 현실로 돌아올 것이다.

그러면 이제 이 책의 스토리를 본격적으로 시작해보겠다.

2장

당신 안에 잠재된 스토리의 힘

'처음·중간·끝'이 짜임새 있게 구성된 이야기는 받아들이는 사람뿐만 아니라 만드는 사람에게도 장점이 있다. 그 장점은 다음의 다섯 가지다.

이 다섯 가지 장점은 '퓨처 매핑'을 만드는 것으로 모두 누릴 수 있다. 이에 대한 설명은 차차 하기로 하고 여기서는 스토리의 다섯 가지 장점을 하나씩 설명하도록 하겠다.

스토리씽킹 원동력 ❶

스토리는 머릿속에 박힌다

다음의 리스트를 잘 보기 바란다.

다람쥐 꽃밭 서류가방
선글라스
배달 지도
나스카 지상화
무하마드 알리
검정 동굴
우유

30초를 줄 테니 이걸 기억하라고 하면 기억할 수 있을까?

감이 좋은 사람이라면 눈치챘을 것이다. "알겠어요. 이걸 스토리로 만들면 기억하기 쉽다고 말하고 싶은 거죠?"

맞다, 바로 그것이다. 다음과 같이 스토리를 만들면 외우기 쉽다.

나스카 지상화와 무척 가까운 페루의 거리에서 우유 배달 일을 하는 소년 에티. 매일 똑같은 생활을 반복하던 어느 날, 배달 중에 무하마드 알리를 닮은 남자가 길에 쓰러져 있는 걸 발견한다. 그 남자는 숨을 거두기 직전, 한 장의 지도를 에티에게 건네며 "지도에 있는 장소에 가서 숨겨둔 것을 처분해주었으면 해요."라고 부탁한다. 에티는 단짝인 다람쥐를 어깨 위에 올리고 숨겨진 장소인 동굴로 향한다. 꽃밭이 넓게 펼쳐진 동굴에서 작은 서류가방을 찾아낸다. 그 자리에서 잰걸음으로 떠나려는 에티. 그러나 눈 깜짝할 사이 검정 선글라스와 양복을 입은 집단에 둘러싸인다.

확실히 스토리로 만들면 기억하기 쉽다. 그런데 이것이 당신에게 대체 어떤 장점이 있다는 것일까?

평소 '기억의 효과' 같은 건 별로 생각해본 적이 없을 수 있지만, 업무에서 성과를 낸다는 관점으로 말하자면 '고객의 기억에 남는지 아닌지'는 무척이나 중요하다.

오늘날은 하루 동안 평범하게 생활하는 것만으로 약 3,000건의 광고 메시지를 접한다고 한다. 스마트폰이나 컴퓨터를 봐도 여기저기 광고가 숨어있고, 텔레비전을 보더라도 CM은 물론 프로그램 자체가 광고인 경우도 있다. 게다가 회사에서는 모두가 자신의 업무 성과를 알리기 위해 다양한 프레젠테이션을 한다.

대량으로 흘러넘치는 정보 속에서 내가 말한 메시지를 상대가 기억하게 만들기는 쉽지 않다. 이때 이해하기 쉽고 머리에 쏙쏙 들어오며 공감대를 형성하게끔 하는 테크놀로지가 바로 이야기이다.

다음 목록을 살펴보자.

Yeah where r
LoL
u want coffee?
where u at
send me pics
let me know
no way!!
call me

여기서 어떤 스토리가 떠오르는가. 사실 이는 미국의 AT&T가 만든 'The Last Text Documentary'라는 영상에서 나온 키워드이다. '운전 중 문자를 보내다가 사고로 사망한 사람들이 마지막으로 보낸 메시지'를 모은 것이다.

영상에서는 이 메시지가 비친 다음 사망자와 문자를 하던 사람이 등장해 그때 상황에 대해 설명한다. 예를 들어 어떤 사람은 대학에 입학한 지 얼마 안 된 여동생이 운전 중에 문자로 'How are you?', 'I'm fine', 'Yeah, I am good' 같은 가벼운 대화를 자신과 한 뒤 사망했음을 눈물을 흘리며 털어놓는다. 주위 사람들이 "네 잘못이 아니야."라고 말했지만 "어쨌든 지금 여기에 제 동생이 있다면 진심으로 사과하고 싶어요."라고 오열한다. 이런 장면이 꼬리를 물고 등장한다.

이 영상의 임팩트는 상당했다. 다이렉트 마케팅 '에코상'에서 최우수상인 '다이아몬드 어워드DIAMOND award'를 수상한 것은 물론 많은 미국인이 SNS에 공유했으며 사회적 운동이 시작되었다.

이 운동은 정치권까지 움직였다. 오바마 정권은 운전 중 핸드폰 문자를 전면적으로 금지했다. 미국의 습관을 뿌리부터 바꾼 변화는 영상이 나온 지 약 1년만에 일어났다. 덕분에 매년 몇만 명의 목숨이 무사할 수 있었다.

만약 영상이 스토리가 아닌 "운전 중 핸드폰은 삼가세요."라는 메시지였다면 이 정도로 효과가 있었을까? 또한 이 메시지를 광고로 만들어 미국 전체에 퍼뜨리려면 얼마나 많은 비용이 들까? 그런데 스토리를 구성하여 영상이라는 형태로 제공하는 것만으로 큰 비용을 들이지 않고 순식간에 사회 혁신을 이끌어낸 것이다.

훌륭한 스토리는 이해가 잘되고 기억에 남으며 사회적 운동까지 일으킨다. 그 영향력은 영상 이상으로 크다.

스토리씽킹 원동력 ❷

스토리는 위기를 기회로 바꾼다

일에서 성과가 나지 않는 가장 큰 원인은 무엇일까? 나는 그 답이 '직선'이라고 생각한다. 갑자기 '직선'이라니 무슨 얘기인지 싶을 것이다. 도표를 그려 설명하겠다.

지금 당신이 다니는 회사에서 어떠한 프로젝트를 실현하기 위한 계획을 세운다고 하자. 그 계획의 진척 상황을 그림으로 나타낸다면 어떤 그래프를 그릴 것인가. 많은 프로젝트의 경우 다음의 이미지와 같은 계획을 세우곤 한다.

프로젝트를 실현하기 위한 계획에서
직선은 비현실적인 설정이다.

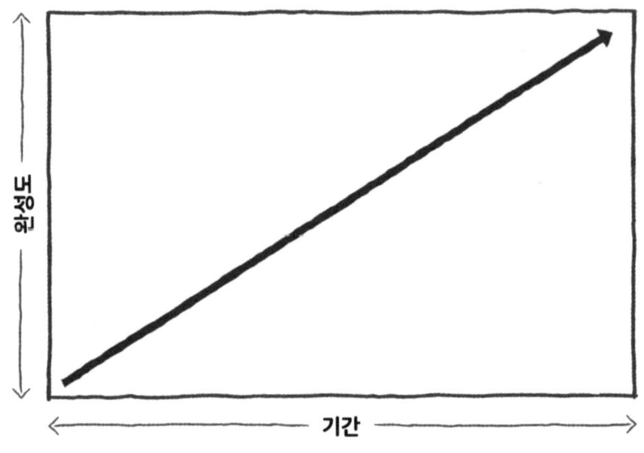

즉 직선적으로 일이 잘 풀리는 이미지이다. 바꿔 말하면 도중에 어떠한 갈등도 일어나지 않고 원활하게 흘러가는 모습을 전제하고 있다. 고려하는 것이라고는 기껏 휴가를 며칠 넣을까 하는 정도다. 이는 비현실적인 설정이다.

직선적인 계획이 모두 나쁘다는 뜻은 아니다. 부품을 컨베이어 벨트에 올려 조립하기만 하면 목표가 달성되는 기계적 작업이 중심인 프로젝트라면 이걸로도 충분하다. 그러나 요즘 같은 시대에 기계적인 작업만으로는 큰 가치를 창출하기 어렵다.

가치가 높은 것은 '도발적인 디자인', '예상 밖의 니즈', '다른 차원의 솔루션', '혁명적인 시스템' 등이다. 요약하자면 아직 아무도 모르는 미래의 변화를 선도하는 창조적인 업무에 큰 가치를 부여하는 세상이 된 것이다. 창의성은 규칙적으로 움직인다고 얻어낼 수 있는 게 아니다. 어떠한 흐름 속에서 갑작스런 '번뜩임'에 의해 생겨나는 것이다.

그렇다면 번뜩임이 일어나려면 무엇이 필요할까?

바로 '갈등'이다. 신상품 개발 프로젝트에 임할 때 일이 척척 해결되어 좋은 아이디어가 떠오르고 아무도 반대하지 않은 상품이 대히트를 친다는 것은 있을 수 없는 일이다. 히트 상품이 탄생하는 과정에는 서로 다른 의견을 가진 사람이 부딪치고, 회사 임원이나 다른 부서에서 방해가 들어오며, 라이벌이 먼저 유사 상품을 낸다는 소식에 방향 전환을 강요당하는 등 다양한 장애가 생긴다. 그리고 프로젝트가 중지되기 직전 아슬아슬한 타이밍에 우연히 돌파구가 생기는 드라마 같은 상황이 발생하는 경우가 많다.

이탈리아 피닌파리나사의 전 디자이너 오쿠야마 기요유키가 디자인한 페라리 55주년 기념 자동차 '엔초 페라리'가 그 예이다. 오쿠야마는 페라리사의 위신을 건 이 자동차 디자인을 2년에 걸쳐 끊임없이 고쳤다. 그러나 페라리 회장의 마음에 드는 것이 없었고 마침내 프로젝트를 중단할 것을 선고받는다. 절체절명의 위기. 그러나 회장이 헬리콥터에 탑승하기 직전 마지막 찬스인 15분간 혼신의 힘을 다해 디자인을 그려냈고, 그 디자인이 보기 좋게 OK를 받아냈다고 한다.

왜 뛰어난 창조성을 발휘하려면 갈등이 필요할까? 갈등이 오랜 편견이나 인식에서 벗어나는 계기를 만들어주기 때문이다. 갈등이 없으면 과거 성공의 연장선에 있는 익숙한 방법을 반복하기 쉽다. 그러나 시대는 시시각각 변하고 시장도 변한다. 새로운 시대에 요구되는 새로운 가치를 창조하기 위해서는 자신의 낡은 인식을 깨뜨릴 필요가 있다. 때문에 갈등은 더없이 효율적인 과정이다.

이 사실을 알면 격한 반대가 있더라도 '저 자식, 용서하지 않겠어', '다시는 저 회사랑 일하지 않겠어'가 아니라 '이런 갈등이 훌륭한 창조성으로 이어질 거야'라고 생각하게 된다.

오쿠야마도 인터뷰에서 "새로운 것은 충돌과 갈등에서 탄생한다.", "디자이너를 통솔하는 입장이 되었을 때 일부러 갈등을 반복했다."라고 말한 바 있다.

곡선은 정지 화면이 아닌 영상 같은 행동 계획을 포함한다

자, 문제는 여기부터다. 갈등이 반복되면 당초 예정보다 시간이 몇 배나 더 걸릴 것이다. 당연히 이를 근거 삼아 계획을 세워야 하지만, 프로젝트의 대부분은 변함없이 직선적인 이미지로 남아있다. 그래서 정해진 시기까지 정해진 업무를 완료하면 기대한 대로 성과가 있을 거라 생각한다.

이것은 마치 날짜가 들어간 '정지 화면'과 같다. 목표가 달성되었을 때의 이상적인 순간만을 잘라낸 것이다. 그 영상이 선명하면 선명할수록 회의에서 높은 평가를 받기도 하지만 현실은 예상 밖의 일의 연속이다.

예를 들면 높은 수준의 창조적인 프로젝트를 목표로 했는데도 일정을 엄수하기 위해 과거의 업무를 재활용한다. 결국 날림 업무가 되어버린다. 클라이언트가 재차 수정을 요구한다. 심지어 당초의 계획과 현실에 갭이 생기다 못해 프로젝트 자체가 좌절되기도 한다. 일정 지연에 대응하려고 원인을 찾다가 종국에는 책임의 문제로 팀 사이에 치유 불가능한 균열이 생기기도 한다.

그렇다면 어떻게 계획을 세워야 창조성을 발휘할 수 있을까? 이미 결론을 알 거라 생각한다. '직선'이 아닌 '곡선'을 이미지화하면 된다.

앞서 서술한 바와 같이 완성까지의 이미지를 그래프로 만들 경우 다음 페이지에서 보는 바와 같은 도표가 나온다.

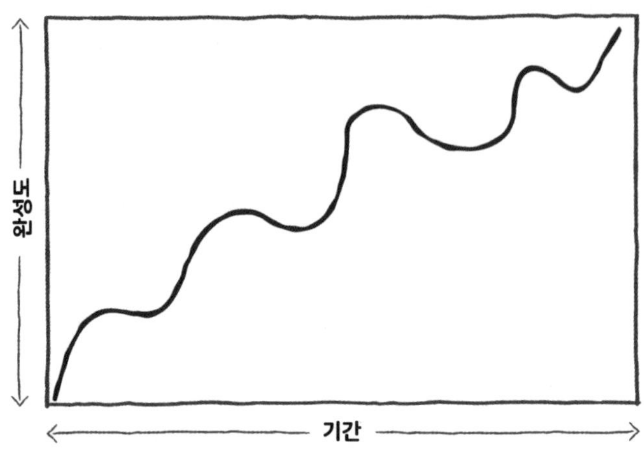

이렇게 목표를 달성하기까지의 프로세스를 산과 골짜기가 있는 곡선으로 그려내는 것이다. 이전의 직선적인 계획은 날짜가 들어간 '정지 화면'이라고 했다. 그런데 이렇게 곡선을 그린 것만으로도 계획 실행 과정이 '정지 화면'에서 '영상'으로 바뀐다. 곡선이 하향하는 부분에서는 '이즈음에 의견 대립이 있을지도 몰라', '직원이 그만둘 수도 있지', 반대로 곡선이 상승하는 부분에서는 '거래처에서 유용한 정보를 얻을지도 몰라', '이 부근에서 계약이 성사되면 좋겠는데' 등 정지 화면에서는 보이지 않던 다이나믹한 스토리가 보이기 시작한다.

곡선은 현실적인 우여곡절을 계획에 포함시킨다. 갈등은 이미 예상된 것이므로 장애물이 있더라도 개의치 않게 된다. 바닥으로 떨어지는 도중에도 정상을 바라보는 냉정을 유지할 수 있다. 곡선은 마치 유연하게 뻗어 나가는 대나무처럼, 계획을 실현하기까지 포기하지 않는 힘을 팀원들에게 심어주는 것이다.

도道 대회 3위 고교생 핸드볼 팀의 비밀

곡선을 그리면 목표 달성 가능성이 높아진다. 심플하지만 매우 효과적인 지혜다. 구체적인 사례를 들어보겠다.

어떤 고등학교 핸드볼 팀의 이야기이다. 이 팀은 매해 도 대회 첫 경기나 2차전에서 패하곤 했다. 그러나 스토리에 의한 경기 전략을 세운 뒤에는 도 대회 3위를 할 정도로 실력이 일취월장했다.

강팀을 상대할 때를 대비하여 선수들은 코치와 함께 독특한 스토리를 만들어냈다. 한 관객을 주인공으로 삼고 그가 해피엔딩을 맞이하는 스토리였다. 관객이 행복하려면 '경기를 보고 즐거웠어!'라고 생각할 만한 시합을 하면 된다. "그렇다면 어떤 경기를 해야 좋을까?"라고 시합 종료까지의 곡선을 그려가며 선수 모두가 함께 고민한 것이다. 그리고 경기 당일. 초반에는 상대의 연속 득점으로 리드를 빼앗겼다.

지금까지라면 이럴 때 "상대는 강해. 이길 수 없어…."라며 지레 포기했을 것이다. 하지만 '상대는 강팀이므로 점수 차를 차곡차곡 벌려가며 직선적으로 이길 수는 없다'는 사실을 안 만큼 이번에는 달랐다.

"선생님, 스토리대로 전개되는군요."라며 침착한 상태였다. 경기 전에 그린 스토리는 '처음에는 리드를 빼앗기지만 멤버들끼리 서로 말을 걸어 높은 집중력을 유지. 서서히 점수 차를 좁힘. 상대가 실수하기 시작하고 최종적으로는 역전'한다는 것이었기 때문이다. 따라서 득점할 때도 크게 기뻐하지 않았다. "당연하지."라는 여유 있는 분위기였다.

이런 모습을 본 상대 팀은 어땠을까? 약할 게 뻔했던 상대가 만만치 않으니 "이럴 리 없는데…."라며 선수도 코치도 동요하기 시작했다. "너희들, 뭐하는 거냐!"라며 코치가 욕설을 날린다. 선수들은 점점 위축되고 작전 타임 때도 코치의 지시가 귀에 안 들어온다.

이런 식으로 곡선을 그리면 자연스럽게 산과 계곡이 생기고, 거기서 스토리가 떠오른다. 스토리 전체를 본다는 것은 코트 내에서 지시대로 움직이는 플레이어가 아닌 **코트 전체를 바라보는 감독의 시선도 동시에 갖춘다**는 뜻이다. '정지 화면'으로 이미지화하면 목표에 직선적으로 돌진하게 된다. 그러나 목표에 도달하기까지의 과정을 '영상'으로 시뮬레이션한 결과, 역경이 찾아와도 그것을 기회로 바꾸는 관점을 갖추게 되었다. 이상적인 현실을 향해 도전하는 과정에 부드러우면서도 강한 힘이 깃든 것이다.

스토리씽킹 원동력 ❸

스토리는 진짜 문제를 드러낸다

회사에서는 문제가 생겼을 때 그 원인을 뿌리 뽑는 게 현명하다고 여긴다. 원인을 밝혀내 제대로 대응하면 문제가 없어진다는 것이다. 그러나 현실은 사람과 상품이 바뀌더라도 같은 문제가 계속 반복된다. 대체 왜 그럴까?

그 의문에 대한 답은 다음의 문장에 명확하게 드러난다.

> "우리가 직면하는 중요한 문제는 그것이 만들어졌을 때와 동일한 사고방식으로는 해결할 수 없다."

아인슈타인의 말이다. 스스로 만든 눈앞의 문제는 생각을 바꾸지 않는 한 같은 문제를 반복하여 생산해낼 뿐이다. 그러므로 '인식' 자체를 근본적으로 바꾸어야 한다. 그렇지만 반복적인 일상 속에서 생각의 습관을 바꾸기란 쉬운 일이 아니다.

지옥과 천국에 관한 다음의 우화에서 이 점이 잘 드러난다.

지옥에는 배고픈 사람 앞에 큰 그릇에 가득 담긴 음식이 있다. 단, 1미터나 되는 긴 젓가락을 사용하는 것이 규칙이라 음식을 먹기란 쉽지

않다. 어떻게 젓가락질을 '스킬업'하여도 음식을 전혀 집을 수 없다. 그러므로 지옥은 일상이 분노로 가득 찬 쟁탈전이다.
천국에서도 마찬가지로 1미터 젓가락을 사용하는 것이 규칙이다. 그런데 천국에 사는 사람들은 늘 배부른 채로 웃는 얼굴이다. 왜냐하면 음식을 젓가락으로 집어 서로의 입에 넣어주는 '서포트'를 주고받기 때문이다.

이 우화가 보여주듯 문제가 발생했을 때 눈앞의 일에만 연연하면 문제가 반복될 수밖에 없다. 음식을 젓가락으로 집을 수 없다는 문제만 만들어내는 것이다. 그리고 배가 고프면 고플수록 시야가 좁아진다. 그 결과 문제는 더욱 심각해지고 서로의 것을 빼앗기 위해 다투기만 하는 현실, 즉 지옥을 만들어버린다.

중요한 점은 문제를 만들어내는 '인식'을 판별하고 거기서 벗어나는 것이다. 그러면 어떠한 스킬업 없이 있는 그대로의 나 자신으로 천국에 갈 수 있다. 그러나 삶의 방식에 깊이 뿌리를 내린 습관적인 생각 패턴 탓에 스스로 깨닫는 게 좀처럼 쉽지 않다. 이렇게 미궁에 빠진 상태에서 벗어나려면 어떻게 해야 할까?

스토리는 이럴 때 쓰이는 강력한 기술이다. **스토리의 힘을 사용하면 누구든 진정한 문제가 무엇인지 스스로 깨달을 수 있다.** 스토리를 만들면 시야가 좁은 나를 눈앞의 문제에서 분리한 뒤, 마치 감독이 무대 위의 배우를 지켜보듯 객관적으로 나를 관찰하게 되기 때문이다.

구체적인 비즈니스 사례를 들어보겠다.

세 군데 남짓한 지점을 가진 어느 초밥집 주인에게 이러한 상담을 받았다.

"점포 하나를 제자에게 맡겼더니 점포 매상이 떨어졌어요. 메뉴와 가격을 개선하여 매상을 다시 올리고 싶습니다."

주인의 말대로 메뉴나 가격을 바꾸는 방법도 있지만 나는 다른 제안을 했다. 점포를 맡은 제자가 행복해지는 스토리를 그려 보는 것이다. 엔딩은 맡긴 점포에서 이익이 충분히 나서 제자가 웃는 얼굴로 주인에게 "고맙습니다."라고 감사의 말을 전하는 스토리였다.

그렇게 스토리를 모두 짠 주인은 퍼뜩 과거가 떠올랐다. 일찍이 자신이 가게를 맡았을 때 스승으로부터 배운 것이었다.

"초밥집 초창기에는 좀처럼 매상이 오르지 않았습니다. 손님과 대화하는 게 서툴러 단골이 생기지 않았어요. 그런데 스승님이 저를 꾸짖기는커녕 '손님과 대화할 때는 이런 식으로 하는 거야'라며 소통하는 방법을 가르쳐주었지요. 그때부터 가게에 손님이 늘기 시작해 지금까지 온 거랍니다."

과거의 일이 떠오른 순간 주인의 눈에 진짜 문제가 보이기 시작했다. 지금 자신이 할 일은 메뉴나 가격에 이래라저래라 말을 보태는 것이 아니었다. 스승이 그랬듯 제자를 믿어줘야 했다. 진짜 문제는 본인이 가게 주인에서 제자의 역량을 끌어내는 리더로 변화할 수 있을지 하는 것이었다.

주인이 메뉴나 가격을 개선하는 데 머물러 있으면 사업 규모가 확장되더라도 매출이 떨어질 때마다 주인은 다시 메뉴와 가격을 자신만의 노하우로 바꿀 수밖에 없다. 그러면 제자는 언제까지나 주인의 그늘에서 벗어날 수 없다. 그러나 개인의 능력을 살리는 리더가 되어야 함을 자각하면 지금 당장에라도 손님과 직원을 소중히 여기는 이상적인 회사 만들기가 가능해진다.

문제를 만들어냈던 사고의 틀 안에 박혀 있으면 이러한 시점 전환이 쉽지 않다. 지옥에 사는 사람들처럼 같은 문제를 반복하며 평생 해결책이 곁에 있음을 깨닫지 못한다. 역설적이게도 근본적인 문제 해결을 위해서는 자신을 문제로부터 분리할 필요가 있다. 이를 위한 돌파구가 바로 스토리의 힘을 빌리는 것이다.

스토리씽킹 원동력 ❹

스토리는 팔리는 이름을 낳는다

"더 좋은 이름은 없을까?"

"잘 팔릴 만한 타이틀이 필요한데…."

이런 이야기를 상사나 거래처에서 들은 적이 있을 것이다. 이것은 "1억 원만 줄래?"라는 부탁과 다름없을지도 모른다. 왜냐하면 완전히 똑같은 제품이라 해도 이름만으로 억 단위의 수익을 순식간에 벌어들이는 일이 있기 때문이다.

예를 들어 이토엔*이 판매한 '캔에 든 전차'**라는 제품은 판매 시작 후 4년간 매출 침체를 겪었다. 심지어 제품의 이름인 '전차(煎茶)'라는 한자를 읽지 못하는 사람도 있었다. 그러다가 '오~이, 오차'***로 이름을 바꾼 뒤 매출이 무려 약 여섯 배인 40억 엔(약 400억 원)에 이르렀다. 또한 레나운****의 신사용 양말 '프레시 라이프'는 항균 냄새 제거 소재의 선구적인 고기능성 상품이었으나 제품 출시 후 6년 동안 매출이 서서히 감소했다. 그러다가 '통근 쾌족'이라는 이름으로 바꾼 순간 매출이

---

* 일본의 유명 음료수 제조 회사 - 역주

** 일본 녹차의 한 종류. 찻잎을 증기로 찐 후 손으로 비벼 가늘게 만든 것으로 일본에서 가장 대중적인 차로 꼽힌다. - 역주

*** 직역하면 "어이, 차 한 잔"이라는 뜻이다. - 역주

**** 일본의 유명 의류업체. 2020년 코로나19 여파로 도산했다. - 역주

단숨에 10배로 늘어났다.

2014년 1월, 마이크로소프트사는 가정용 게임기 'X box'를 '타이탄 폴 플레이어'로 이름을 바꾸겠다고 발표했다. 목적은 매출을 올리기 위해서였다. 전 세계적인 인기 게임인 '타이탄 폴' 게임 전용으로 X box를 구매하는 사용자가 많다는 분석에 따라 대담한 전략을 취한 것이다.

이처럼 상품 및 서비스 개발에 기술과 돈을 쏟아붓더라도 그 상품이 아무도 모른 채 묻힐지 혹은 회사를 장기간 번영시킬지 여부는 얼마나 좋은 이름을 짓느냐에 달렸다.

특히 지금 같은 인터넷 시대에는 괜찮은 이름일 경우 '지명 검색(指名檢索)'이 압도적으로 많아진다. 지명 검색이란 상품명이나 기업명, 단체명 등을 입력해 직접 검색하는 것을 말한다. 반대로 여러 상품을 비교하기 위한 목적으로 카테고리명을 검색하는 것을 '비교 검색'이라 한다.

이 차이는 곧 매출과 직결된다. "어떤 제품이든 싸게 사고 싶어."라는 소비자 니즈만 고려할 경우 영원히 저가 정책에서 벗어날 수 없다. 반면에 "그 회사 제품을 사고 싶어."라고 지명 검색되는 경우 명성이 유지된다. 지명 검색하는 제품인지 비교 검색당하는 제품인지는 이름을 기억하는지 여부에 달렸다. 즉 이름 하나로 막대한 부를 창출하는 시대가 온 것이다.

어떻게 해야 훌륭한 이름이 떠오를까?

전문가에게 이름 짓기를 맡기면 대개는 분석에 분석을 거듭해 몇백, 때로는 몇천 개의 후보 중에서 뽑아 제안한다. 그러나 내가 관찰한 바에 의하면 "아, 이거구나!"라고 감탄을 자아내는 이름은 불현듯 떠오른다고밖에 설명할 수 없는 경우가 많다. 그리고 이름이 결정되면 그때까지 흩어졌던 의견이 하나로 수렴되어 일사천리로 일이 진척된다. 불현듯 이름이 떠오르는 과정을 어느 정도 비슷한 상황으로 재현할 수만 있다면 회사에 막대한 수익을 가져다줄 수 있을 것이다.

그럼 어떻게 해야 훌륭한 이름이 불현듯 떠오르도록 준비할 수 있을까? 그 열쇠는 바로 스토리에 있다. 이해하기 쉽도록 일단 다음의 이야기부터 읽어보자.

1939년 폴란드 남부 도시 크라쿠프에 독일군이 침공했다. 독일인 사업가 오스카 쉰들러는 한밑천 잡으려고 이 동네에 왔다. 그는 군 간부에 빌붙어 군용 법랑 용기 사업을 시작했다. 유대인 노동력을 싼값으로 부려먹었기에 쉰들러의 사업은 급속히 성장했다. 쉰들러는 화려한 나날을 보냈다. 그러나 1943년, 유대인을 노동력으로만 보던 쉰들러의 심경에 변화가 찾아왔다. 직원들이 거주하던 게토가 해체 및 폐쇄되던 날, 유대인 학살 광경을 목격한 것이다. 그는 지옥 같은 상황에 마음을 아파하며 유대인을 보호하고자 생산 효율 향상이라는 명목으로 유대인 노동자를 받아들이고 사설 수용소를 짓기 시작했다. 더욱

이 1944년 패전의 기운이 짙어질 즈음에 쉰들러는 유대인의 아우슈비츠 이송을 저지하려는 계획을 세웠다. 직원, 가족 및 지인에 이르기까지 그들이 유능한 금속공이며 필수적인 노동력이라는 리스트를 작성한 것이다. 이 리스트 덕분에 목숨을 구한 유대인이 1,200명에 이른다.

자, 이 스토리에 제목을 붙인다면 어떤 제목이 어울릴까? 그렇다. 당신도 알다시피 이 스토리의 제목은 〈쉰들러 리스트〉이다. 제66회 아카데미 작품상 이하 7개 부문을 수상한 명작인 〈쉰들러 리스트〉는 한 번 들으면 잊히지 않는다. 누군가에게 전달하기도 쉽다. 그리고 무엇보다 이 제목을 듣는 순간 배우의 표정, 대사, 음악, 이미지까지 떠오른다.

이처럼 영화 제목은 스토리를 응축한 것이다. 그리고 뛰어난 제목이란 다음과 같은 다섯 가지 효과를 발휘한다.

1. 한 번 들으면 잊히지 않는다.
2. 복잡한 개념을 심플하게 전한다.
3. 다른 관점으로 바라볼 수 있다.
4. 자신도 관여하고 싶다고 생각한다.
5. 주변에 알리고 싶어진다.

영화 제목을 지을 경우에는 말할 필요도 없이 스토리가 바로 전제이다. 스토리도 없이 "좋은 타이틀 없을까?"라고 주변에 묻는 감독이 괜찮은 영화를 제작할 거라고는 아무도 생각하지 않는다.

훌륭한 이름(제목)의 다섯 가지 효과

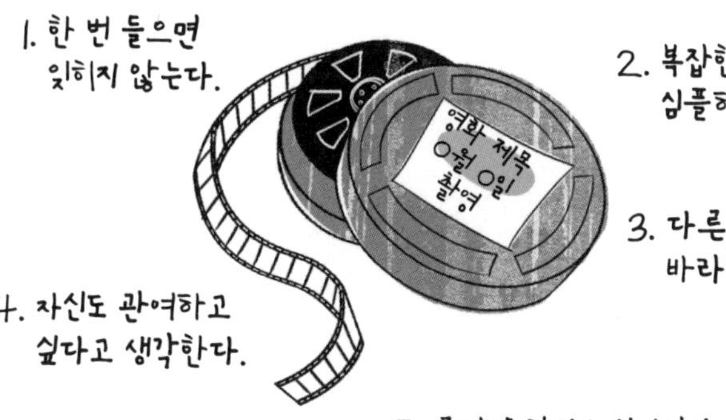

스토리를 응축한 것이 바로 훌륭한 이름(제목)이다.
그러므로 훌륭한 이름(제목)은 들은 것만으로도 스토리가 전개된다.

상품명도 이와 같다. 뛰어난 상품명은 스토리를 전제로 탄생한다. 앞서 언급한 매출 상승과 직결된 상품명 사례를 다시 살펴보자. 상품명을 듣기만 해도 쉽게 스토리가 상상된다. '통근 쾌족'이라는 상품명을 들으면 당신은 어떤 스토리가 떠오르는가. 나는 이런 상황을 상상했다.

더운 여름날, 만원 전철에 끼어 땀 흘리며 출퇴근하는 정장 차림의 샐러리맨. 가죽 구두 안의 발은 후끈후끈 땀이 차고, 퇴근 때가 되면 악

취가 물씬 풍길 듯하다. 집에서는 딸이 "아빠 양말이랑 내 옷, 같이 빨지 마."라고 말하는 게 일상. 하지만 이 양말을 신은 후부터 전혀 땀이 차지 않는다. 냄새도 없다. 상쾌하게 "다녀왔어~"라며 현관문을 여는 목소리가 밝다.

또한 '오~이, 오차'라는 상품명은 어떤가. 내가 떠올린 스토리는….

녹차가 마시고 싶다. 옛날에는 "차 한 잔만 주시겠소~"라고 말하면 직접 갓 내린 녹차를 대접했다. 하지만 지금은 대량 생산한 캔에 든 녹차를 내온다. 애정을 담아 내린 것과는 맛도 향도 다르다. 그런데 이 녹차는…! 캔에 들어 있긴 하지만 품질 좋은 녹차의 신선한 향기가 난다. 심지어 정성스럽게 내린 애정까지 느껴지는 게 아닌가!
자, 조금만 더 열심히 일하자.

이처럼 뛰어난 이름은 스토리가 자연스럽게 상상된다. 앞서 말한 상품의 개명 전과 개명 후를 비교하면 잘 알 수 있다.

'통근 쾌족'이 아니라 '프레시 라이프'일 때는 상품명을 들어도 조금 전처럼 구체적인 스토리가 떠오르지 않았다. 기업이 어필하고 싶은 기능인 항균 탈취를 상품명으로 만들었다는 인상이 강해 그 상품을 사용하는 고객이 어떻게 행복해질지 하는 이야기가 전개되지 않는다.

'오~이, 오차' 또한 개명 전의 '캔에 든 전차'의 경우, 단순히 캔에 담긴 전차라는 상품 내용을 표현했을 뿐이다. 개인의 일상에 끌어들여 상상할 수 있는 스토리가 떠오르지 않기 때문에 고객은 그 상품에 공감하기 어렵다. 목이 마를 때 어쩔 수 없이 구매할 뿐 상품명도 기억하지 못하고 다른 사람에게 추천하지도 않는다.

개명 전후의 상품명을 비교해보면 알 수 있듯 잘 팔리는 이름은 그것을 듣기만 해도 스토리가 떠오른다. 나는 이름을 듣고 스토리가 떠오르는 것이 하나의 중요한 열쇠라고 생각한다.

당연하다면 당연하지만, 영화 스토리가 없는 상태에서 공감할 만한 제목이 나오지 않듯 상품 또한 스토리가 없는 상태에서는 팔리는 제품명이 떠오르지 않는다. 마찬가지로 회사에도 스토리가 없다면 매혹적인 회사명이 떠오를 리 없다.

한마디로 말하자면 **스토리가 풍부할 때 이름이 떠오르는 것**이다.

스토리를 바탕으로 한 이름 짓기

스토리가 풍부할 때 이름이 확 떠오르는 사례로 '특정 비영리 활동법인 KNOWS' 이야기를 해볼까 한다.

'KNOWS'는 초등학교부터 대학에 이르기까지 전국 선생님들이 중심이 되어 설립한 NPO(특정 비영리 활동법인)이다. 앞으로 지식 사회에 요구되는 새로운 학습법을 연구하고 아이들에게 전달하며 실천하는 등 연구 활동을 적극적으로 하고 있다.

'KNOWS'라는 이름을 듣고 당신은 어떤 인상을 받았는가. 'KNOW'

라는 단어에서 아마도 '지식'을 연상했을 것이다. 절반은 맞다. 그러나 동시에 'NOSE' = '코'라는 의미도 포함하고 있으며 이것이 활동의 중요한 원동력이 되고 있다.

이름이 탄생한 발단은 출범 전 열린 발표회였다. 앞으로도 계속해 나갈 이 활동의 이름을 논의하던 중 한 참가자가 한 가지 사실을 깨닫고 흠칫 놀랐다.

그날 우연히 각각의 선생님이 '코'에 관련된 두 가지 수업 사례를 발표했는데, 하나는 동요 〈코끼리〉였고 다른 하나는 아쿠타가와 류노스케의 작품 《코》에 관한 것이었다. 물론 '코'에 관한 이야기가 겹친 것 자체는 그다지 거론할 만한 일이 아니다. 그러나 참가자들이 우연히 겹친 의미에 대해 열띤 토론을 하기 시작했다. 이 두 가지의 '코' 에피소드에 참가자들의 공통적인 사상이 상징적으로 들어있었기 때문이다.

동요 〈코끼리〉의 "엄마 코도 길어요."*라는 구절에서 전해지는 '아이를 사랑하는 엄마의 마음'과 아쿠타가와의 《코》**에서 헤아려지는 '콤플렉스는 사실 매력적인 개성'이라는 메시지. 새로운 교육을 실천할 때 '사랑'과 '개성'을 소중히 하고 싶다는 마음을 현장의 모든 교사가 강하게 공감하고 있던 것이다.

이러한 취지로 '앞으로의 사회에서는 주어진 지식을 이해하는 것뿐만 아니라 스스로 지식을 창조하는 것이 중요하다'라는 교육관이 스며

* 동요 앞부분에서 화자가 코끼리에게 코가 길다며 놀린다. 그러자 코끼리가 "엄마 코도 길어요."라고 대답하며 엄마에 대한 사랑과 자부심을 드러낸다. - 역주

** 노벨 문학상 수상자인 아쿠타가와의 단편 소설. 주인공인 스님은 자신의 긴 코 때문에 주변 사람들에게 동정을 받는다. 그러다 긴 코를 줄이는 비법을 듣고 정상적인 코가 되었는데, 사람들은 이런 그를 보고 오히려 노골적으로 비웃었다. 어느 날 코가 예전처럼 긴 코로 돌아오자 주인공은 이대로 살며 다시는 비웃음당하지 않으리라 결심한다. - 역주

든 'KNOWS'라는 이름이 만들어졌다.

이처럼 이름의 배경에 이야기가 있으면 그 이름을 부르는 동시에 작명할 당시의 마음을 돌아보게 된다. 마치 제목을 들으면 영화의 스토리가 떠오르는 것처럼 말이다. 미팅에 참가한 멤버들은 **이름이 탄생한 그 흥분된 순간을 기억하고 있으므로** 조직의 설립 이념을 잊을 수 없을 것이다. 또한 아무리 높은 추상적인 이념이라도 '코'라는 비유를 통해 쉽게 설명할 수 있었다. "이러한 방향을 지향하고 있습니다."라는 논리적인 말만으로는 파악할 수 없는 다양한 이미지를 '코'라는 비유를 통해 동료들에게 열정적으로 전달할 수 있었고, 그 결과 주변 사람들을 모을 수 있게 되었다고 한다.

스토리가 있는 이름에는 그것을 탄생시킨 사람들의 철학이 들어있다. 철학이 담긴 이름은 부를 때마다 강해지고, 행동하게 되고, 현실을 새롭게 창조해간다. 스토리를 바탕으로 한 이름 짓기는 미래로 이어지는 전설을 만들어가는 작업이다.

스토리씽킹 원동력 ❺

스토리는 서로 다른 재능을 통합한다

지금 자신의 직업을 한마디로 표현해달라고 하면 당신은 어떻게 대답할까? 예전에는 직업이라 하면 '의사', '공무원', '변호사', '엔지니어', '은행원' 등 누구든 알기 쉽게 표현할 수 있었다. 그러나 인터넷이 사회 인프라로 자리 잡은 오늘날의 직업은 '데이터 애널리스트', '큐레이터', '시큐리티 매니저', '액추어리', '시스템 신더시스트*' 등등… 개인이 다루는 업무가 급속도로 세세하게 전문화되고 있다. 그리고 고도로 추상적으로 되는 중이다.

새로운 업무가 계속해서 생겨나고 차례로 사라지는 상황에 부닥친 직장인은 자신의 커리어를 돌아보고 대체 어떤 직업을 가져야 좋을지 예상하기 어려워 불안에 빠질 수 있다. 하지만 반대로 생각해보면 변화를 두려워하지 않는 사람은 큰 희망을 품을 수 있는 사회가 되었다는 말이기도 하다.

'각각의 사람은 모두 전문가'라는 말은 누구든 마음만 먹으면 각 분야의 우수한 두뇌와 접촉할 수 있게 되었다는 뜻이다. 그리고 다양한 전문가가 같은 목적으로 서로 자극하며 협력해가면 지금까지 상상도 못 했던 새로운 가치를 창출할 수 있다. 다음 세대를 위한 신규 사업을

* 시큐리티 매니저는 '보안 매니저', 액추어리는 '보험 계리인', 시스템 신더시스트는 '시스템 통합 관리자'를 뜻한다. - 역주

가속화할 수 있는 것이다.

나의 고객 중에도 부동산 회사와 의료기기 회사가 협력해 고령화 사회를 위한 마을 조성을 기획하고 있고, 의료 전문 설계자와 주택회사가 함께 의료 클리닉 설계 및 시행 노하우를 제공하는 등 자연스럽게 신규 사업을 이루어내고 있다. 앞으로 장벽이 더 낮아지면 다음 세대를 위한 산업까지 창출할 수 있을 거라는 희망도 안고 있다. 그러나 문제는 각기 다른 분야의 재능을 연결하는 공통 언어가 없다는 점이다. 과거에는 회사 동료끼리 나눌 화제가 부족하지 않았다. 야구 시합 결과나 드라마의 내용 등 부담 없이 대화할 수 있는 공통 화제가 있었다. 하지만 지금은 개인의 관심사가 항상 스마트폰 화면 위에 쏠려 있다.

예전에는 술자리가 연령을 초월한 친분 쌓기에 좋았지만 지금은 "그것도 업무의 일환입니까?"라고 지적받을 수 있으니 권하기도 어렵다. 게다가 같은 언어를 사용하더라도 세대나 입장에 따라 의미가 달라 서로 이해하는 듯하다가도 크게 엇갈리기도 한다. 심지어 설명이 끝난 뒤에도 처음부터 다시 설명하는 때도 많다.

능력 있는 전문가들이 서로 뿔뿔이 흩어질 수도 있는 것이 바로 현재 우리가 살아가는 지식사회다. 이러한 분열을 멈추고 **팀워크를 통해 시너지를 내는 데 강력한 효과를 발휘하는 것이 바로 스토리다**.

스토리를 공유함으로써 입장이나 분야가 서로 다른 사람들끼리도 함께 행복한 해결책을 세울 수 있다. 왜냐하면 스토리란 본래 서로 다른 등장인물이 다양한 관점을 제공함으로써 최종적으로는 공통의 적을 무찌르고(다시 말해 공통의 문제를 해결하고) 해피엔딩을 맞는 새로운 현실을 창조하는 과정이기 때문이다.

옛날이야기 '모모타로'에서 탄생한 신규 사업

스토리는 보편적인 것이다. 누구나 관심 있고 누구나 공감한다.

이러한 스토리가 가진 힘을 활용하면 공통 화제가 없는 초면인 사람과도 대화를 쉽게 이어나갈 수 있다. 그로 인해 목적을 달성하기 위한 최고의 지혜를 끄집어낼 수 있게 된다.

사례를 들어보겠다. 전혀 다른 분야의 경영자 60명이 모인 회의에서 퍼실리테이터* 역할을 맡은 적이 있다. 누가 어떤 일을 하는지도 모르는 가운데 하나의 과제에 관한 대화를 하게 되었는데, 그때 과제가 '이곳에 모인 60명의 자원으로 최고의 신규 사업을 낸다면 무엇이 좋을까?' 하는 것이었다. 제한 시간은 2시간.

> 처음 만나는 60인, 제한 시간 2시간, 최고의 신규 사업….
> 당신이라면 어떻게 접근할 것인가?

내가 취한 접근법은 스토리를 바탕으로 과제를 해결하는 행동 시나리오를 만드는 것이었다. 즉 이 책의 주제인 퓨처 매핑 말이다. 스토리는 앞서 말했듯 누구나 가지고 있는 이미지를 사용하므로 전문 분야나 언어, 입장의 차이를 초월하기 때문이다.

퓨처 매핑에 대해서는 2부에서 상세히 과정을 소개할 예정이므로 여기서는 그 접근법의 개요와 결과만 알려주도록 하겠다.

* 서로 다른 의견을 가진 사람들이 그룹 체험을 통해 최선의 합의에 도달하도록 촉진하는 기법을 퍼실리테이션이라 한다. 퍼실리테이터는 이때 중립 위치에서 집단의 상호작용을 돕는 조언자이다. - 역주

전반 : 눈앞의 과제에서 벗어나 이야기를 함께 만들어낸다.

후반 : 창작한 이야기에서 얻은 힌트를 과제 달성에 활용한다.

일단 전반 작업은 공동으로 이야기를 만드는 것이다. 이 작업의 의미를 비유하자면, 모든 사람이 즐길 수 있는 영화를 함께 만들어 그것을 보러 가는 것과 같다.

영화가 끝나면 그 이야기에서 얻은 교훈을 모토로 다 함께 토론한다. 과제에 대한 예상 밖의 힌트를 끌어내는 것이다. 이것이 후반 작업이다.

눈앞의 문제에서 일단 벗어난다는 전반의 접근법은 앞서 말했듯 역설적이다. 그러나 진정한 문제를 부각하기 위해 필요한 작업이다. 이는 영화의 등장인물이 그렇듯 아직 깨닫지 못한 재능이나 자원을 찾아내는 데 무척이나 효과적이다.

실제로 이야기를 창작하기 시작하면 웃음이 끊이지 않는다. 그래서 초면이라도, 연령과 입장이 다른 사람이라도, 아무런 위화감 없이 대화를 시작할 수 있다.

이번에 처음 만난 60명이 만든 이야기는 동화 《모모타로》의 새로운 버전이었다. 새 버전에서는 마지막에 모토타로가 행복해지는 게 아니라 도깨비가 행복해지도록 했다. 그리고 도깨비의 마지막 대사는…

"아, 다행이야. 더는 약탈할 필요가 없어졌어. 다들 고마워요."

대체 어쩌다 이런 결말이 났을까?

아마 당신도… '신 모모타로' 이야기가 궁금할 것이다.

이렇게 스토리는 사람들의 흥미를 이끌어 누구든 업무 과제를 잊고 이야기 창작에 몰두하게 한다.

다음 글이 우리가 창작한 '신 모모타로' 스토리다. 별색으로 처리된 글자만 읽어도 대략적인 개요를 파악할 수 있을 것이다.

'신 모모타로' 스토리

약탈을 일삼는 도깨비를 혼내주자며 모모타로가 공격을 했다. 도깨비는 온 힘을 다해 해치우려 했다. 전통기술로 만든 금방망이에 하이테크 기능을 추가해 업그레이드해서 말이다. 하지만 어이없게도 지고 말았다.
그러나 도깨비에게는 이것이 행운의 시작이었다.
모모타로는 앞으로 사이좋게 지내자며 도깨비들에게 수수경단을 나누어주었다. 이 경단을 먹으면서 도깨비들은 깨달았다. 이 수수경단의 원료인 허브가 도깨비 섬에 잔뜩 있다는 것을.
난폭한 도깨비들도 좋아서 약탈하는 게 아니었다. 섬에 자원이 없다고 생각했기 때문에 어쩔 수 없이 섬 밖에서 빼앗아왔던 것이다. 그러나 섬의 자원은 팔아도 될 정도로 많았다. 이러한 비즈니스 기회를 알아챈 모모타로는 빼앗긴 보물을 되찾는 게 아니라 반대로 도깨비 섬 활성화를 위한 투자 펀드를 설립했다. 즉 모모타로는 도깨비들의 천사가 된 것이다. 이를 계기로 도깨비들은 섬 밖에 허브를 많이 수출했고 안정적인 수입을 얻게 되었다. 이렇게 해서 도깨비들은 오래오래 행복하게 살았다고 한다.

60인의 경영자가 창작한 '신 모모타로' 이야기

육식 경영에서 초식 경영으로의 개혁

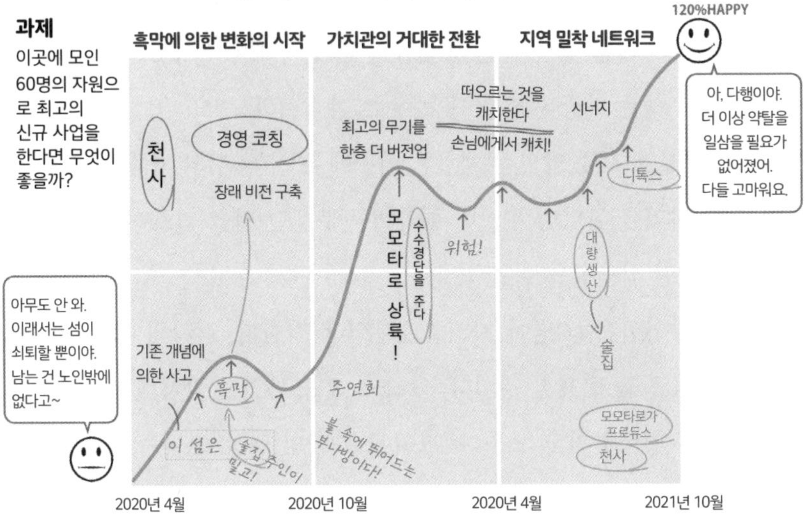

과제
이곳에 모인 60명의 자원으로 최고의 신규 사업을 한다면 무엇이 좋을까?

흑막에 의한 변화의 시작
가치관의 거대한 전환
지역 밀착 네트워크
120%HAPPY
아, 다행이야. 더 이상 약탈을 일삼을 필요가 없어졌어. 다들 고마워요.
천사
경영 코칭
장래 비전 구축
최고의 무기를 한층 더 버전업
떠오르는 것을 캐치한다
손님에게서 캐치!
시너지
디톡스
모모타로 상륙!
수수경단을 주다
위험!
대량생산
술집
아무도 안 와. 이래서는 섬이 쇠퇴할 뿐이야. 남는 건 노인밖에 없다고~
기존 개념에 의한 사고
흑막
이 섬은
술집 주인이 밀고!
주연회
불 속에 뛰어드는 부나방이다!
모모타로가 프로듀스
천사
2020년 4월
2020년 10월
2020년 4월
2021년 10월

퓨처 매핑을 사용하면 서로 처음 보는 전문가들끼리도
스토리의 힘으로 허물없이 대화하게 된다.
그 결과 예상하지 못한 방법을 통해
과제를 달성하기 위한 시나리오를 만들 수 있다.
경영자들이 모모타로를 새롭게 창작하고 보니
모모타로는 차세대 '젊은이'의 상징이었다.
도깨비는 쇠퇴하는 도깨비 섬의 '고령자'라고 해석됐다.
여기서 실현 가능성이 높은 효과적인 비즈니스 힌트가 탄생했다.

눈앞의 과제에서 떨어지면 해결책이 떠오른다

스토리 창작은 당초의 과제 '이곳에 모인 60명의 자원으로 최고의 신규 사업을 한다면 무엇이 좋을까?'와는 전혀 관계없는 작업으로 보일 것이다. 그러나 앞서 말한 것처럼 눈앞의 과제에서 사고를 분리하는 것이 틀을 깨는 발상을 하는 데 매우 효과적이다.

증명해보겠다. 눈앞의 과제, 즉 '이곳에 모인 60명의 자원으로 최고의 신규 사업을 한다면 무엇이 좋을까?'에 대한 답을 얻으려면 일반적으로는 어떤 접근법을 취할까?

그렇다. 일단은 60명이 자기소개부터 시작한다. 각자의 업계, 전문 분야, 강점 등을 발표할 것이다. 그리고 신규 사업을 찾아내기 위해 그룹 토론을 진행할지도 모른다. 그리고 그때의 공통 언어는 아마도 경제 환경 및 시장 환경 분석, 정부의 성장 전략 등일 것이고, 그 시점에서 토론은 지식 싸움으로 변해 목소리가 큰 사람이 승리한다는 결론이 날 것이다.

시간상으로는 자기소개만 한 사람당 2분쯤 예상해도 그걸로 제한 시간 2시간이 종료된다.

그런데 눈앞의 과제에서 일단 눈을 돌리고 스토리 효과를 이용해 낡은 인식의 틀을 깬다면? 모두가 탄복할 만한 해결책이 갑작스레 떠오른다. 떠오른다니 무슨 생뚱맞은 일이냐며 황당해할 수 있다. 하지만 이 감각을 정확히 전달하기 위해 몇 번이든 말하겠다.

떠오른다. 떠오른다. 떠오르는 것이다.

그럼 실제로 '신 모모타로'를 만들 때는 어떠한 아이디어가 떠올랐을까?

결론부터 말하자면 '크라우드 펀딩 사업'이다. 크라우드 펀딩이란 대중crowd과 재정적 지원funding을 조합한 단어로, 사회공헌성이 높은 프로젝트에 불특정 다수의 자금을 모으는 사업을 말한다. 유명한 플랫폼으로는 킥스타터, 슈팅스타, 인디고고* 등이 꼽힌다. 일본에서도 크게 주목받고 있어 사이버 에이전트를 비롯한 상장기업도 뛰어들고 있다.

왜 크라우드 펀딩 사업이라는 아이디어가 떠올랐을까? '신 모모타로' 스토리의 끝에서 4번째 줄을 보자. "모모타로는 도깨비들의 천사가 된 것이다."라는 문장이 있다. 스타트업 기업에 있어서 천사란 자금을 제공하는 투자자이다. 이 결말이 힌트가 되어 크라우드 펀딩 사업을 시작하면 좋겠다는 생각이 번뜩 든 것이다!

잘 생각해보면 크라우드 펀딩은 애초의 과제 '이곳에 모인 60명의 자원으로 최고의 신규 사업을 한다면 무엇이 좋을까?'에 딱 들어맞는다. 60개 사의 경영자는 매력적이라 생각하는 신규 사업에 자금 제공이 가능한 사람들이다. 또한 한 멤버가 생각한 신규 사업이 흥미로울 경우 다른 멤버가 자금을 제공할 수 있다. 즉 크라우드 펀딩은 이 60개 사가 어떻게든 참여할 수 있고, 또한 각자의 회사 성장에 포석이 될 만한 플랫폼 사업인 것이다. 실제로 이 크라우드 펀딩 사업은 이후 서비스 개시를 준비하게 되었다.

이처럼 스토리는 고도로 전문화된 사회에서 자기만의 세상에 깊숙이 파묻힌 사람들의 지식과 경험을 다시금 겉으로 드러내고 통합한다.

---

* 우리나라에는 와디즈, 텀블벅 등이 있다. - 역주

뿔뿔이 흩어진 사람들 사이의 대화를 촉구하고 혼자서는 도저히 찾을 수 없던 솔루션을 지극히 짧은 시간 안에 도출해낸다. 초등학생도 할 수 있는 재미있는 이야기 짓기가 사실 전 지구적 규모의 난제를 해결할 정도의 힘을 가지고 있는 것이다. 이 사실을 깨닫는 순간, 아마도 시대는 컴퓨터 보급으로 성장해온 정보화 사회의 종언을 고하고, 누구든 참여할 수 있는 커뮤니티에 의해 성장해가는 본격 지식 창조 사회로 진입할 것이다.

여기까지 스토리씽킹이 가져다주는 다섯 가지 원동력에 대해 이야기했다. 대강 복습하자면…

1. 스토리는 머리속에 박힌다.
2. 스토리는 위기를 기회로 바꾼다.
3. 스토리는 진짜 문제를 드러낸다.
4. 스토리는 팔리는 이름을 낳는다.
5. 스토리는 서로 다른 재능을 통합한다.

일반적으로 지금까지의 비즈니스는 합리적·분석적인 사고가 만들어내는 것이라고 여겼다. 그래서 비즈니스 스쿨을 시작으로 직장인을 육성하는 과정에서 스토리는 그다지 중시되지 않았다. 그러나 사실 스토리는 사람을 매료시키며 거대한 비즈니스를 만들어낸다.

스토리를 바탕으로 한 비즈니스를 꼽을 때 바로 떠오르는 것이 전 세계적인 캐릭터 미키마우스다. 1928년 〈증기선 윌리〉라는 영화로 데

뷔했지만, 당시 디즈니사는 도산 직전이었다. 그러나 스토리를 만들어 냈고, 그 스토리가 전 세계를 휩쓸어 지금의 디즈니 제국을 건설했다.

일본에서 탄생한 캐릭터 중 가장 돈을 많이 번 캐릭터는 포켓몬이다. 1996년 게임에서 탄생한 포켓몬은 게임, 카드 게임, 라이선스 상품, 애니메이션, 영화 등을 포함해 누적 시장규모 4조 2,000억 엔(일본 1조 9,000억 엔, 해외 2조 3,000억 엔) 이상을 넘어서는 부를 창출했다.*

캐릭터처럼 스토리와 관련한 직접적인 시장에서뿐만이 아니다. 스토리는 지금 모든 기업에서 부를 창출하게 되었다. 예를 들어 자동차나 스마트폰 브랜드도 '이 브랜드가 어떻게 태어났을까?' 하는 역사나 전통에 대한 이야기가 제공되지 않으면 부가가치가 창출되지 않는다. 스토리가 없으면 개발도상국에서 만든 값싼 브랜드에 쉽게 고객을 빼앗기고 만다. 기업 간 경쟁은 시장 점유율을 중심으로 한 경쟁이 아니라 이미 스토리를 중심으로 한 경쟁으로 치닫고 있다고 해도 과언이 아니다.

인터넷으로 스토리가 세계를 누비는 속도가 빨라짐에 따라 애플이나 페이스북을 시작으로 IT 기업 창업자 이야기가 단기간에 전 세계를 휩쓸게 되었다. 페이스북 창업자 마크 저커버그의 이야기는 2010년 〈소셜 네트워크〉라는 제목으로 영화화됐다. 포브스가 발표한 세계 부자 순위에 따르면 영화화된 이듬해 그의 랭킹은 전년도 212위에서 52위(추정 총 자산액 약 1조 1,475억 엔)로 대폭 올랐다고 한다. 애플을 창업한 스티브 잡스 또한 사후 2년이 채 지나지 않아 영화화되었고, 전 세계에서 모르는 사람이 없는 전설적인 인물이 되었다. 이처럼 창업자의 스토리

* 주식회사 포켓몬의 공식 홈페이지 '포켓몬 규모에 관한 데이터 일람' 참조

가 세계를 넘나드는 것은 그 기업 브랜드가 단숨에 세계적인 브랜드가 되는 것을 의미한다.

이와 같이 스토리는 새로운 욕구, 새로운 기술, 새로운 시장을 만들고 새로운 산업까지 창출한다. 스토리는 무에서 유를 낳는 현대의 연금술이라 할 수 있다.

1981년부터 2001년에 걸쳐 GE의 성장을 뒷받침한 전설적인 경영자 잭 웰치는 회고록에 이런 말을 남겼다.

"내게 뛰어난 점이 있다면 아일랜드 사람이라는 것이지요.
나는 탁월한 스토리텔러입니다."

잭 웰치같이 뛰어난 경영자가 이용하던 스토리텔링 기술이 지금은 모든 직장인에게 요구되는 시대다.

2부

FUTURE MAPPING STORY THINKING

스토리씽킹을 익히기 위한 7가지 실험

3장

새로운 환경에 대응하는 새로운 해결책 퓨처 매핑

"이 책은 지식을 얻기 위한 책이 아니다. 성과를 얻기 위한 책이다." 그러니 지금부터는 당신이 성과를 얻도록 온 마음을 기울여 스토리씽킹을 실천하는 구체적 방법론인 퓨처 매핑을 설명하겠다. 요리 레시피 같은 책이니 반복해 읽으며 실제 손을 움직여볼 것을 강력히 추천하는 바다.

보통 이런 실용서는 강연회나 세미나로 유인하기 위한 책이라고 생각하는 경우가 있다. 실제 나는 퓨처 매핑을 잘 다루고 싶은 사람 혹은 회사나 거래처에 가르쳐주고 싶은 사람을 위한 강좌를 개최하고 있다. 그중 본격적인 퓨처 매퍼가 되려는 사람은 강좌 참여자 중 소수에 불과하다. 100명 중 한 명꼴이다.

당신이 그 한 사람이라면 조금 더 깊게 연구해주길 바란다. 하지만 이 책은 보통의 99명을 위한 책이다. 가능한 한 연봉을 크게 올리고 싶은 직장인, 변하지 않는 조직을 바꾸고 싶은 혁신가, 공부에 시달리는 학생, 재능을 발휘하고픈 교육자, 그리고 진심으로 뛰어들 만한 평생의 업을 찾는 기간제 노동자를 포함한 모든 사람이 퓨처 매핑이 가진 커다란 가능성을 깨닫기 바란다.

그런 이유로 책만 읽어도 성과를 낼 수 있도록 퓨처 매핑을 실천하는 데 필요한 정보를 두루 담았다. 처음에는 읽기 편한 얇은 책을 쓸 예정이었지만 예상보다 두꺼운 책이 되어버렸다.

'이 책을 다 읽어야 할 수 있을 만큼 퓨처 매핑은 복잡한 건가….' 하고 부담스러워하는 독자도 있을 것이다. 그러나 그 점에 대해서는 안심하기 바란다. 기초만 알아두면 초등학생도 능숙하게 다룰 정도로 간단하고 자연스럽게 적용·실천하며 성과를 낼 수 있다.

여기부터 5장까지의 목적은 '당신의 과제를 단기간에 달성하는 것'이다. 당신의 미래가 스토리씽킹으로 만들어질 수 있을지 여부는 실제 해보는 수밖에 없다. 손을 움직여 연습하고, 생각하고, 행동해야 한다. 단, 과제 달성까지의 소요 시간은 3주 이내. 꽤 짧은 기간 안에 결과를 판단할 수 있으니 부디 이것만큼은 열린 마음으로 도전하기 바란다.

퓨처 매핑은 어떤 때 쓰일까?

퓨처 매핑이 빛을 발하는 상황은 광범위하다. 이 기술을 익힌 사람들은 다음과 같은 과제에 직면했을 때 활용하는 경우가 많다.

- 새로운 발상이 필요할 때
- 예측하기 어려운 것에 대한 준비가 필요할 때
- 좀처럼 행동으로 옮길 수 없을 때
- 팀 분위기를 개선하고 싶을 때
- 사람의 마음을 움직이는 문장을 쓰고 싶을 때
- 계획의 실현 가능성을 높이고 싶을 때

퓨처 매핑이 사용되는 분야 - 뭔가 좋은 ○○은 없을까?

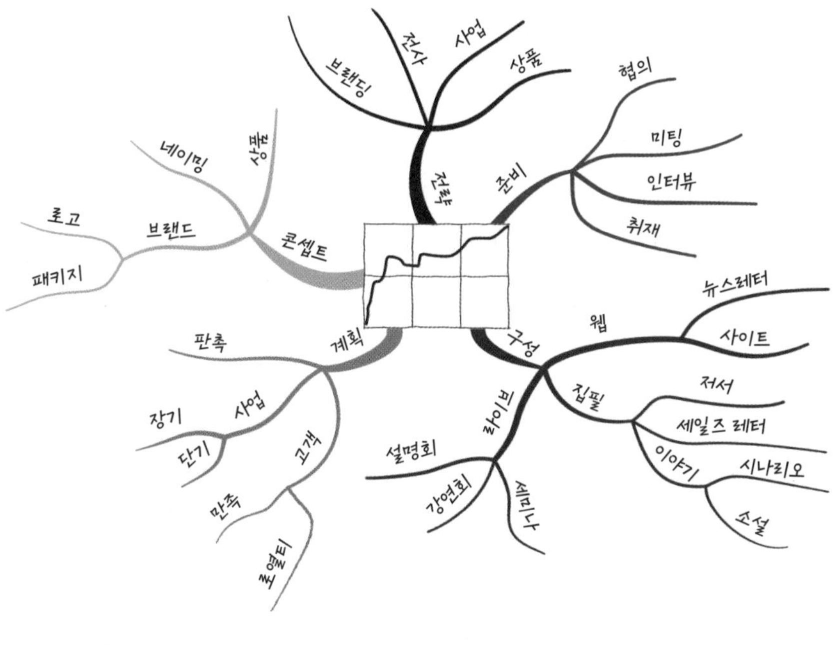

"뭔가 좋은 콘셉트 없어?", "뭔가 좋은 이름 없어?"처럼 "뭔가 좋은 ○○ 없어?"라며 새로운 아이디어를 찾을 때 특히 효과적이다. 어디서 들어본 것이 아닌 "이건 우리가 꼭 해야만 해." 하고 의욕에 불을 댕길 만한 아이디어를 낼 수 있다.

위의 마인드 맵은 퓨처 매핑이 사용되는 분야를 정리한 것이다.

"간다 씨, 아이디어 찾을 때 필요한 거라면 저도 다른 사고법을 알고 있어요…."라고 말하는 독자도 있을 것이다. 맞다. 지금까지 다양한 사고 툴이 고안되었다. KJ법, 마인드맵, 비즈니스모델 캔버스…. 문제 해결을 위한 분석 툴로는 3C, 7S, SWOT 분석, 코칭 툴로는 NLP, 액션 러닝 등등. 이렇게 다양한 지식을 이미 습득한 독자는 이런 의문을 가지지 않을까?

> "퓨처 매핑은 지금까지 배워온 툴보다 뛰어난 건가?"
> "그렇다면 지금까지 배운 것 대신에 퓨처 매핑을 사용하는 편이 좋을까?"

결론부터 말하자면 지금까지의 툴보다 크게 훌륭하지도 별로이지도 않다. 퓨처 매핑은 지금까지 배운 것을 통합하는 툴이다. 그러므로 지금까지의 학습은 헛수고가 아니다. 오히려 퓨처 매핑을 통해 더 잘 활용할 수 있게 된다. 왜냐하면 퓨처 매핑의 본질이 어디까지나 **과제를 달성하기 위한 행동 계획을 만드는** 것이기 때문이다. 따라서 과제를 달성하기 위해 필요한 지식과 정보, 능력 모두를 사용할 수 있게 된다.

다양한 사고 툴을 살펴보면, 혼란스러운 정보를 정리함으로써 새로운 발상을 얻거나 알기 쉽게 전달하는 걸로 성과를 내는 경우가 많다. 그런데 대부분 시간 축이 설정되어있지 않다. 시간 축이 없다는 것은 행동 계획을 별도로 만들어야 함을 뜻한다.

퓨처 매핑은 발상을 확산해가는 창조적인 사고와 확산된 발상을 현실적인 행동으로 수렴하는 분석적 사고가 한 장의 차트에 모두 표현되어있다. 더구나 이를 달성하기까지의 기한도 같이 기입되어있다. 그러므로 한 장의 차트를 그린 뒤 이것을 필요할 때 펼쳐보면 과제를 달성하기까지 행동을 취하기가 쉬워진다. 또한 계획 수정도 용이하다. 어느 학교 선생님은 퓨처 매핑의 장점을 다음과 같이 설명한 바 있다.

"대부분의 사고 툴이 달성해야 하는 목표나 코스를 명확히 해주지요. 그런데 퓨처 매핑은 그것과 더불어 목표 지점에 도달하기까지의 시간, 언제 어디서 전환점을 맞을지, 길이 끊겼다면 그밖에 다른 길이 있는지까지 포함하고 있어 대응책을 마련하기 쉽습니다. 과제 달성을 위한 고성능 내비게이션을 손에 넣은 느낌이에요."

기술적인 문제 해결 vs. 적응형 문제 해결

문제 해결법에는 두 가지 종류가 있다. 기술적인Technical 문제 해결과 적응형Adaptive 문제 해결이 그것이다.

앞서 말한 초밥집 주인을 예로 들자면 기술적인 문제 해결이란 손님을 늘리기 위해 '메뉴를 바꾸자', '할인하자', '포인트를 쌓아주자', '캐치프레이즈를 바꾸자', '페이스북 광고를 하자' 등과 같은 전술이다.

기술적인 문제 해결은 제때 손썼을 경우 즉효성을 보인다. 그러나 이는 배가 아플 때 위장약을 복용해 증상을 치료하는 것처럼 일시적인 대증요법에 그칠 수 있다.

반면 적응형 문제 해결은 근본요법이다. 다시금 초밥집 주인을 예로 들자면 스스로 모든 것을 소화하려는 '플레이어'에서 제자가 성장하도록 길러내는 '리더'가 되는 것이다. 이는 인재 육성에 대한 근본적인 회

기술적인 문제 해결 vs. 적응형 문제 해결

적응형 문제 해결은 기존의 연장선에 있는 해결책이 아니라
새로운 환경에 대응하는 새로운 수준의 해결책을 찾아내는 것

사의 태도를 깨닫게 하는 것이며 전략적인 접근이다. 이러한 문제 해결법을 왜 적응적이라 하느냐면, 환경 변화에 적응하듯 자신의 내면을 변화시키기 때문이다.

하버드대 교육대학원 로버트 케건 교수의 연구에 따르면, 미국 매니저의 약 8~14%가 기술적인 문제 해결을 하는 지성을 갖추고 있다고 한다. 이들을 '자기 주도형 지성Self-authoring mind'이라 부른다. 이렇게 부르는 이유는 눈앞의 문제에 대해 자신의 지식, 정보, 경험의 범위 내에서 해결책을 세우려 하기 때문이다. 또 34~35%의 매니저는 '환경 순응형

기업이 바라는 자기 변혁형 지성의 매니저는 1%도 되지 않는다

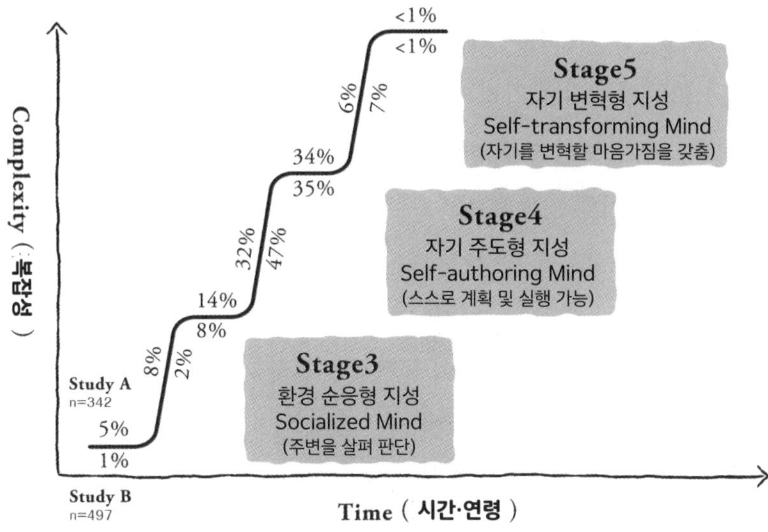

Sources: Study A; *R.Kegan*, In Over Our Heads(Cambridge,MA:Harvard University Press, 1994).
Study B; *W.Torbert*, Managing the Corporate Dream(Homewood,IL:Dow-Jones,1987)
Robert *Kegan*, Lisa *Laskow Lahey* 지음 Immunity to Change를 바탕으로 도표 작성

지성Socialized Mind'을 가지고 있다. 이는 스스로 책임감을 느끼고 판단하는 게 아니라 주변을 살펴 의견을 결정하는 기회주의적 매니저이다. 양쪽을 합치면 42~49%에 달하는 매니저가 과거의 체험이나 본인 가치관에 근거하여 해결책을 세운다고 할 수 있다.

그러나 지금은 시장 환경이 급변하는 시대다. 과거 체험의 연장선에 있는 결정만으로는 기업의 가치를 창출할 수 없다. 이제 과거의 성공 체험을 뛰어넘어 새로운 환경에 적응하는 변화를 일으킬 매니저가 필요하다. 이런 마인드를 가진 사람을 '자기 변혁형 지성Self-transforming mind'

이라 부른다. 케건 교수의 조사에 따르면 자기 변혁형 매니저는 채 1%도 되지 않는다. 즉 100명 중 한 명밖에 없다는 얘기다.

퓨처 매핑은 이러한 자기 변혁형 지성을 육성하는 방법이기도 하다. 그들은 어떻게 단박에 자기 변혁을 촉진할 수 있을까? 그 이유 또한 스토리에 있다. 스토리는 애초에 주인공이 자기 내면을 깊이 바라보는 것부터 시작해, 여행길에 오르고, 지금까지 상상도 못 한 방법으로 적을 무찌른 다음(문제를 해결한 다음), 과거의 자신을 뛰어넘은 영웅으로 성장해 귀환한다는 형식을 갖추고 있다.

이처럼 스토리에는 창작자의 변혁을 촉진하는 힘이 있다. 꼭 소설가나 각본가의 작법을 배우지 않더라도, 일상적인 업무와 눈앞에 닥친 과제를 해결하기 위해 이야기가 가진 힘을 사용할 수 있다. 퓨처 매핑은 이야기가 가진 힘을 발휘하도록 해주는 방법이다.

퓨처 매핑의 기본 구조

노트에 그린 퓨처 매핑은 얼핏 보면 어수선해 보이지만 사실 구조는 단순하다. 다음 페이지에 있는 도표를 보자. 퓨처 매핑의 기본 구조다.

가로축은 '시간'이다. 현재에서 과제를 달성할 미래로 시간이 흘러감을 표현한다.

세로축은 '과제 달성도'의 변화이다. 아래로 이동하는 건 부정적인 변화를 나타내며 이상적인 미래보다 현상 유지에 가까운 흐름을 뜻한다. 위로 이동하는 건 긍정적인 변화를 나타내며 현상 유지에서 이상적

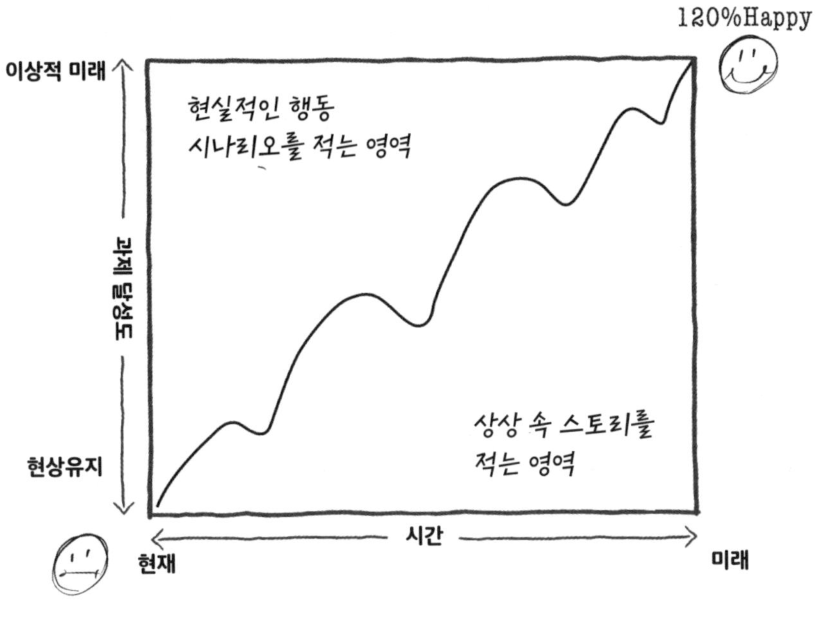

인 미래로 나아감을 뜻한다.

차트 오른쪽 위에서 왼쪽 아래까지 손으로 그은 곡선이 그어져 있다.

곡선 아랫부분은 '상상의 영역'으로 스토리를 적는 영역이다.

반대쪽인 곡선의 윗부분은 '현실 영역'이다. 이쪽은 상상의 영역에서 만들어낸 스토리를 바탕으로 현실의 과제를 달성하는 행동 시나리오를 적는다. 즉 **상상의 영역과 현실 영역이 마치 거울처럼 맞닿아 한 장의 차트로 만들어진 것이다.** 이렇게 창조적이고 논리적인 양쪽의 사고 영역을 자유자재로 넘나드는 것이 퓨처 매핑이다.

차트를 만드는 과정을 간단히 설명하겠다. 일단 언뜻 보기에 과제와는 상관없는 스토리를 창작한다. 스토리는 과거의 사고방식으로 문제를 해결하려는 사고에서 벗어나게 해준다.

스토리의 주인공은 당신이 행복하게 만들어주고 싶은 구체적인 인물이다. 오른쪽 윗부분에 그 사람의 이름을 스마일 마크와 함께 적어둔다. 이 주인공이 미래 시점에서 120% 행복해질 만한 이야기를 곡선 아랫부분에 창작하는 것이다. 나중에 설명하겠지만 이 제3자는 당신의 내면을 비추는 거울이다. 따라서 시간의 경과에 따라 오른쪽 위로 상황이 변화하는 스토리를 지으면, 필연적으로 자기 자신이 완전히 충족되는 해피엔딩을 맞을 수 있다.

곡선 아래의 이야기가 다 만들어지면, 거기서 얻은 교훈이나 힌트를 현실적인 문제 해결에 활용한다. 스토리를 만드는 것으로 애초에 문제를 일으켰던 '좁은 인식'에서 벗어나는 것이다. 이야기라는 추상 영역에서 다양한 관점을 경험한 덕분에 '넓은 인식'을 얻는다. 그 후에는 현실 영역으로 되돌아와 문제를 해결해간다.

이 접근법은 **선잠 들었다 꾼 꿈 덕분에 창의적인 발명 및 발견을 한 천재 과학자의 사고법을 그대로 차트화**한 것이라 해도 과언이 아니다.

정리하자면 다음의 3단계를 거침으로써 기존 사고의 틀에서 벗어난 발상으로 과제를 달성하는 행동 시나리오를 만드는 것이다.

"일리가 있어. 이야기를 만들어내는 걸로 살짝 발상의 비약을 일으키는 방법이군."이라고 생각할 수도 있다. 그러나 실제 해보면 '살짝'이 아니라 '깜짝' 놀랄 만한 발상이 떠오를 것이다. 게다가 내적 동기에 근거하여 실행하고 싶어지는 행동 시나리오가 탄생하는 경우도 많다.

Stage 1

스토리를 창작하여 아이디어 확산한다

일상에서 멀어짐으로써 발상을 넓힌다.
현실적인 틀을 벗어난 아이디어가 샘솟는다.

Stage 2

불가능할 거라는 자기 인식이 변화한다

영화관에서 나온 다음 행동이 바뀌는 것처럼 이야기를 써 내려가는
사이에 가능할 수도 있겠다는 인식의 변화가 일어난다.
예전이었다면 "그게 잘될 리 없지."라고 생각했겠지만
"아니, 가능할 수도 있잖아?"라는 식으로 변해간다.

Stage 3

아이디어를 수습해 행동 시나리오를 짠다

"할 수 있을지도 몰라."라고 인식이 바뀌면 "그럼 해보자!"라는
행동에 대한 동기 부여가 높아진다. 상상이나 이야기를
현실적인 과제와 연결하여 행동 시나리오를 짠다.

3일 후의 미래를 창조한다

그럼 우선 3일간의 과제를 달성해보자. 왜 3일이냐 하면 이 정도로 짧은 기간이어야 바로 실험 결과를 확인할 수 있기 때문이다. 만약 3주로 한다면 아마도 뛰어든 사람의 절반 정도가 바쁜 일상에 치여 열흘쯤 지난 뒤에는 과제조차 잊을 것이다.

쇠뿔도 단김에 빼라 했다. 나는 당신이 3일 안에 모종의 변화를 느꼈으면 한다. 그리고 3일 후, 아주 조금이라도 퓨처 매핑의 효과를 느껴 흥미가 생긴다면 한 장의 차트를 만들어보기 바란다. 필요한 기술은 이미 다 배웠다. 그러면… **3주 후에는 언젠가 이루고 싶다고 생각했던 꿈, 혹은 몇 년 동안 미해결인 채로 쌓아뒀던 과제가 실현을 향한 커다란 발걸음을 디디기 시작**할 것이다. 그럼, 첫 번째 질문이다.

> "당신이 3일 동안 이루고 싶은 과제는 무엇인가?"

3일 후 "이게 이루어진다면 조금 기쁠 거 같은데…." 하고 성취감을 맛볼 수 있는 과제를 설정한다. 지금 뭔가 마감이 있는 일을 하고 있다면 그것을 과제로 삼기 바란다. 그러면 시간을 뺏기는 일 없이 지금 하는 일을 더 빠르게, 더 효과적으로 행할 수 있을 것이다.

현실과 너무 동떨어진 과제는 설정하지 말자. 예를 들어 "3일 안에 10억짜리 복권에 당첨된다!"거나 "3일 안에 좋아하는 가수와 데이트

한다!" 같은 것 말이다.

나는 터무니없는 욕망을 '실험하지 말라'고는 하지 않는다. 다만 중요한 것은 당신이 이 과제를 3일 안에 달성하는 일에 진심이어야 한다는 점이다. 진심으로 임한다면 어떤 과제라도 좋다. 그러나 "3일 뒤 실현된다니… 마법 같은 일이잖아."라는 기분이 든다면 다른 과제를 설정하도록 하자. 퓨처 매핑은 기적도 마법도 아니다. 누구나 재현 가능한 현실적인 방법론이다.

그럼, 3일간의 과제를 정했는가? 망설이고 있다면 다음의 예시를 참고해도 좋다.

직장인이라면

"3일 안에 ○○(하고 싶은 일)에 필요한 돈을 얻으려면?"

"3일 안에 체중 2킬로그램을 빼려면?"

"3일 안에 페이스북 '좋아요'를 1.5배 올리려면?"

"3일 안에 회의 자료를 완성하려면?"

학생이라면

"3일 안에 시험공부를 끝마치려면?"

"3일 안에 방을 치우려면?"

"3일 안에 영단어 300개를 외우려면?"

"3일 안에 리포트를 완성하려면?"

어떤 결과가 나오는지 증명하기 위해, 저자인 나도 당신과 함께 3일간의 과제 달성에 도전하고자 한다. 나의 과제는 이것이다.

"앞으로 3일 안에 내가 몰두할 수 있는 최고의 과제를 찾아내려면?"

이 과제를 보고 맥이 빠졌을 수도 있다. '과제를 찾아내는 게 과제'라는 말이기 때문이다. 그러나 이 과제명은 매우 정확한 표현이다.

일반적으로 "문제를 명확히 하는 걸로 80%는 해결된다."라고들 한다. 그리고 대부분의 해결법은 안고 있는 문제를 제대로 분석해 명확히 할 것을 요구한다. 다만 나의 컨설팅 경험상, 자기 생각을 스스로 정리하고 문제를 명확하게 드러낼 수 있는 사람은 극소수에 불과하다. 대다수는 "앞으로 3일간 이것저것 다 하고 싶군. 하지만 상사의 압박도 있고 가족과의 시간도 소중하니까…." 하는 식으로 우왕좌왕하는 상태다.

이렇게 머릿속이 뒤엉켰을 때도 퓨처 매핑이 효과를 발휘한다. 대부분의 문제 해결법은 문제를 명확히 하는 것이 전제인데 반해 **퓨처 매핑은 문제를 명확히 할 필요가 없는 문제 해결법**이다. 앞서 설명했듯 자신이 안고 있는 진짜 문제가 스토리를 통해 드러나기 때문이다.

그럼 이제 3일간의 과제에 뛰어들어보자.

Future Mapping Core Skills 연습 1-1

문제의 설정

당신이 3일 동안 이루고 싶은 과제는 무엇인가?

다 적었다면 달성했을 때의 설렘을 떠올리기 바란다. 3일 후 과제 달성이라는 미래가 기다리고 있다고 생각하면 어떤가? 앞으로 3일간이 기대되지 않는가?

과제가 정해졌다면 3일간의 행동 시나리오를 그리는 여행에 나서보자.* 이 책에서는 '7가지 실험'이라고 명명한 퓨처 매핑 코어 스킬을 하나하나 실험하고 결과를 확인하는 방법으로 연습해나갈 것이다. 각각의 연습은 출퇴근 중에 할 수 있을 정도로 5분에서 10분 정도다. 원리를 이해한 후 퓨처 매핑을 작성하고 싶은 이들, 퓨처 매핑 전체를 그릴 생

* 일본어에 능숙하다면 http://future-mapping.com에서 해설 영상을 보면서 한 장의 퓨처 매핑을 채울 수 있다. 퓨처 매핑 메커니즘을 모르더라도 안내하는 대로 따라 하면 스스로 납득할 만한 행동 시나리오가 완성된다. 작업 시간은 60~90분 정도 걸린다.

각은 없지만 그 배경에 있는 기술은 체험하고 싶은 사람에게 적합하다.

참고로 퓨처 매핑을 체험한 뒤 "역시 이런 방법은 나한테 안 맞아…." 라고 결론 내리더라도 아무 문제 없다. 이 책을 읽는 데 쓴 시간은 낭비가 아닐 것이다. 왜냐하면 퓨처 매핑은 선택을 강요하지 않기 때문이다.

이 사고 프레임은 하나의 방법론이라기보다는 발상을 떠올리기 위한 여러 가지 사고 기술을 통합한 것이다. 전체적으로 사용하지 않아도 괜찮다. 이를 구성하고 있는 단 하나의 사고 기술을 시험해보는 것만으로도 기존 방식으로는 돌파구가 보이지 않던 문제가 불과 몇 분 만에 해결되는 경우도 많다.

퓨처 매핑 코어 스킬 : 7가지 실험

앞으로의 학습 여행에 대해 설명하겠다. 일곱 가지 실험을 순서대로 진행해주기 바란다.

실험1. 이타의 법칙

누군가를 행복하게 만드는 미래를 상상하면 어떤 일이 일어날까?

실험2. 놀라운 이미지의 법칙

이미지로 답을 연상하면 어떻게 될까?

실험3. 우연성의 법칙

가볍게 그은 곡선 하나, 무엇을 초래할까?

실험4. 변혁의 법칙 ❶

무관한 이야기에서 과제 달성을 위한 힌트를 끌어낼 수 있을까?

실험5. 변혁의 법칙 ❷

두근대는 이야기를 만든 후 과제 달성 자신감은 어떻게 변화하는가?

실험6. 동기부여의 법칙

내면에서 쏟아져 나온 이야기는 현실적인 행동을 일으키는가?

실험7. 공백의 법칙

당신의 숨은 재능을 발견할 수 있을까?

'실험'이라는 말을 쓰는 데는 이유가 있다. 나는 당신이 퓨처 매핑을 하게끔 설득하고 싶은 게 아니다. 그저 당신이 원하는 과제를 달성하기를 바랄 뿐이다.

그러니 그 목적을 위해 퓨처 매핑을 구성하는 코어 스킬이 도움이 될지 여부를 당신이 직접 체험한 다음 판단하기를 바란다.

실험 중에는 시도하자마자 깜짝 놀랄 만한 아이디어가 떠오르는 실험도 있고 며칠 후 "어? 진짜로?!" 싶은 결과를 이끌어내는 실험도 있다. 반대로 지금으로써는 어떠한 효과도 느끼지 못하는 실험도 있을 것이다.

실험이 전부 잘 풀리지 않을 수도 있다. 그러나 적어도 문제 해결을 위한 접근법 중 이런 것이 있다는 것을 체험해두면 추후 창조적인 해결책을 찾고자 할 때 분명 도움이 될 것이다.

하나하나 실험을 마칠 때마다 새로운 스킬을 습득할 수 있도록 이 장을 설계했다. 마치 RPG(롤플레잉 게임) 같지만 한 가지 다른 점이 있다. RPG는 게임 속의 목표를 달성할 수는 있으나 게임 스위치를 끄는 순간 원래의 현실로 돌아온다. 그러나 퓨처 매핑의 경우, 그 변화가 가상 세계에 그치지 않는다. 끝까지 해낸 뒤 당신을 기다리는 것은 몸을 움직여 창조한 새로운 현실이다.

실험에 걸리는 시간은 대부분 5~10분 정도다. 펜과 이 책만 있으면 지하철에 앉아서, 혹은 카페에서 커피를 마시며 시도해볼 수 있다. 한 번 실천해 그 방법을 익혀두면 평생 써먹을 수 있다. 사고의 본질에 관련된 것이므로 유행을 타지도 않는다.

즐거운 마음으로 시도해보기 바란다.

[실험1] 이타의 법칙

누군가를 행복하게 만드는 미래를 상상하면 어떤 일이 일어날까?

이런 말을 들어 본 적 있는가?

> "고객의 만족을 위해"
>
> "봉사하는 마음"
>
> "지역사회의 번영을 위해"
>
> "다른 사람의 기분을 생각하자."

그렇다. 누구든 귀에 딱지가 앉을 만큼 많이 들어온 말이다. 어느 회사든 "고객의 만족을 위해…."라고 늘 외치고, 어떤 부모든 아이에게 "다른 사람의 마음을 생각해야지."라고 가르친다. 그러나 그런 말을 한 뒤 3분 후, 아니 3초 후에는 자사의 이익, 가족의 행복만을 생각한다. 앞서 당신에게 과제가 무엇인지 물었다. 아마 대부분은 '내가 행복해지는 과제'를 생각했을 것이다.

이렇듯 우리는 모두 이기적이다. 생각의 대부분은 본인의 행복에 치우쳐 있다. 물론 자원봉사나 사회 공헌에 뛰어드는 사람도 많다. 그러나 열심히 사회에 이바지하는 사람에게 물어보면 예외 없이 "제가 오히려 그분들 덕분에 행복합니다."라는 말이 나온다. 즉 매일같이 "타인을 위해", "고객을 위해", "사회를 위해"라는 표어를 입으로 외치고는 있지만 실제 사고와 행동은 자신의 행복을 추구한다는 것이다. 이것이 현실이 아닐까 싶다.

여기서 비일상적인 체험을 해봤으면 한다. "다른 사람의 행복을 3분간 생각하고 행동하면 무슨 일이 일어날까?"라는 실험을 해보는 것이다.

"뭐야, 겨우 그거라고?" 하며 어이없어할지도 모른다. 그래서 대부분은 이를 시험해보지 않는다. 그러나 실제로 행하면 이 단순한 작업만으로 재미있는 일이 벌어진다. 실제로 시도해본 사람들의 체험을 소개한다.

"그동안 좀처럼 거래가 성사되지 않던 대기업에서 갑자기 견적 의뢰가 들어왔다. 행복해졌으면 하고 바란 사람의 소개였다."

"헤어진 여자 친구에게 사과하고 싶다고 생각했는데, 별생각 없이 영화를 보고 돌아오던 지하철 안에서 우연히 마주쳤다. 오랜 응어리를 털어낼 수 있었다."

"깜짝 놀랄 만한 일이 일어났다. 예상치 못한 일로 닛산GTR*을 살 수 있을 만큼의 돈이 입금됐다."

이상의 세 가지 예시는 특별히 놀라운 에피소드를 골라 모은 것이다. 누구나 이처럼 극적인 체험을 할 수 있는 건 아니다. 만약 행운과

---

* 일본 유명 자동차 회사 닛산에서 출시한 고성능 스포츠카. 출시가는 2억 원 정도이다. - 역주

도 같은 일이 찾아온다면, 그저 우연이 겹쳤다고 생각하는 편이 합리적일 것이다.

그러나 그렇더라도 실험해볼 만한 의의가 있다. 타인을 배려하면 뜻밖의 행운이 찾아온다는 사실을 한 번이라도 체감하면, 이후 당신의 사고방식은 어떻게 변할까? 회사에서 구체적인 단 한 명의 고객을 배려함으로써 자사에 예상치 못한 기회가 찾아옴을 한 번이라도 경험한다면, 이후 어떤 기업 문화가 정착될까?

지금까지 사고의 주류는 '목표를 향해 군더더기 없이 효율적인 행동을 하는 것이 성과가 따르고 업적도 쌓여 좋은 평가를 받는다'였다. 물론 이런 태도는 업무상 옳은 말이다. 그러나 이런 직선적인 인과관계만을 중시하지 말고, 이 실험의 결과처럼 배려심 있는 행동이 돌고 돌아 뜻밖에도 과제 달성을 빠르게 이끌어주는 체험을 한다면, 좀 더 자연스럽게 일상 속에서 이타심을 갖게 되지 않을까.

"생각은 말을 만들고 말은 행동을 만든다. 그리고 행동은 습관을 만든다."라는 말이 있다. 여기에 한 마디씩 덧붙여보자.

"사려 깊은 생각은 사려 깊은 말을 만든다.
사려 깊은 말은 사려 깊은 행동을 만든다.
사려 깊은 행동은 사려 깊은 습관을 만든다."

이것을 시험해보고자 하는 것이다. 그럼 이제 행복을 진지하게 생각하는 실험을 시작하자. 여기서는 본인 말고 다른 누군가의 행복을 3분 동안 진지하게 생각하길 바란다. 시간은 그다지 걸리지 않지만, 진지하게 생각하기 위해 세 가지 단계를 거친다. 세 단계 모두 간단하며 추후 과제를 달성하는 데 무척 유용한 스킬이므로 순서대로 설명하겠다.

1단계 120% 행복해졌으면 하는 상대를 선택한다

우선 행복했으면 하는 사람을 머릿속에 떠올려본다. 행복했으면 하는 상대가 가족, 친구, 동료 중 한 사람이어도 좋고, 혹은 존경하는 역사상의 인물이나 좋아하는 연예인도 괜찮다. 사람에 따라서는 "나는 가족, 동료, 인류, 나아가 살아 있는 모든 생물이 행복했으면 좋겠어."라고 생각할 수도 있지만 여기서는 단 한 사람으로 범위를 좁혔으면 한

120% 행복하다는 것은…

한순간의 폭발적인
환희가 아니라…

YEAH!

YAY!

VS

어떠한 불안도 없이
깊이 충족된 상태다.

다. 그러는 것이 보다 명확한 미래를 그리는 데 도움이 되기 때문이다.

당신이 선택한 사람은 앞으로 3일 뒤의 미래에 120% 행복해진다. '100%'가 아니라 '120%'인 것은 좀 더 상대와 공감하여 틀을 깨는 발상을 하기 위해서다. 더불어 '120% 행복'이란 평범한 만족이 아니라 마음속 깊은 곳에서부터 충족된 상태다.

불교에서는 '행복이란 불안하지 않은 상태'라 했다. '120% 행복'이란 이처럼 '침착하고 어떠한 불안도 없이 마음속 깊은 곳부터 충족된 상태'를 뜻한다. "됐어! 좋았어!" 같이 폭발하는 듯한 환희 상태가 아니라는 사실을 염두에 두자. 그럼 120% 행복해졌으면 하는 사람을 떠올려 보자.

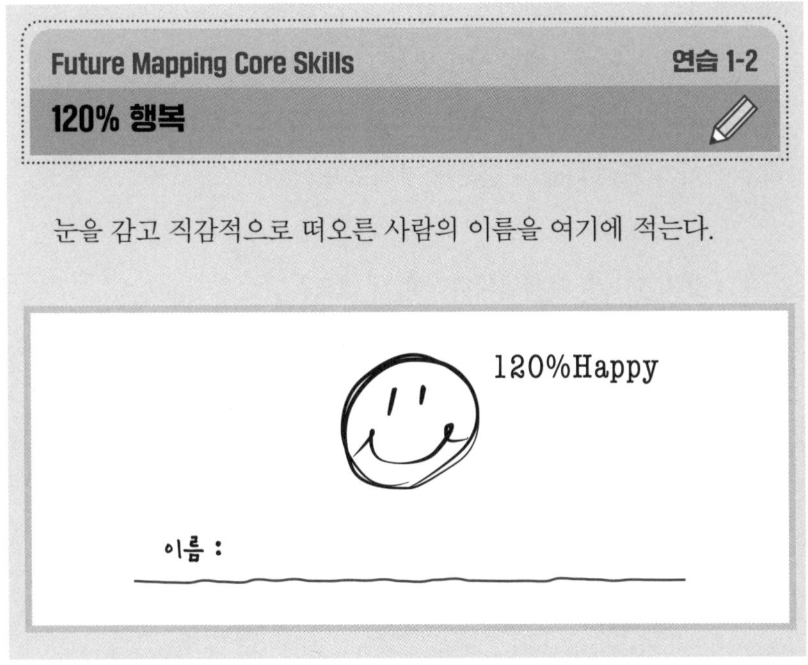

2단계 감사 인사를 받는 미래의 광경을 상상한다

다음으로 '120% 행복해진 3일 후의 미래'를 상상해본다. 상상의 폭을 넓히기 위해 다음과 같이 생각해보기 바란다.

행복해진 상대가 사흘 후 당신에게 "고마워요."라고 말하는 광경을 떠올리는 것이다. 당신이 그 사람의 행복을 바랐다는 것을 상대가 알아도 괜찮고 몰라도 상관없다. 감사받을 만한 직접적인 사건이 있든 없든, 상대가 당신과 연락하는 사이든 아니든 상관없다. 중요한 건 3일 후 당신에게 고맙다며 감사해할 사람이 있다는 걸 리얼하게 느끼는 것이다. 그것만으로도 자연스럽게 마음의 긴장이 풀리고 어깨에 힘이 빠지며 표정이 부드러워지고 더불어 호흡도 편안해진다. 이러한 릴랙스 상태에서는 발상을 원활하게 이끌어낼 수 있다.

그러면 3일 후 행복해진 상대가 핸드폰이나 혹은 직접 만나 "고마워요."라고 당신에게 전하는 장면을 상상해보자. 그 광경을 보다 선명하게 떠올리기 위해 다음의 질문에 답해보자.

- 그것은 3일 후 언제입니까? 몇 시 정도?
- 행복해진 사람은 한 명? 아니면 다른 사람이 있습니까?
- 그 사람은 어떤 복장을 하고 있습니까?
  어떤 특징적인 몸짓을 보입니까?
- 그 광경에서 눈길을 끄는 것, 의외인 것이 있습니까?

Future Mapping Core Skills 연습 2-1

미래의 광경

질문의 답을 생각나는 대로 다음 공란에 적어둔다.

이렇게 배경을 자세히 묘사하면 진짜 같은 미래가 그려지므로 행복해진 상대의 감정을 깊이 느낄 수 있다. 그리고 당신 또한 그러한 미래를 공유하게 되어 무척 기쁠 것이다.

3단계 120% 행복해진다는 기쁨을 대사로 표현한다

세 번째 단계는 3일 후 완전히 충족된 상대가 어떤 말을 할지 생각나는 대로 적어보는 것이다. 머리가 아니라 손이 생각한다는 느낌으로 빠르게 쓰는 것이 포인트다.

의외의 말이 생각나더라도 "설마 이럴 리 없어."라고 부정하지 말고 그대로 적는다. 왜냐하면 의외성은 추후 획기적인 전개를 펼치는 계기가 되기 때문이다. 그러면 120% 행복해진 사람은 어떠한 기쁨의 말을 할까?

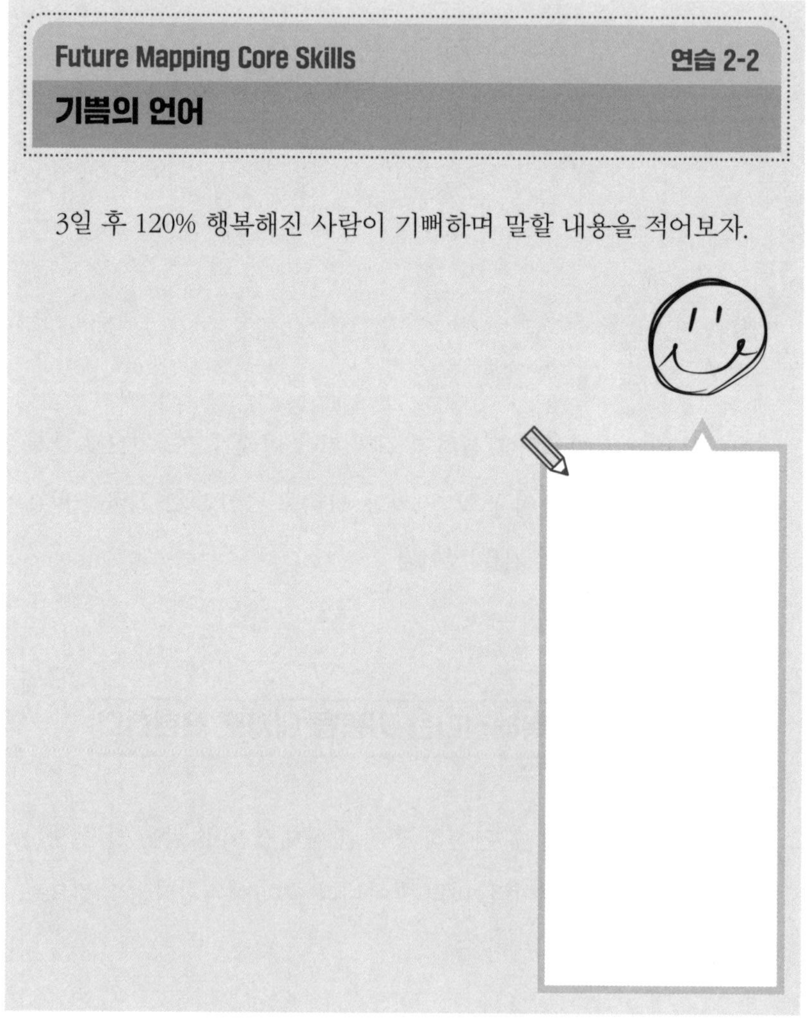

Future Mapping Core Skills 연습 2-2

기쁨의 언어

3일 후 120% 행복해진 사람이 기뻐하며 말할 내용을 적어보자.

참고삼아 내가 실천한 예를 실어둔다. 이런 느낌으로 써봤다.

과제 : "앞으로 3일 안에 내가 몰두할 수 있는 최고의 과제를 찾아내려면?"

- 행복하게 만들고 싶은 사람
  → 아버지(83세)

- 3일 후의 미래
  → 화요일, 오후 3시경, 문자로

- 아버지의 대사

고맙구나, 마사노리.
토마토도 가지도 많이 수확했단다. 시간을 들여 정성껏 돌보니 정말 채소가 보답하지 뭐냐.
처음엔 쉽지 않지만 작은 결심만으로도 생활 습관은 확 바뀌는 법이지.
지금 조금씩 건강을 되찾고 있으니 아직은 더 살 수 있을 거다.

눈치 빠른 사람은 이미 깨달았겠지만, 이 작업은 말하자면 이야기의 엔딩 장면을 떠올리는 작업이다.

이상 지금까지의 연습에서 당신이 눈치챘으면 하는 게 있다. 바로 '120% 행복하게 만들고 싶은 사람은 사실 당신 자신이다'라는 점이다.

"뭐라고? 그럴 리가 없는데?"라고 생각하겠지만, 실제로 그렇다.

실제로 나 같은 경우 앞서 적은 아버지의 대사는 아버지가 말하는 것처럼 보이지만 사실 나 자신, 즉 나의 본심을 아버지의 입을 빌려 말했을 뿐이다. 주어를 나로 바꿔서 다시 말해보겠다.

"고마워요, 아버지. 여러 가지 업무 프로젝트가 형태를 갖춰가기 시작했어요. 시간을 들여 정성껏 돌보니 정말 업무가 보답하지 뭐예요. 처음엔 쉽지 않았지만요…. 하지만 작은 결심만으로도 회사 경영은 확 바뀌는 법이지요. 지금 조금씩 성장하고 있으니, 앞으로도 더 힘낼게요."

나는 행복해졌으면 하는 상대로 아버지를 무의식적으로 골랐다. 그리고 손이 움직이는 대로 아버지의 대사를 상상했다. 여기 나온 가지나 토마토 등 손수 기른 채소는 내가 최근 몇 년간 손수 돌봐온 다양한 비영리 프로젝트를 상징한다. 생각해보면 아버지가 생활습관을 바꾸고 채소를 기르기 시작했던 때와 같은 시기에 나도 비영리사업 몇 가지를 관리하기 시작했다.

앞서 분명 아버지의 입장에서 아버지가 행복해지길 바라며 3일 후 아버지의 대사를 상상했다. 그러나 상대방이 행복해지는 과정을 상상하는 범위는 자신의 내면에 한정된다. 우리는 우리의 내면에 있는 것밖에 상상할 수 없다. 그 안에 있던 것은 아버지의 모습을 빌린 뒤 처음 떠오른 대사, 즉 나 자신의 본심이었던 것이다.

자신의 모습을 '거울' 없이는 볼 수 없는 것처럼, 본심 또한 거울을 이용하지 않으면 찾아낼 수 없다. 이 거울이 바로 다른 사람의 행복을 비는 마음이다.

120% 행복해졌으면 하는 상대를 상상하는 것만으로 자신의 본심을 알 수 있다. 장점은 그뿐만이 아니다. 상대를 기쁘게 만드는 행동은 자신조차 의식하지 못했던 '진정한 나'를 기쁘게 만드는 일이다.

불교에 '자타불이(自他不二)', '자리이타(自利利他)'라는 말이 있다. 자타불이란 자신과 타인이 별개가 아닌 일체의 존재라는 것이다. 그리고 자리이타란 타인을 이롭게 하는 것이 진정 자신을 이롭게 한다는 뜻이다.

이 실험을 해보면 이러한 가르침을 몸소 깨달을 수 있다. 그리고 점점 타인을 위하고 싶어지는 선순환이 일어난다. **타인을 행복하게 만들려는 이야기는 그 무엇보다 강하게 자기 변화를 촉구**한다.

자, 당신도 앞서 적은 120% 행복해졌으면 하는 사람의 대사를 들여다보기 바란다. 대체 거기엔 어떤 마음이 드러나 있을까?

정리 [실험1] 이타의 법칙

누군가를 행복하게 만드는 미래를 상상하면 어떤 일이 일어날까?

포인트 및 작업

- **목적** : '다른 사람이 행복해지는 것'을 상상할 경우 그 상상에 투영된 것이 무엇인지 확인한다.
- **소요 시간** : 10분
- **작업** : 110페이지 [연습2-2]에 적은 120% 행복해진 사람의 대사를 다시 한 번 되짚어본다.

결과 기록

대사를 본인의 것으로 대체했을 때 그 문장에 표현된 것은 무엇인가? 자신의 본심이나 속마음의 일부가 표출되지는 않았는가? 알아차린 점이 있다면 여기에 적어두자.

[실험2] 놀라운 이미지의 법칙

이미지로 답을 연상하면 어떻게 될까?

사고의 한계를 가뿐히 뛰어넘는 간단한 방법

아무리 생각해도 답이 나오지 않을 것 같은 질문. 사실 그 답은 당신이 떠올린 이미지 속에 있다.

백일몽에 잠길 때, 이야기를 지을 때, 밤에 이불 속에서 꿈꿀 때, 산책하며 이것저것 생각할 때 떠올리는 이미지들. 이것이 당신이 직면한 모든 문제의 답이라 하면, 당신의 삶은 얼마나 달라질까.

지금 이야기는 틀림없는 사실이다. 당신도 [실험2]를 통해 이러한 이미지의 힘을 체감할 수 있을 것이다.

원래 0에서 1을 창조하는 발상은 문제를 분석하는 데서는 태어나기 어렵다. 대부분은 와인을 마시면서 즐겁게 대화를 하거나 샤워하다 별 뜻 없는 상상을 할 때 태어나는 법이다.

위대한 과학자들도 무심코 공상하다가 업적을 이루어낸 경우가 많다. 예를 들어 아인슈타인의 상대성 이론은 그가 열여섯 살 때 "빛을 타고 날아간다면 어떨까?"라는 의문에서 태어난 것으로 유명하다. 독일의 화학자 아우구스트 케쿨레가 화합물의 정육각형 구조인 '벤젠고리'를 발견한 것도 마찬가지다. 벽난로 앞에서 선잠을 자다가 뱀이 자신의 꼬리를 물고 빙글빙글 도는 꿈을 꾼 것이 계기였다고 한다.

최근의 예로는 미국의 캐리 마리스를 들 수 있다. 화려한 여성 편력과 마약 및 마리화나에 손을 댔다고 공언하여 유명해진 전대미문의 과학자로 추후 노벨상을 수상*했다. 그의 노벨상 수상의 결정적 업적은 DNA 증폭법 'PCR'이다. 그가 이를 떠올린 것은 애인과 서핑을 하러 가던 중 드라이브를 하면서 DNA에 대해 생각하고 있을 때였다. 어느 순간 작은 기계로 간단하게 대량으로 DNA를 늘리는 방법이 퍼뜩 떠올라 서둘러 갓길에 차를 세우고 메모를 했다고 한다.

좁은 세상이 구축되는 이유와 거기서 벗어나려면?

왜 무심코 떠올린 이미지에 훌륭한 발상이 숨어있는 경우가 많은 걸까? 그 이유는 **이미지가 '좁은 세상 인식'에서 당신을 해방하는 힘을 갖고 있기** 때문이다.

한 번 들어서는 좀처럼 이해하기 어려울 것이다. 조금 더 자세하게 설명해보겠다.

"새로운 기획을 짜내야 하는데 늘 같은 기획밖에 안 떠올라.", "과제를 해결하는 방법을 생각해봐도 나오는 대책은 한정적이야." 이런 고민을 가진 사람이 많을 거라 생각한다. 왜 이렇게 되는 걸까? 지금까지 나름대로 잘 적응해온 좁은 세상 속의 익숙한 방법만을 이용해 효율적인 문제 해결을 하려고 했기 때문이다.

여기에 그 이미지를 도표로 표현해보았다.

* 1993년 노벨 화학상을 수상했다. - 역주

반경 5미터 안의 진부한 발상

가까운 사람들이 생각하는 범위 내의 정보에서는 판박이처럼 비슷한 해결책밖에 나오지 않는다.

우리는 문제 해결을 하려고 할 때 "이 문제와 관련된 키워드는 이거랑 이거, 그리고 이것까지."라는 식으로 어떤 논제를 연상하기 쉬운 몇 가지 키워드와 짝지어버린다. 예를 들어 회사에서 진행할 만한 신규 사업이라 하면…, '네트워크 통판', '해외 진출', '음식점 경영', '콘텐츠 판매' 등의 키워드를 연상한다. 또다시 가까운 사람들과 함께 진행할 법한 사업만 검토하는 것이다.

일상의 업무에서 반복해서 같은 단어를 접하면 문제가 발생할 경우

무관해 보이는 이미지를 통해 얻는 빼어난 발상

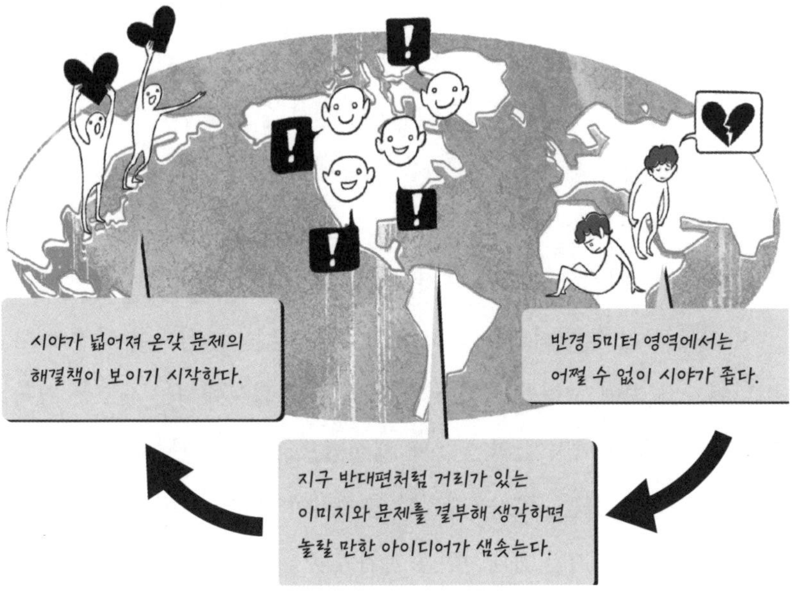

해결하기 위한 키워드 또한 이 일상에 관련된 것으로 좁혀진다. 그 결과 자기도 모르는 사이에 일상을 지키기 위한 견고한 벽이 구축되고, 벽 안쪽 좁은 세상의 인식 범위 내에서만 문제를 해결하려 든다.

새로운 아이디어를 제안받더라도 "그건 이미 해봤는데 잘 안 됐어요.", "전부터 얘기가 나오긴 했지만 우리 회사에서 하기는 좀 어려울 것 같아요." 등 성공 경험이 있는 사람일수록 자신의 인식에 부합하지 않는 것은 잘 받아들이지 못한다. 이것이 기업 문화로 굳어버리면 조직에 관료주의가 팽배해져 결국 쇠퇴기를 맞는다.

그렇다면 어떻게 해야 이러한 '좁은 세상 인식'에서 벗어날 수 있을까? 비즈니스에서 행하는 대표적인 방법은 세미나에 참석하거나 외부 컨설턴트를 고용하는 등 익숙한 업계 이외의 정보를 접하는 것이다. 우수한 경영자나 경영진들이 평소 회사 밖 정보 수집에 힘쓰고 다양한 인맥을 유지하기 위해 노력하는 이유가 바로 이 때문이다.

그러나 일상 속에서도 쉽게 '좁은 세상 인식'에서 벗어나는 방법이 있다. 바로 이미지를 활용하는 것이다.

머리를 쓰는 방법이니 당연히 돈이 들지 않는다. 심지어 양질의 아이디어가 꼬리에 꼬리를 물고 떠오른다. 우리 회사에서는 새로운 기획을 고민할 때, 이미지에 의한 문제 해결법으로 답을 얻는 경우가 많다. 그 결과 우리 회사는 규모는 작지만 총수익이 300억 엔이 넘게 되었다.

간단한 방법이지만 절대적인 효과가 있으니 당신도 시험해보았으면 한다. 예를 들어 회사 업무 중 '신상품 콘셉트 고민'이 있다면 이것에 이미지를 사용한 접근법을 활용해보는 것이다.

눈을 감았을 때 '커다란 흰 뱀 인형'의 이미지가 떠올랐다고 하자.

처음에는 "이런 걸로 신상품 콘셉트가 떠오를 리 없잖아…." 싶지만 과제와 무관한 이미지를 연상하는 과정에 창의적인 문제 해결의 열쇠가 있다.

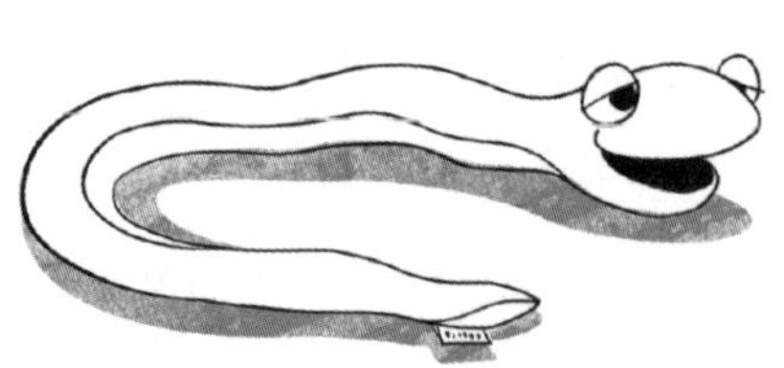
언뜻 보면 과제와 무관한 이미지

예를 들어 '흰 뱀'은 희소하다. '희소'에서 연상되는 것은 '틈새niche'. '인형'이란 '천으로 만들어진 것'이다. '커다란'이라는 단어에서 연상 가능한 것은 '큰 사이즈'. 누군가는 서로 연관이 없는 이미지에서 다음과 같은 아이디어를 얻을 수 있을지도 모른다.

연상 프로세스

- 흰 뱀 → 희소 → 메인 스트림이 아닌 틈새시장niche market을 공략?
- 인형 → 천으로 만들어진 것 → 어패럴?
- 커다란 → 큰 사이즈?

아이디어

빅 사이즈에 충실한 새로운 어패럴 브랜드를 만들자. 더불어 희귀 동물 보호 같은 사회 공헌 활동을 병행하면 어떨까?

또 어떤 사람은 별개의 연상으로 다른 아이디어를 떠올릴 것이다.

연상 프로세스

- 큰 뱀* → 영어로 HEAVY(무겁다) → 크고 무거운 것?
- 인형 → 가벼운 것?

아이디어

우리 회사의 핵심 기술을 이용해 지금까지 크고 무거운 것을 매우 가벼운 소재로 만들 수 있지는 않을까?

* 뱀은 일본어로 '헤비'라 한다. 영어 HEAVY와 같은 발음이다. - 역주

이처럼 과제와는 무관한 이미지를 사용한 발상법으로 지금까지 일상 속에 구축한 '좁은 세상 인식'이라는 벽을 단번에 뛰어넘을 수 있다. 물론 여기서 얻은 아이디어는 아직 가설 단계로 큰 조직에서 활용하려면 논리적으로 검증할 필요가 있다. 그러나 분석만으로는 좀처럼 얻어낼 수 없는 '가설'을 이미지를 통해 쉽게 얻어낸 것은 사실이다.

'선물상자'를 이용한 효과적인 이미지 창출법

'이미지를 사용한 발상법'은 미국 교육심리학자 윈 벵거 박사가 체계화했다. 벵거 박사는 전체 인구 중 상위 2%의 IQ를 가진 사람만 가입할 수 있는 멘사에 최연소 입회한 인재다. 세계적인 베스트셀러 《두뇌의 끝》(일본판은 기노코 서점에서 발간)*의 저자이기도 하다.

《두뇌의 끝》에는 '이미지 스트리밍'이라는 빼어난 방법론이 언급되는데, 퓨처 매핑의 이야기 짓기 자체가 이미 이미지 스트리밍이므로 여기서는 그 간단한 버전인 '선물상자'를 소개하고자 한다.

방법은 간단하다. 1분도 안 걸린다. [실험1]에서 우리는 누군가가 120% 행복해지는 것을 3분간 상상했다. 그러면 그 누군가는 당신이 행복하게 만들어줬다는 사실에 기뻐할 것이다. 그리고 3일 후 120% 행복해진 상대가 당신에게 선물을 준비했다고 생각해보자.

구체적으로는 일단 머릿속에 '선물상자'가 떠오른다. 그다음 상자

* 한국어 번역판은 아직 발간되지 않았다. - 역주

안의 선물이 하나, 둘, 셋하고 튀어나온다고 상상한다.

이 '선물'의 내용물이 과제 달성의 계기를 마련해주는 이미지이다. 이 이미지가 과제와 무관하면 할수록 좁은 세상에서 벗어나 갖가지 가능성을 연상할 수 있다. 이 가능성과 현실의 과제를 연결하면 **본인이 생각해냈다고는 믿어지지 않는 해결책이 탄생**하는 것이다.

왜 일부러 이미지를 '상자' 속에 넣는 것일까? 이는 당신의 지레짐작을 차단하기 위해서다.

120% 행복해졌으면 하는 사람이 당신의 아내라고 하자. 그러면 당신은 "아내가 내게 선물을 준다면 아마 상자 안에 들어있는 건 그거 아닐까?"라는 식으로 평범한 일상의 이미지를 연상하기 쉽다. 그러면 사고가 좁은 인식에서 벗어나 도약할 수 없다. 따라서 **우선 내용물이 보이지 않는 상자를 묘사한 뒤 상자를 열었을 때 깜짝 놀랄 이미지를 떠올리는 것**이다.

실험을 행하기 위한 구체적인 과정은 뒤에서 설명하겠다. 그 전에 일단 '선물상자'를 사용해 오랜 문제를 한번에 해결한 한 남성의 사례를 확인해보자.

그는 내 강연회에 참석한 60세 넘은 단정한 관리직 남성이었다. 정년을 맞이할 때가 되어 앞으로 회사에서 어떤 역할을 맡아야 할지 진지하게 고민 중이라 했다.

그가 노트에 그린 선물상자 속 이미지는 '부리가 날카로운 새'였다. 그림을 보고 그에게 물었다.

"이 새의 이미지가… 앞으로 당신이 해나갈 일이라고 한다면 대체 무엇일 것 같습니까?"

관리직 남성은 무척 곤혹스러워하며 "간다 씨, 저는 정말 모르겠어요…."라고 답했다. 나는 긴장을 풀어주려고 농담처럼 몇 가지 힌트를 제공했다.

"트위터 로고 마크와 닮았는데, 트위터를 해보면 어떻겠습니까? 회사의 IT화를 추진하라는 얘기일 수도 있겠네요…."

하지만 그는 도무지 모르겠다는 표정이었다. 나는 다시 한 번 물었다.

"이 익룡 같은 새 말인데요…, 대체 이게 뭐지요?"

그가 깜짝 놀라며 대답했다.

"간다 씨, 이건 익룡이 아닙니다. **병아리라고요, 병아리!**"

"어라, 그랬습니까?" 하고 나는 웃어버렸지만, 그는 오히려 입을 다물어버렸다. 그렇게 십여 초의 침묵 뒤 그가 띄엄띄엄 말을 이었다.

"간다 씨…, 이건요…, 병아리니까…, 저도 병아리 때로 돌아가서 새 출발 하라는… 그런 얘기일까요…?"

그의 눈동자에 열기가 어리기 시작했다.

"간다 씨…, 아들이 IT에 강한데요…, **병아리 때로 돌아가** 아들과 함께 뭔가를 시작해도 괜찮다는 얘기일까요? 정말로 그래도 괜찮을까요?"

점점 힘이 실리는 그의 목소리에, 나는 그것이 정답임을 깨달았다.

이렇게 꾸준히 일해온 사람은 그간의 노력 때문인지 오히려 업무 밖에서 해결책을 찾는 데 난항을 겪는다. 그럴 때는 '갑작스레 이미지를 떠올리는' 것이 돌파구가 되기도 한다. 처음 상상했을 때는 이미지의 의미를 해석하기 어려운 경우가 많다.

그러나 그 이미지는 머릿속에 박힌다. 그리고 잊어갈 무렵 이미지에 알맞은 현실이 눈 앞에 펼쳐지며 그 의미가 분명해진다. 그런 사례가 결코 적지 않다.

실험 과제에 대한 힌트를 이미지에서 찾을 수 있을까?

그럼 설명은 이쯤에서 끝내자. 드디어 당신이 나설 차례다. 실제로 이미지를 활용해 과제의 힌트를 찾는 것인데, 여기에서 과제는 당신이 고른 3일간의 달성 과제가 아니라 내가 새롭게 제안하는 과제이다. 지금까지의 과제는 다음 실험을 행한 다음, 행동 시나리오로 만들어낼 예정이다. 그러니 이번 실험에서는 지금 당장 답을 얻을 수 있는 과제를 주겠다.

내가 당신에게 제안하는 과제는 **"퓨처 매핑으로 훌륭한 성과를 내려면 지금 무엇을 해야 할까?"**이다.

이 과제에 대한 힌트가 선물상자에 들어 있으니 우선 그 상자의 겉모습부터 상상해보자. 가볍게 눈을 감고 손에 상자를 들고 있는 자신을 상상한다. 선물은 상자 속에 들어있기 때문에 대체 무엇인지 지금으로서는 전혀 알 수 없다. 그럼, 당신이 들고 있는 상자는…

- 거친 상자인가, 매끈한 상자인가?
- 크기는 어느 정도인가?
- 무게는 어느 정도인가?
- 포장지 색깔은 어떤 색인가?

• 안에 든 것은 움직이는가, 움직이지 않는가?
• 따뜻한가, 차가운가?

구체적인 이미지가 완성되면 다음 페이지 빈칸에 상자의 외관을 간단히 그려본다. 상자를 열면 어떤 이미지가 튀어나올까? 마음속으로 하나, 둘, 셋을 세면서 셋에 맞춰 상자에서 튀어나오는 이미지를 그린다.

이미지는 가능한 한 세세한 부분까지 상상하기 바란다. 상세한 이미지일수록 이미지에서 연상 가능한 답의 폭이 넓어지기 때문이다. 예를 들어 앞선 과제 "지금 퓨처 매핑으로 훌륭한 성과를 내려면 지금 무엇을 해야 할까?"에 대한 이미지가 그냥 '바다'라면 상상의 폭이 좁아진다. 그러나 '만선기가 휘날리는 동해'라거나 '호화 여객선이 유유히 떠다니는 태평양 바닷가'라면 여러 관점으로 상상의 나래를 펼칠 수 있다.

자, 당신이 그린 선물상자에는 무엇이 담겨 있는가?

Future Mapping Core Skills **연습 2-3**

선물상자

과제 : "퓨처 매핑으로 훌륭한 성과를 내려면 지금 무엇을 해야 할까?"

이 과제에 대한 해결책이 상자 안에 있다고 상상하기 바란다.

하나, 둘, 셋을 신호로 상자에서 튀어나오는 예상 밖의 이미지를 빈칸의 우측 공간에 그려보자.

상자의 외관을 그린다.	상자를 열자 튀어나온 선물을 그린다.

이미지를 해석하는 6가지 접근법 - 'PRAISE'

당신은 어떤 이미지를 선물 받았는가? 내가 선물 받은 이미지는 다음과 같았다.

상자의 외관을 그린다.

상자를 열자 튀어나온 선물을 그린다.

과제 '퓨처 매핑으로 훌륭한 성과를 내려면 지금 무엇을 해야 할까?'에 대해 간다가 선물 받은 이미지

처음에는 이게 어떻게 과제의 힌트가 되는지 좀처럼 믿기 어려울 것이다. 하지만 요령을 터득하면 즐거운 연상 게임이 된다. 요령은 상자의 외관이 아니라 그 안에 든 선물에 대해 생각하는 것. 그리고 다음의 여섯 가지 기술을 이용해 답을 연상하는 것이다.

Play – 언어유희를 해본다

언어유희를 해보는 것도 하나의 방법이다. 예를 들어 고래(鯨)라는 한자는 '물고기(魚)의 교토(京都)', '물고기(魚)의 도시(都)'라는 한자로 나뉜다. 여기서 "새로운 음식점 이름을 '물고기의 도시'로 하자."와 같은 아이디어가 샘솟을 수 있다. 이를 계기로 레스토랑 콘셉트 기획과 오픈을 위한 행동 계획을 고민해보는 것이다.

Reveal – 이미지가 스스로 해석하도록 한다

이미지와 답이 좀처럼 연결되지 않는 경우도 있다. 그럴 때는 억지로 연결하려 하지 말고 이미지를 품고 있자. 언젠가는 분명 알게 될 날이 있을 거라고 즐겁게 기다리는 것도 좋은 생각이다. 그러면 시간이 조금 흐른 뒤 문득 "아, 고래란 이거였구나!", "등 번호 10번이 붙어 있었던 건 이런 이유였나." 하고 깨닫게 되기도 한다. 예를 들어 훗날 명함을 교환하다가 "덕분에 10주년을 맞았습니다 – 고래학원"이라고 인쇄된 명함을 받을 수도 있다. 그 놀라운 만남으로 그 사람과 시너지를 낼 프로젝트를 고민하는 데 퓨처 매핑을 이용할 수도 있다. 또한 축구 경기를 보다가 "등 번호 10번은 에이스에게 붙는 번호다."라는 설명을 듣고 당신도 '에이스다운 리더가 되자'라고 결심하고 이를 위해 퓨처 매핑을 이용할 수도 있다.

As Is – 바로 그것을 생각한다

의외로 이미지 자체가 해결책일 가능성도 있다. 예를 들어 '등 번호 10번 고래'라는 이미지에 대해 "10월에 휴가를 내어 고래 투어에 참가

한다. 이를 현실로 만들기 위해 퓨처 매핑으로 행동 시나리오를 짠다." 라는 것이다. 누구나 선뜻 연상되는 일은 아닐 테지만, 이제 슬슬 휴가를 가볼까 생각한 사람이나 언젠가 고래 투어에 참가하고 싶다고 생각해온 사람에게는 딱 들어맞는 대답이 될 것이다.

First Impression – 첫인상에서 연상한다

처음 떠오른 것에서부터 자유롭게 연상을 이어간다. 가령 내가 떠올린 것은 '고래 → 똑똑한 포유류 → 집단행동 → 이심전심'이다.

이런 단어가 '퓨처 매핑으로 훌륭한 성과를 내려면 지금 무엇을 해야 할까?'라는 문제를 해결하는 데 힌트가 되지는 않을지 살펴본다. 아마도 번뜩 떠오르는 게 없을 것이다. 초보자는 이즈음에서 포기하고 싶어지겠지만 끝까지 단념하지 않는 자세가 중요하다. 조금만 더 참고 연상하다 보면 점차 실마리가 잡히기 시작한다.

'등 번호 10'이란 무언가를 10개 만드는 것일지도 모른다. 회사에서 시너지를 내는 10가지 프로젝트를 시작하는 게 좋을까?

'고래'는 아마도 그룹 회사를 뜻할 것이다. 그렇다면 회사를 10개의 별개 사업에 뛰어들 그룹 회사로 새롭게 만드는 것은 어떨까? 그러면 이 네트워크 시대에 누구도 흉내 낼 수 없는 높은 가치의 그룹 기업이 탄생할 거라는 데까지 생각이 미친다.

Search – 조사 · 검색한다

튀어나온 이미지를 인터넷 등으로 조사·검색하면 전혀 의외의 답이 나오기도 한다. 가령 '10', '고래'로 검색하면 '구지라 에마'라는 여배우가 여러 인물을 인터뷰하는 동영상이 나온다. 이렇게 생각지도 못한 검색 결과를 토대로 유튜브에서 연예인을 이용해 시리즈 영상을 10개 제작하기 위한 기획을 세워보자는 아이디어가 떠오를 수 있다.

First Experience – 첫 체험을 떠올린다

상자에서 튀어나온 이미지를 생애 처음으로 본 건 언제인가? 그 원초적인 체험을 떠올리는 것에서부터 시작하는 것도 좋다. 가령 '고래'라면 '어머니가 읽어주신 그림책'. 거기서 '그림책을 읽는 체험은 무척 소중한 것. 등 번호가 10이니까 10권짜리 시리즈 그림책을 내는 것일까?', '희귀 동물 보호에 관심 있으니 희귀 동물을 구한다는 이야기를 그림책으로 만든다면 어떨까?' 등 그림책을 연결해 생각해볼 수 있다. 그 이야기를 실제 출판으로 옮기기 위한 행동 시나리오를 퓨처 매핑으로 만드는 것이다.

이상의 여섯 가지 요령에서 하나씩 알파벳을 따서 이 방법론을 'PRAISE(칭찬)'라 부른다. 이처럼 **이미지를 활용한 발상에 익숙해지면 질문을 떠올리기만 해도 주위에서 해답의 힌트를 얻을 수 있게 된다.**

이미지 해석을 위한 여섯 가지 접근법

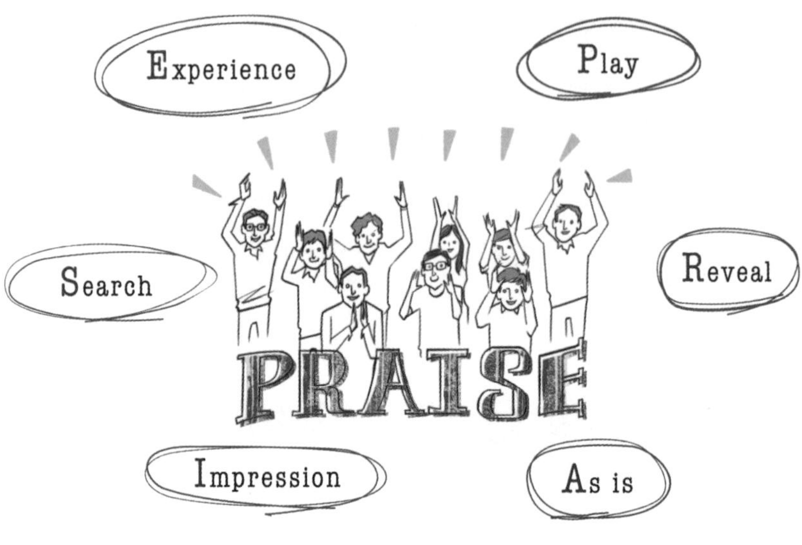

이미지를 떠올리지 못하더라도 괜찮다. 슬쩍 하늘을 올려다봤을 때 구름 모양이나 눈앞의 책을 휙 들춰봤을 때 거기서 신경 쓰이는 단어를 동기 삼아 상상의 나래를 펼쳐도 좋다. 오감으로 느끼는 모든 것이 이미지다.

이러한 창조적인 문제 해결법은 지금까지 회사나 학교에서 배운 적이 없어서 처음에는 "이거 순 억지 아냐?" 하고 미심쩍을 수 있다. 떠올린 이미지를 "이건 억지인데…"라고 생각한다면 해당 힌트를 올바른 해결책으로 받아들일 리 없다. 따라서 보다 딱 들어맞는 아이디어와 조우할 때까지 앞선 여섯 가지 접근법을 반복해서 시도해본다. 이러한 탐

색 과정을 거쳐 드디어 마주한 찰떡같은 힌트는 **'본인 안에서 나온 답' 이므로 실제로 행동하고 싶어지는 해결책이 된다.**

기억해둘 것은 아이디어를 낳는 과정과 그것을 분석하고 검증하는 과정은 다르다는 점이다. 지금까지의 비즈니스 세계에서는 정보를 정리, 분석, 검증함으로써 올바른 해결책이 나온다고 믿었다. 하지만 이는 올바른 해결책인지를 검증하는 과정이지, 아이디어를 떠올리는 과정은 아니다.

물론 큰 조직이라 설명해야 할 책임이 있다면, 이미지 브레인스토밍에서 탄생한 아이디어가 올바른지 여부를 검증할 필요가 있다. 그러나 담당 업무라 본인 선에서 끝나는 일이라면 '본인 안에서 나온 답'을 곧바로 작은 규모로라도 실천해보자. 의외로 큰 성과가 나서 놀랄지도 모른다.

나는 창조적 문제 해결법으로 대부분의 프로젝트를 만들고 있다. 내가 이사직을 맡은 일본 최대의 규모 독서모임 '리드 포 액션'이라는 이름 또한 상자 속 이미지에서 탄생한 것이다. 더불어 이 퓨처 매핑이라는 방법 자체도 이미지 연상법에서 나왔다. "일본에서 시작해 전 세계로 뻗어 나가는 사고법을 만들자."라는 과제에 대해 떠올린 이미지가 그대로 자리 잡은 것이다.

참고로 우리 회사에서 다루는 다양한 프로젝트는 이미지에서 시작된다. 나는 앞서 '등 번호 10번' 고래를 보고 전국 열 군데에 지역 거점을 설립해야겠다고 마음먹었다. 그리고 이 거점을 '액션 센터'라 부르기로 했다. 다음과 같은 로고도 만들었다.

액션 센터의 로고 마크

ACTION
CENTER

열 개의 타원이 상호 협력하며
도약하는 이미지의 로고를 선택하기로!

이미지는 스토리의 원천이다. 스토리가 부를 창출하는 시대에 이미지를 잘 다룬다는 것은 내면에 넘쳐흐르는 부의 원천을 찾아낸 거라 해도 과언이 아니다.

선물상자 : 놀라운 이미지의 법칙

이제 이번 실험 방식을 어느 정도는 이해했으리라 믿고, 다시 당신의 3일간의 과제(97페이지 [연습1-1]에 적어둔 과제)로 돌아가도록 하겠다. 이를 위해 한 번 더 상자에 담긴 선물을 이미지로 떠올리기 바란다. 이 선물은 당신이 120% 행복해졌으면 하는 마음으로 107페이지 [연습 1-2]에 골라둔 사람이 당신에게 주는 것이다.

내 사례를 설명하자면 과제는 "앞으로 3일 안에 내가 몰두할 수 있는 최고의 과제를 찾아내려면?"이었다. 그리고 행복해졌으면 하는 사람은 나의 아버지였다. 따라서 3일 후 아버지로부터 선물상자를 받는 장면을 상상해본다. 선물상자를 상상하고 거기서 튀어나오는 의외의 이미지를 그려보니….

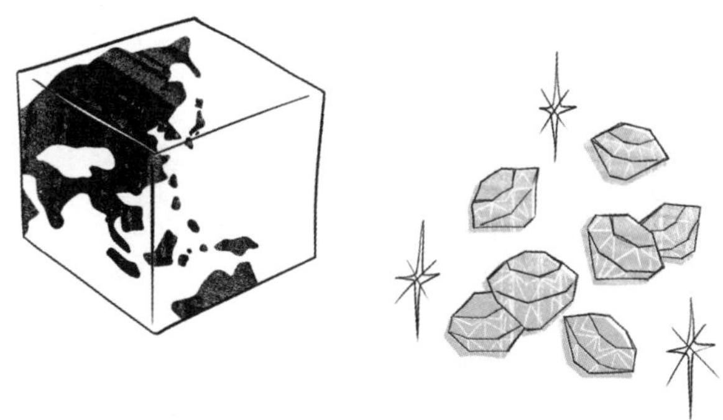

과제 "앞으로 3일 안에 내가 몰두할 수 있는
최고의 과제를 찾아내려면?"을 달성하고 받은 선물상자

이제 당신 차례다. 순서를 설명하겠다.

우선 당신의 과제(연습1-1), 그리고 당신이 3일 후에 과제를 달성함과 동시에 120% 행복해졌으면 하는 사람(연습1-2)을 떠올려보자.

그다음 눈을 감고 120% 행복해진 사람으로부터 선물 받는 장면을 상상하면서 상자의 외관을 자세하게 묘사한다. 그리고 하나, 둘, 셋에 맞추어 튀어나오는 의외의 이미지를 자세히 묘사한다.

다 끝나면 다음 페이지 공란에 그려둔다.

정리 [실험 2] 놀라운 이미지의 법칙

이미지로 답을 연상하면 어떻게 될까?

포인트 및 작업

- **목적** : 무관한 이미지를 사용하여 '3일간의 과제'(연습1-1)를 해결할 만한 힌트를 찾아낼 수 있는지 시험해본다.
- **소요 시간** : 3분
- **작업** : 행복해졌으면 하는 사람에게 받은 '선물상자'와 그 안에 든 선물을 이미지로 그린다.

Future Mapping Core Skills 연습 2-4

선물상자

결과 기록

과제와 관계있을 거라고는 전혀 생각되지 않는 뜻밖의 이미지가 3일 후에는 어떻게 변할까? 깨달은 점을 자유롭게 적어보자.

[실험 3] 우연성의 법칙

가볍게 그은 곡선 하나, 무엇을 초래할까?

[실험3]은 '곡선'에 관한 실험이다. 53페이지에서 소개한 고교 핸드볼 팀이 기적 같은 쾌거를 보여준 일화를 기억하는가. 거기에서 나는 인생은 '직선'보다 '곡선'으로 파악해야 더 강인하게 살아갈 수 있다고 설명했다.

곡선의 다양한 힘 중 하나는 '과거의 기억을 끄집어내어 이야기를 만들어내는' 힘이다.

바로 실험으로 들어가겠다. 이 실험의 목적은 당신의 인생을 어필하는 프로모션 영상의 시나리오를 만드는 것이다. 먼저 지금까지 살아온 인생을 쭉 돌이켜본 다음 자기소개를 하기 바란다. [실험1], [실험2]처럼 10분이면 충분하다. 일단 예시로 내 소개부터 하겠다.

우선 다음과 같은 프레임을 종이 위에 그려보자.

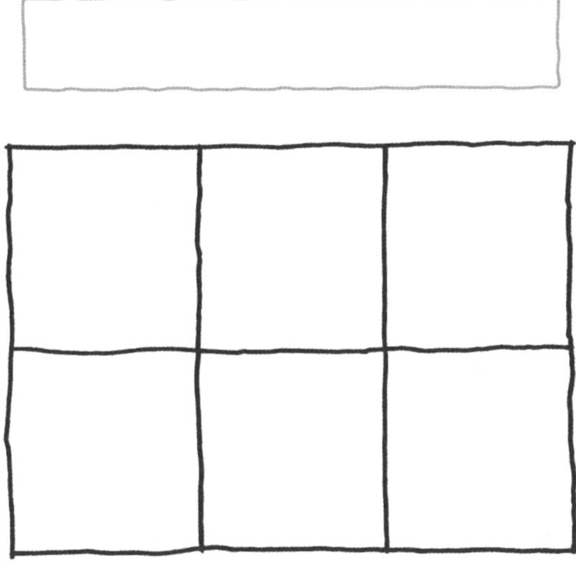

자신의 현재 나이를 3으로 나눈 뒤 3개의 숫자를 삼등분한 프레임 아래에 차례대로 적는다. 현재 나이는 제일 오른쪽 아래에 기록한다. 나는 현재 50세이므로 3으로 딱 떨어지진 않지만, 적당히 조정하여 '17', '33', '50'이라고 적었다. 당신이 36세라면 '12', '24', '36'이라고 적으면 된다.

그리고 오른쪽 위에 스마일 마크를 그린다. 이것은 당신 자신이다. 120% 행복한 매우 만족스러운 자신을 이름과 함께 이곳에 그린다.

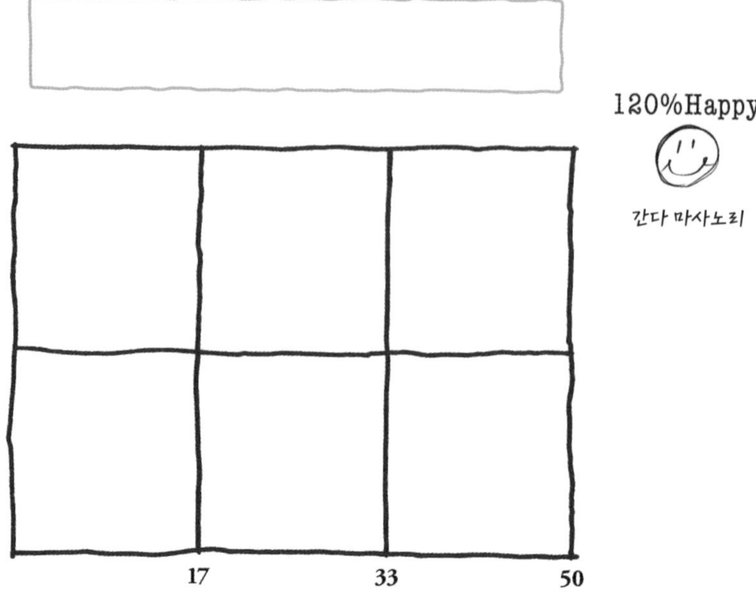

자, 이 작업이 끝났다면… 가족이나 친구, 동료가 현재 나이의 당신에게 진심으로 기뻐하며 웃는 얼굴로 박수를 보내는 광경을 상상하기 바란다. 매우 만족하며 가볍게 미소 짓는 당신의 모습까지….

이제 자주 쓰는 손이 아닌 다른 쪽 손으로 펜을 잡고 선을 그어본다. 자주 쓰는 손이 아닌 반대쪽 손으로 하는 이유는 의식적인 컨트롤을 피하기 위해서이다. 긴장을 푼 다음 우연에 맡긴 채 오른쪽 위에서 왼쪽 아래로 향하는 곡선을 한번에 긋는다.

이걸로 끝이다. 시간으로 따지면 아마도 1분도 채 걸리지 않을 것이다.

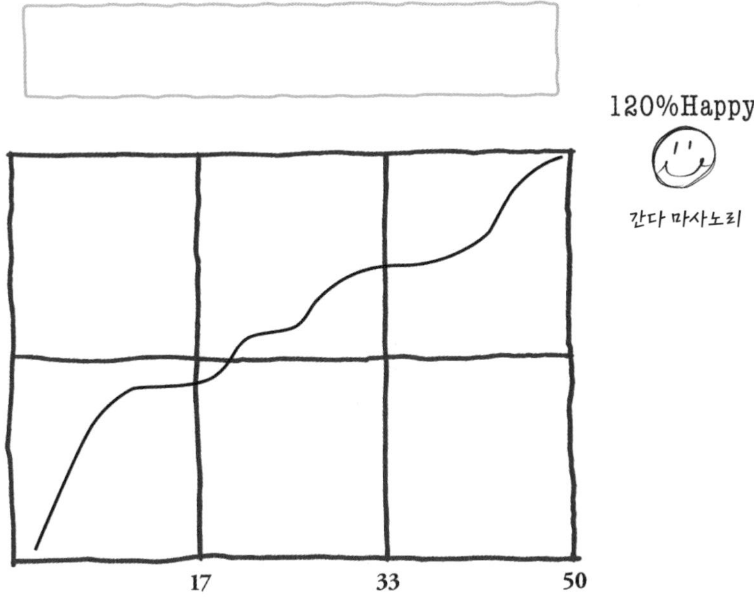

방금 무심코 그은 곡선은 사실 놀라울 정도의 지적 힌트를 품고 있다. 곡선을 그리면 항상 산과 골짜기가 나오는데, 이는 기복을 나타낸다. 곡선이 위를 향할 때는 보다 만족스러운 상황으로 변화함을, 반대로 아래를 향할 때는 다소 노력해야 하는 상황으로 변화하는 것이다.

이 산골짜기 중 신경 쓰이는 곳 대여섯 군데를 화살표로 표시한다. 그리고 화살표를 표시한 곳에서 무슨 일이 일어났는지 떠올려본다. 가령 20세 부근에서 산의 정점이 있다면 20세에 일어난 일을 떠올려보는 식이다.

그리고 표시한 모든 곳의 에피소드가 떠올랐다면 그것을 연결하여 하나의 스토리로 만든다. 그러면 당신의 라이프 스토리가 완성된다.

그 스토리를 보니 어떤가? 의외의 결과가 나오진 않았는가.

내가 직접 그린 것을 예시 삼아 설명해보겠다.

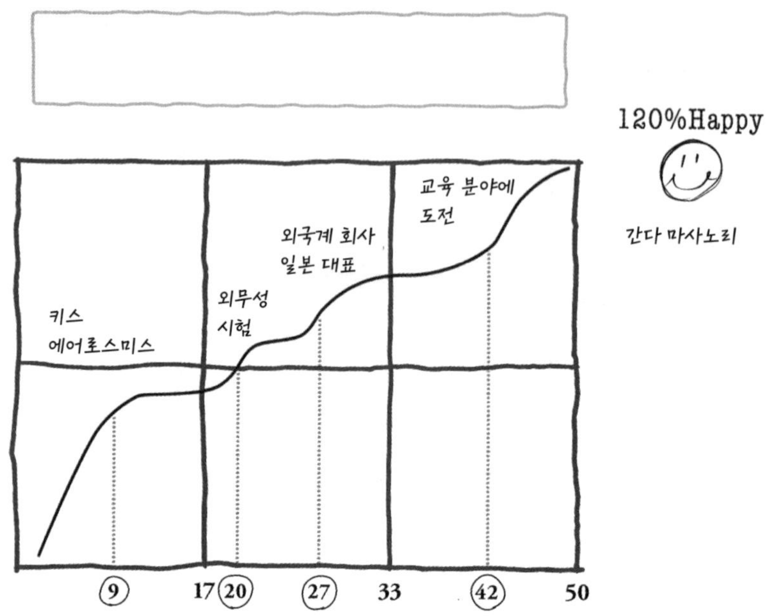

인생 곡선에서 가장 먼저 산이 생긴 것은 아홉 살 무렵이다. 그 시절, 나는 키스*나 에어로스미스**나 퀸 등의 서양 음악을 좋아했고 어렸는데도 자주 들었던 기억이 있다.

다음으로 행복해진 것은 스무 살 즈음이다. 이때는 막 해외에서 일하고 싶다고 생각했을 때로 외무성에 들어가기 위한 공부를 시작했다. 일을 배우느라 고생도 많았지만 꿈을 향해 나아가는 과정은 무척 행복했으며 꽤 잘해나가던 시기였다. 다음 산은 27세 때다. 해외 유학을 마

* 1973년 데뷔한 미국의 유명 하드록 밴드. 화려한 무대 의상과 특유의 페이스페인팅으로 유명하다. - 역주

** 미국의 전설적인 하드록 그룹. 상업적으로 성공한 록밴드 중 한 팀으로 꼽힌다. - 역주

치고 귀국해 외국계 기업의 일본 대표직을 맡게 되었다. 그리고 42~50세에는 교육에 도전했다. 마인드맵이나 포토리딩이라는 외국의 노하우를 널리 알리는 데 힘썼다.

이렇게 곡선을 참고하여 인생을 돌이켜보고 에피소드를 연결해보니 해외에서 일하려고 도전할 무렵이 인생에서 가장 행복했다는 스토리가 도출되었다. '해외에서의 배움과 도전으로 채워진 인생'이라는 주제로 삶을 살아왔다는 사실을 이 곡선에서 알 수 있다. 그 주제를 제목 빈칸에 넣으면 완성이다.

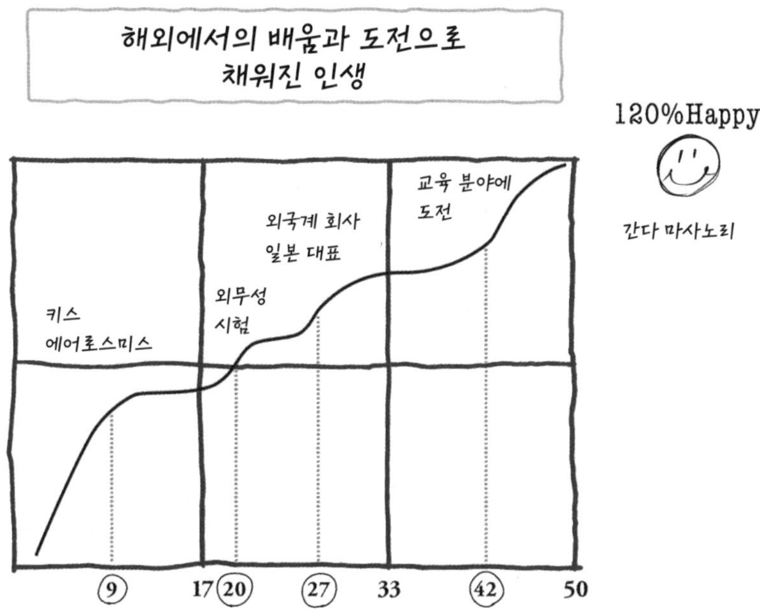

"이런 거 안 해도 내 인생의 스토리쯤은 다 알고 있어."라는 사람도 있을 수 있다. 그러나 이 과정은 어디에도 없는 장점이다. 그것은 '반은 필연, 반은 우연으로 일어나는 우유성(偶有性)'*이다. 기존의 자기소개 패턴을 뛰어넘은 발상을 얻어내는 것이다.

보통 자기소개의 내용은 대부분 자랑과 자랑의 연속이다. 이 책의 저자 소개처럼 말이다. 그러나 자랑만 잔뜩 늘어놓으면 인간미가 느껴지지 않고 듣는 사람은 지루하다. 당연히 기억에 남을 리가 없다. 또한 자신도 잊고 있어 소개하지 못하는 내용도 있을 것이다.

그런데 우연히 그은 이 곡선의 산과 골짜기 부분을 생각하다 보면… 곡선은 "이때 무슨 일이 있었지?", "왜 이렇게 행복(불행)했던 걸까?"라는 질문을 던진다. 그리고 이 질문이 방아쇠가 되어 과거의 다양한 기억이 되살아난다. 이후 도출된 에피소드를 연결하면 평소 생각했던 것과는 전혀 다른 라이프 스토리가 그려지는 것이다.

당신도 앞서 설명한 요령을 따라 실제로 체험해보기 바란다. 분명 지금까지 눈치채지 못했던 라이프 스토리가 드러날 것이다.

미국의 세미나에서 이 작업을 해보았을 때 다양한 반응이 있었다. 예를 들어 한 참가자는 **"그냥 우연히 그렸을 뿐인데 이 곡선이 내 인생의 기복을 모두 정확하게 나타내고 있어요.** 어떻게 이런 일이…."라며 놀란 표정을 감추지 못했다. "우연히 그린 산골짜기를 보고 떠오른 기억이 클로즈업되었을 뿐이에요."라고 설명했지만 실제 나에게도 인생의 전환기에 산골짜기가 우연히 들어와 있었다.

* 우연히 가지게 된 속성 - 역주

또 다른 참가자는 완만한 곡선이 그려진 종이를 들고 "내 인생은 이렇게 평탄하지 않았어요."라고 했다. "이상한 일은 아니에요."라고 말해줘도 납득이 되지 않는다는 모습으로 떨떠름하게 돌아가더니 조금 뒤 다시 와서 이렇게 말했다. "이 곡선은 감정을 나타내는 거라고 했죠? 그러면 Emotion(감정)이 아니라 Spirituality(영혼)라고 생각해도 될까요? 영혼의 성장이라 생각해도 될는지…." 그렇게 격앙된 목소리로 말하던 그녀는 내가 조용히 끄덕이자 "그렇다면 지금까지의 인생이 모두 설명이 되네요."라며 눈물을 비쳤다. 우리는 누가 먼저랄 것도 없이 서로를 따스하게 안아주었다.

인생에는 산골짜기가 있다. 그러나 영혼의 성장을 위해 스스로 '골짜기'를 택한다면 골짜기도 골짜기가 아니게 된다. 인생의 의미를 한순간에 깨달은 그녀는 끝내 참지 못하고 눈물을 흘렸다.

자, 다음 페이지에 당신의 라이프 스토리를 그리기 위한 빈칸이 준비되어있다. 금방 할 수 있으니 꼭 해보고 잊었던 자신을 떠올리기 바란다.

Future Mapping Core Skills 연습 3-1

라이프 스토리

120%Happy

(당신의 이름)

( ) ( ) ( )

현재 당신의 나이 ↑

곡선은 미래의 행동 시나리오를 도출한다

스티브 잡스의 스탠퍼드대학 졸업식 연설은 많이들 알고 있을 것이다. 잡스는 "하나하나 뿔뿔이 흩어져 의미를 알 수 없던 경험이 나중에 돌이켜보면 전부 의미 있는 일이다.", "인생은 한순간도 헛되지 않다.", "그러니 설레는 일을 해라."라는 말을 했다.

스티브 잡스는 이러한 삶의 지혜를 '점과 점의 연결connecting dots'이라고 간결하게 표현했다. 자기소개 실험은 바로 '커넥팅 도츠' 그 자체다. 지금까지 뿔뿔이 흩어져 있던 경험을 돌이켜보고 선을 이으면 거기서 필연적인 연속성이 드러난다. 사실 이 '커넥팅 도츠'의 원리는 미래 이야기를 만드는 데도 활용할 수 있다. 여기서 실험을 하나 더 해보자. 오늘 하루의 행동 시나리오를 써보는 것이다.

순서를 설명하겠다. 일단 앞서 말한 것과 같은 프레임을 준비한다. 가로축에는 나이 대신 시간을 쓴다. 아침 8시에 일어나 밤 20시까지의 일할 경우 '8시', '12시', '16시', '20시'로 눈금을 매긴다.

가령 당신이 영업사원일 경우, 행복했으면 하는 사람은 '상사'. 오른쪽 위에 스마일 마크를 그린 다음 말풍선을 만들고 "오늘 하루도 열심히 했군.", "일 잘하고 있어.", "노력하고 있네." 등 상사가 해주었으면 하는 말을 적는다.

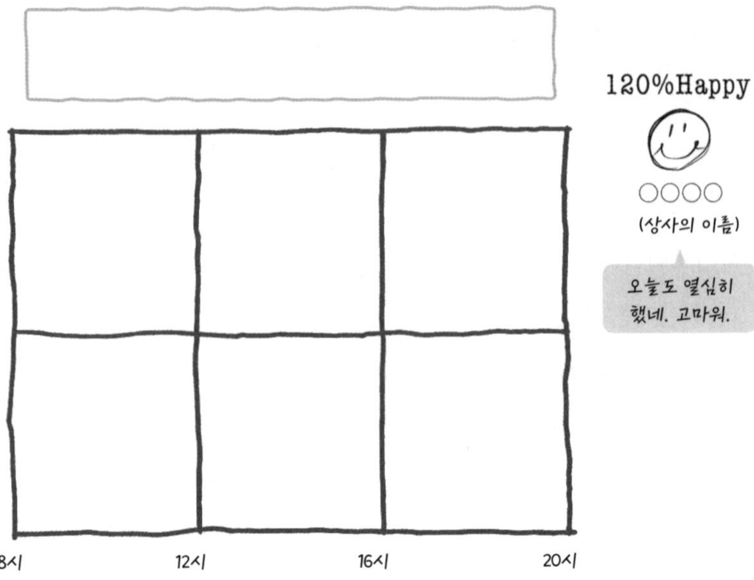

주로 쓰는 손이 아닌 반대쪽 손으로 오른쪽 위에서 왼쪽 아래를 잇는 곡선을 단번에 그린다. 도표로 그리면 아래와 같은 모양이다.

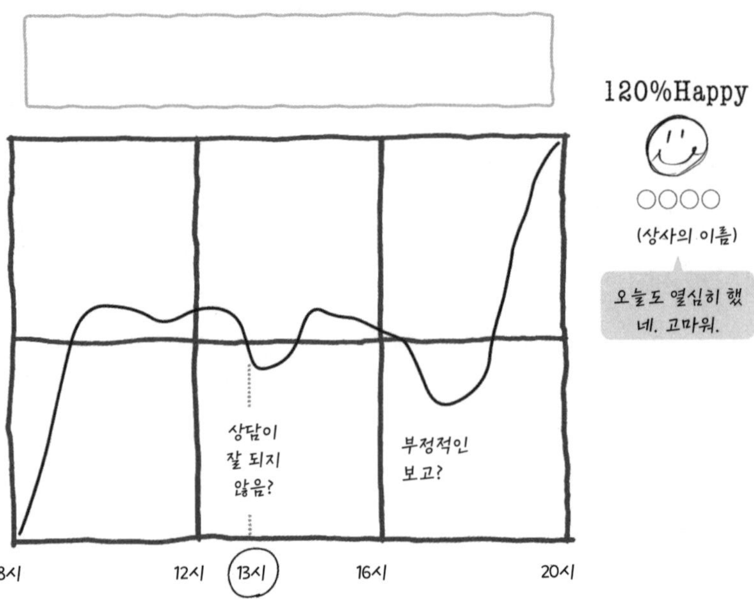

다음으로 곡선의 능선 중 신경 쓰이는 부분과 자신의 일정을 대조해 보자. 이 곡선이 미래를 암시한다고 가정할 때, 산과 골짜기가 있는 시간에는 어떤 일을 할 예정인지 확인하는 것이다.

이처럼 곡선을 사용할 때의 최대 장점은 잘 되지 않을 것을 상정한 행동 시나리오가 만들어진다는 점이다. 예를 들어 13시 시점에서 곡선이 아래를 향하고 있다고 하자. 일정을 확인해보니 13시부터 상담 업무가 있다. 그렇다는 얘기는 '상담이 생각대로 잘 풀리지 않음'을 암시하는지도 모른다. 그렇다면 안 좋은 전개로 흐를 경우를 가정하여 보다 세심하게 준비할 수 있을 것이다. 또한 16시에도 곡선이 아래를 향하고 있다. 이를 "회사에 돌아가 부정적인 보고를 하게 될 수도…."라고 추측한다면 그렇게 되지 않도록 고민해볼 수 있다.

물론 곡선이 진짜 미래를 예측할 수는 없다. 그러나 예상치 못한 사건에 대한 준비는 될 것이다. 이 작업을 매일 계속하는 것은 '가설과 개선'의 사이클을 매일같이 반복하는 것이다. 그러면 제안서도 좀 더 다듬어지고 예상치 못한 트러블도 줄어든다. 그 결과 업무 실적도 올라가게 될 것이다.

반면 곡선을 사용하지 않으면 '상담이 잘될 것'이라는 희망적인 관점에서 행동 시나리오를 짜기 때문에 잘 풀리지 않을 경우에 대한 대응이 더뎌진다. 대안을 마련하지 않기 때문에 소화 불가능할 정도로 많은 일정을 넣어버리는 경우도 적지 않다. 또한 하루가 끝날 즈음 행복해진다는 것을 목적으로 두지 않았기 때문에 그날 안에 어디까지를 목표로 달성해야 좋을지 몰라 심신이 피곤해진다.

곡선을 긋는지 여부에 따라 이렇게 큰 차이가 난다.

앞선 자기소개 실험에서는 곡선의 변화를 보고 이전에 겪은 인상적인 사건(점과 점)을 떠올린 다음 과거의 이야기를 재구성해보았다. 이번 실험에서는 곡선의 변화를 보고 앞으로 일어날(예정된) 인상적인 사건(점과 점)을 떠올린 다음 미래를 향한 스토리가 해피엔딩이 되도록 재편집하는 작업을 했다. 스티브 잡스의 커넥팅 도츠, 즉 무슨 도움이 될지 모르는 일도 연결 방법에 따라 완전히 다른 의미(=현실)를 창조한다는 가르침은 과거뿐만이 아니라 미래에도 응용할 수 있는 것이다.

'3일간의 과제'에 뛰어들기 위한 차트

지금까지 실시한 실험 결과를 토대로 '3일간의 과제'에 뛰어들기 위한 차트를 만들어보자. 사실 당신은 이미 세 가지 중요한 기술을 체험했다.

첫 번째는 미래에 '120% 행복해지는 사람'을 떠올린 것, 그리고 미래 상황을 세세하게 묘사한다는 체험. 두 번째는 '선물상자'라는 이미지를 사용해 문제에 대한 힌트를 얻는 체험이다. 그리고 세 번째는 미래에서 현재까지의 '곡선'을 그어보는 것이다.

이러한 기술을 조합하는 것만으로도 기대 이상의 효과를 얻는 경우가 많다. 이제는 당신이 앞서 적은 '3일간의 과제'에 도전하자.

우선 지금까지의 내용을 정리하기 위해 114페이지에 적은 [실험1]의 결과와 127페이지 [연습 2-3]에 그린 선물상자를 차트에 그려 넣는다.

당신의 '3일간의 과제'를 위한 차트

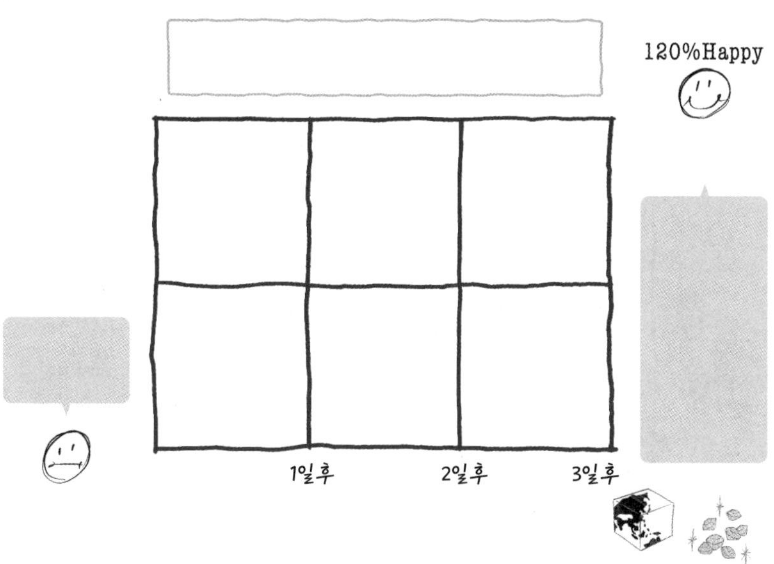

차트 왼쪽 아래에는 말풍선이 있다. 여기에 3일 후 행복해지는 사람의 현재 기분을 상상하여 간단하게 2~3줄 정도 적는다. 3일 뒤에는 완전히 충족된 상황이 되므로 현재는 조금 부족한 상태일 수 있다. 만약 그렇다면 어떻게 그 부족한 마음을 표현할 수 있을지 상상하며 말풍선을 채웠으면 한다.

내 경우를 예로 들자면 "열매를 잘 맺으면 좋으련만…"이라는 불안감을 표현했다. 그럼 지금까지의 내용을 당신의 차트에 적기 바란다. 어떤가? 당신의 3일간의 차트도 예시처럼 채워지기 시작했는가?

당신이 배운 세 번째 기술은 '미래와 현재를 잇는 곡선'이다. 이 작업은 단숨에 끝내는 것이 매우 중요하다. 긴장을 풀고 해보자. 자주 쓰

참고를 위해 내가 직접 적은 예시

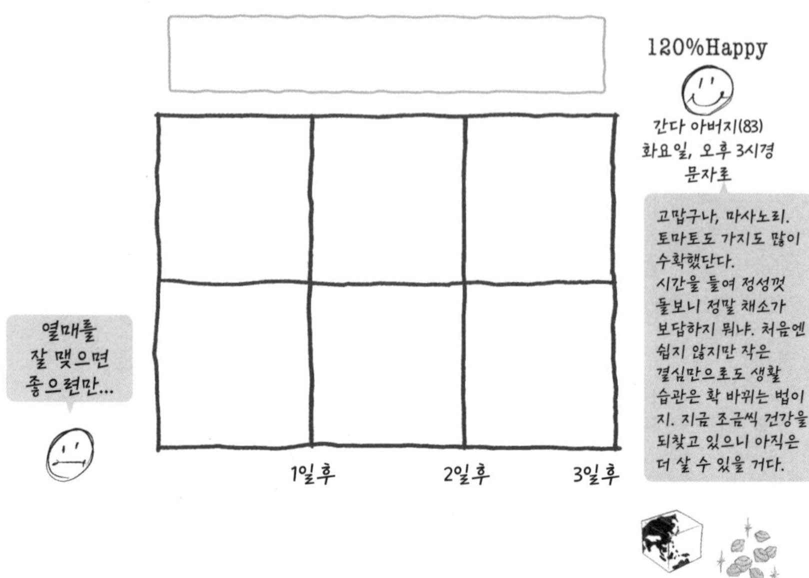

는 손이 아닌 반대 손으로 펜을 잡고 오른쪽 위부터 왼쪽 아래까지를 잇는 곡선을 단숨에 긋는다. 어떤 작업을 했는지 한눈에 알 수 있도록, 테두리 색과 행복해지는 사람과 관련된 부분(스마일 마크와 곡선)은 다른 색으로 그린다. 내 예시를 보고 당신도 손이 시키는 대로 자유롭게 곡선을 그려보자. **자, 이걸로 미래를 향한 시나리오가 그려지기 시작했다.**

퓨처 매핑의 단계를 제대로 밟아갈 경우 다음 작업은 곡선 아래에 이야기를 적는 단계가 될 것이다. 그러면 지금까지 상상하지 못했던 발상이 떠오른다. 그러나 이야기 짓기가 익숙해지기까지 다소 시간이 걸리므로 여기서는 앞서 하루 스케줄을 만들었을 때처럼 이야기 짓는 단

앞 차트에 직접 곡선을 그은 예

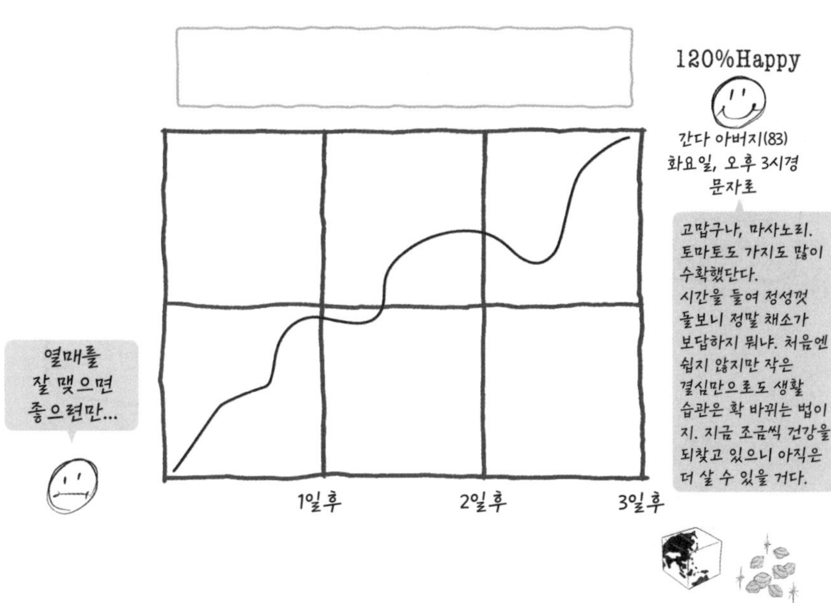

계를 생략하고 바로 행동 시나리오를 파악할 수 있는지 시험해보겠다.

일단 행복해지는 사람이 어떻게 변화할지 생각해본다. 나는 "아버지는 채소를 잘 기를 수 있을지 불안해했지만 결과는 대성공이었고 갖가지 작물을 수확해낸다."라는 스토리를 만들었다. 앞서 설명했다시피 아버지는 타인이라는 거울에 비친 나 자신이다. 바꿔 말하면 '성과가 날지 불안했던 나'에서 '여러 분야에서 성과를 거두는 나 자신'으로 변화하는 것이 3일간의 실험 저변에 흐르는 테마다.

이렇게 생각하면 막연하긴 해도 3일간의 행동 시나리오의 방향성이 얼추 잡힌다. 여기서 한걸음 더 나아가 **이미 현실로 예정된 3일간의 스**

차트를 그리기 전 내 머릿속

이런 식으로 매일 해야 할 일에 쫓기느라 방향성이 잡히지 않는다.
그러나… "3일간 지금까지 길러온 작물을 수확한다."라는 흐름이 보이면….

곡선을 그린 뒤 내 머릿속

케줄과 대조해 보다 명확하게 만들 수 없을지 고민해본다.

내 예를 참고하여 행동 시나리오를 명확화하는 감각을 익혀보자.

옆 페이지의 내 머릿속 그림 중 3일 차의 '비즈니스 잡지 대담'은 이미 예정된 일정이다. 그런데 차트에서는 이 시점에 곡선이 아래로 처져 있는 부분이 있다. 즉 행복해지는 미래에서 멀어짐을 의미한다. 대담 상대에게는 실례지만, 어쩌면 이 대담이 '본질적인 업무는 아닐지도?'라는 의문이 들었다. 따라서 "앞으로는 일정 선택 시 제대로 고를 것을 염두에 두어야겠다."라는 생각이 들었지만 확실하게 딱 떨어지는 결론은 아니다.

그래서 선물상자에 대해 생각해보기로 했다. 내 선물상자는 세계 지도가 겉에 그려진 상자였고 안을 열어보니 일곱 개의 스와로브스키가 들어있었다.

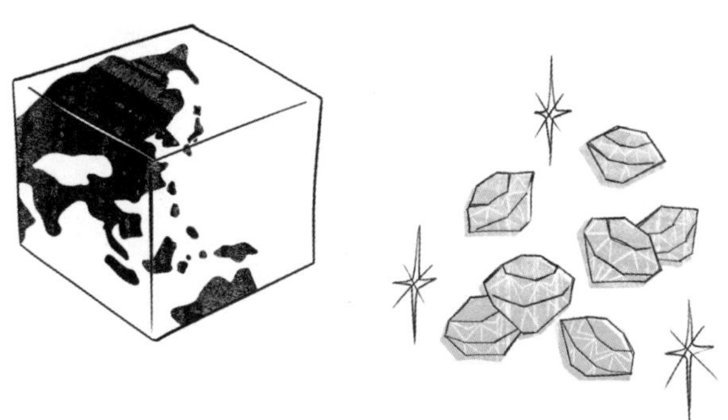

과제 "앞으로 3일 안에 내가 몰두할 수 있는 최고의 과제를 찾아내려면?"을 달성하고 받은 선물상자

이 이미지를 앞서 설명한 PRAISE에 맞추어 해석해보겠다.

스와로브스키가 무엇을 상징하는지는 간단하다. '보물'이다. 일곱 개의 보물은 지금까지 내가 추진해온 프로젝트 중 세계로 뻗어나갈 가능성이 있는 일곱 가지를 우선시해야 함을 뜻한다. 또한 확실하게 저변을 넓힐 수 있도록 그릇(조직)을 갖추어야 한다. 이것이 지금 내가 뛰어들어야 할 과제임을 깨달았다. 이 과제를 전제로 하면 "그다지 의미 없을 것 같아…."라고 생각했던 3일 차의 대담이 "실은 엄청 중요한 일인지도 몰라!"라고 인식이 바뀐다.

공부법에 대한 대담이었지만 대담 중 일본에서 세계로 뻗어 나가기 위해 창설한 '리드 포 액션'이라는 독서모임을 화제에 올리면 좋겠다는 생각이 들었다. 이런 마음가짐을 추가해 행동 시나리오를 한층 더 명확하게 하면…

차트를 그린 뒤 내 머릿속

(선물상자 이미지의 의미를 생각한 뒤에는?)

제목 : 세계로 뻗어나가는 7가지 보물

이처럼 차트를 그리면 애매하던 사고가 점차 행동 시나리오로 드러난다. 게다가 곡선이 내려간 부분에 대해 깊이 생각하면, 하향 곡선을 상향 곡선으로 전환하기 위한 새로운 관점을 얻을 수 있다. 즉 실패할지도 모르는 사건을 예상하고 큰 기회로 바꿔나갈 준비를 할 수 있는 것이다.

그러면 지금까지 배운 기술을 활용하여 당신도 3일간의 과제를 달성하기 위한 퓨처 매핑 차트를 시험 삼아 그려보기 바란다. 한마디 해두자면 이것은 어디까지나 실험이다. 그러니 미래와 현재를 연결하는 곡선을 긋고 나서 의미를 찾아내지 못해도 괜찮다.

당신이 해봤으면 하는 것이 하나 더 있다.

3일 후 돌이켜봤을 때 곡선의 흐름과 현실이 얼마나 연관이 있었는지 확인하는 것이다. 그러면 3일 후를 기대하며 당신의 첫 퓨처 매핑 차트를 완성해보자!

정리 [실험 3] 우연성의 법칙

가볍게 그은 곡선 하나, 무엇을 초래할까?

포인트 및 작업

• **목적** : 120% 행복한 미래에서 현재까지를 잇는 곡선을 그은 뒤 그 곡선과 현실이 얼마나 관계있는지 시험해본다.

• **소요 시간** : 5분 정도

• **작업**

❶ [실험1]에서 떠올린 '미래의 대사'와 [실험2]에서 떠올린 '선물 상자 이미지'를 베껴 그린다.

❷ 3일 후 행복해지는 사람의 현재 기분을 상상한 다음, 아래의 말풍선에 간단한 대사를 2~3줄 정도 적는다.

❸ 미래에 120% 행복한 상황과 조금 부족한 현재 상황을 곡선으로 연결한다. 자주 쓰는 손이 아닌 반대쪽 손에 펜을 쥐고 오른쪽 위(미래)에서 왼쪽 아래(현재)를 향해 손이 움직이는 대로 곡선을 그려본다.

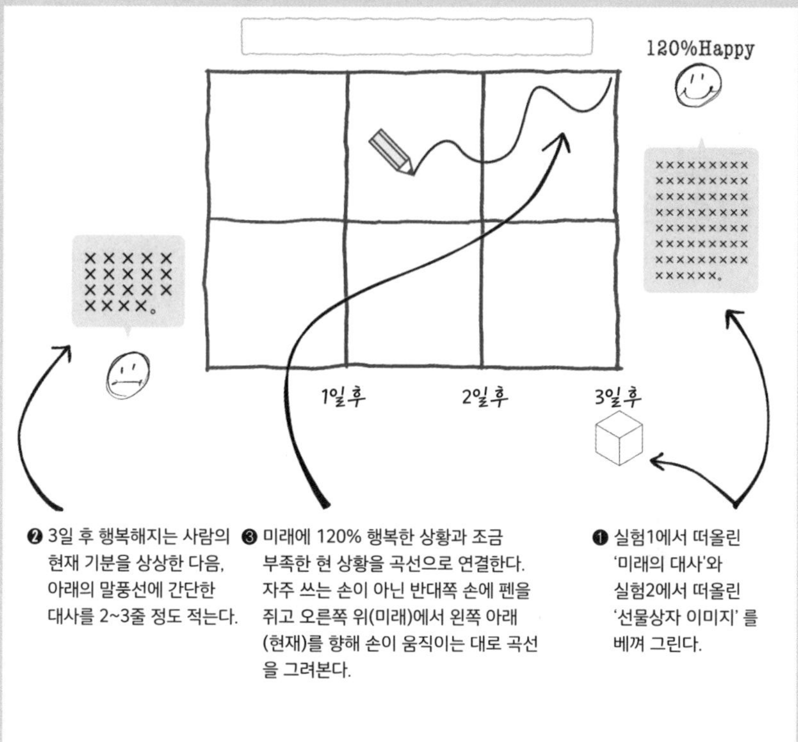

결과 기록

3일 뒤 곡선의 기복과 현실에서 일어난 일을 돌이켜 비교해본다. 깨달은 점이 있다면 적어두자.

[실험 4] 변혁의 법칙 ❶

무관한 이야기에서 과제 달성을 위한 현실적 힌트를 끌어낼 수 있을까?

축하한다! 지금까지 수행한 세 가지 실험을 통해 당신은 최초로 퓨처 매핑 차트를 만들어냈다. 차트 작성 후 사흘이 지나 돌이켜봤을 때 사람에 따라서 정말 과제를 달성했다고 하는 사람도 있을 것이고, 괜찮은 발상은 얻었지만 아직 실행까지는 못했다는 사람도 있을 것이다.

지금은 퓨처 매핑 작성에 필요한 기술을 시험해보는 것이 중요하므로 어떤 상태든 상관없다. 중요한 것은 실제로 시도해봤다는 점이다. 그리고 실제로 해봄으로써 지금까지 배운 적 없는 새로운 기술, 즉 무관한 이미지에서 해결책을 떠올리거나 단숨에 그은 곡선을 보고 앞으로의 시나리오를 설계하는 일 등을 익힐 수 있었다. 퓨처 매핑 차트 작성을 마쳤으니 이제부터는 본격적으로 스토리를 활용한 과제 달성으로 뛰어들어볼까 한다.

앞서 말했듯 스토리를 활용해 과제를 달성하는 최고의 방법은 이야기를 직접 창작하는 것이다. 그러나 이야기 창작 요령을 터득하기까지 시간이 필요하므로 독자적인 이야기 창작은 다음 실험에서 시도하기로 하고, 여기서는 이미 만들어진 이야기가 당신의 현실적인 과제 달성에 어떻게 도움이 되는지 시험해보기로 하겠다.

《미녀와 야수》 속 누구를 행복하게 만들까?

앞서 일본 동화《모모타로》를 이용해 크라우드 펀딩 사업을 구상 및 실현한 사례를 설명했다. 이야기에는 정말로 과제를 창조적으로 달성하게끔 이끌어주는 힘이 깃들어 있을까?

이번 [실험4]에서는 새로운 세 번째 과제, '내가 몰두할 수 있는 프로젝트와 만나려면?'을 설정한다. 그리고 디즈니 영화로도 만들어진 《미녀와 야수》를 활용해 6일 만에 답을 찾아낸 다음 이를 달성하는 행동 시나리오를 만드는 과정을 체험해보도록 하겠다.

지금 당신은 '내가 몰두할 수 있는 프로젝트와 만나려면?'이라는 질문과《미녀와 야수》는 관련이 없다고 생각할 것이다. 그러나 이 실험을 직접 해본 뒤에는 이야기가 현실적인 문제를 해결하는 힘을 가졌다는 사실에 아마 놀랄 것이다.

그럼 시작해보자.《미녀와 야수》는 전 세계적으로 친숙한 이야기이지만 모르는 독자를 위해 줄거리*를 공유해둔다.

《미녀와 야수》 줄거리

마녀에 의해 추악한 야수의 모습으로 변해버린 왕자. 원래 모습으로 돌아오려면 누군가를 사랑하고 사랑받아야 한다는 것이 조건이다. 야수가 사는 섬뜩한 성에서 방황하던 한 노인이 포로가 된다. 그의 딸 벨

* 브로드웨이 뮤지컬 링크집(http://www.tick.skr.jp/d_beautyandbeast.html)에서 인용

은 사로잡힌 아버지를 풀어주는 조건으로 야수와 공동생활을 시작한다. 그리고 야수는 벨에게 조금씩 마음을 열어간다.

한편, 벨이 잠시 풀려나 마을로 돌아와 보니, 벨을 짝사랑하는 사냥꾼 개스톤이 야수 토벌을 벼르고 있었다. 그리하여 야수와 개스톤의 전투가 벌어진다. 개스톤과의 전투 끝에 다친 야수 앞에 나타난 벨. 쓰러진 야수를 안고 그를 향한 사랑을 고백한다. 벨의 사랑을 받은 야수는 왕자로 변신한다.

핵심 등장 인물은 다음의 네 명이다.

❶ 미녀(벨)

❷ 야수

❸ 사냥꾼(개스톤)

❹ 아버지

그럼 당신에게 첫 번째 질문을 던지겠다. 당신이 과제 '내가 몰두할 수 있는 프로젝트와 만나려면?'을 이행함과 동시에 이 등장인물 중 누군가가 120% 행복해진다고 한다면, 4명 중 누구를 고를 것인가? 직감적으로 고르기 바란다.

어떤 등장인물을 행복하게 할 것인지 결정했다면, 다음 단계로 넘어가자. 여기서 《미녀와 야수》는 새로운 전개를 맞는다. 원래 이야기에서는 야수가 왕자로 돌아오는 것으로 해피엔딩을 맞지만 실은 그 후일담이 있었다! 해피엔딩 뒤에 네 명의 등장인물은 어떤 삶을 살아갔을까? 네 명의 등장인물이 나름대로 행복해지는 네 개의 서로다른 속편을 만들어보았다.

이제 네 개의 속편을 소개할 것이다. 모두 다 읽을 필요는 없다. 당신은 앞서 당신이 120% 행복해졌으면 하고 직감적으로 골랐던 인물이 주인공인 속편만 읽으면 된다.

그럼, 당신이 고른 속편을 대강 눈으로 훑기 바란다.

《미녀와 야수 2》

야수가 왕자로 돌아온 해피엔딩, 그 후

❶ 미녀(벨)가 행복해지는 속편

(엔딩 장면) 벨 "고마워. 엄마는 어린 나를 두고 가출해버렸어. 솔직히 원망하던 때도 있었지. 하지만 여행 덕분에 어머니와 우연히 재회하고 그 당시의 이야기를 들을 수 있었어. 비로소 어머니를 용서하게 됐지. 그러던 중에 아이도 갖게 된 거야."

(스토리 전개)

◆ 제1부(처음)

왕자와 결혼해 왕비가 된 벨. 다정한 사람들에게 둘러싸여 행복한 나날을 보내던 중 한 가지 마음에 걸리는 것이 있었다. 바로 어머니의 존재였다. 발명에 몰두하느라 가정을 돌보지 않은 아버지에게 정나미가 떨어진 어머니는 벨을 두고 집을 나가버렸다.

◆ 제2부(중간)

그런데 우연히 어머니와 재회한다. 이웃 나라로 여행을 떠난 벨. 숙소인 특급호텔에서 일하던 급사가 바로 어머니였다. 자신을 왜 버렸냐고 어머니를 원망하는 벨. 그러나 어머니는 가출을 후회하고 있었으며, 그간 벨을 위해 아버지에게 생활비를 부치고 있었다.

◆ 제3부(끝)

벨은 어머니를 모시고 고향으로 돌아온다. 울면서 사과하는 어머니에게 아버지는 "내가 발명한 제빵기로 만든 빵이 특급호텔보다 더 맛있다오."라며 다정하게 맞아주었다. 20년 만의 재회였지만 서로의 배려심을 알게 된 순간이었다. 그 무렵 벨의 임신 사실이 알려졌다. 희소식에 노부부는 서로 미소 지었다.

❷ 야수가 행복해지는 속편

(엔딩 장면) 야수 "고마워. 마녀에게 저주받아서 오히려 다행이지 뭐야. 덕분에 거만함을 고치고 훌륭한 반려자를 맞게 되었어. 게다가 이 이야기가 세계적으로 알려져서 인세를 벌 수 있게 되었지. 그 인세를 바탕으로 대학을 창설했고 지금은 전 세계의 창의적인 인재가 모이는 나라가 되었어."

(스토리 전개)

◆ 제1부(처음)

인간으로 돌아와 벨을 아내로 맞이하고 충실한 나날을 보내던 왕자.

그에게 어느 날 출판사 사람이 찾아온다. 왕자가 체험한 이야기를 책으로 내고 싶다는 제안이었다. 글도 제대로 읽지 못하던 왕자는 벨의 도움을 받아 도전할 것을 결심한다.

◆ 제2부(중간)

도중에 글이 안 써져 도망가고 싶을 때도 있었지만, 1년에 걸쳐 겨우 원고를 완성했다. 그런데 원고를 가지고 가던 출판사 편집자가 도중에 물에 빠져 원고가 모두 떠내려가 버렸다. 낭패였지만 편집자를 용서하고 다시 한 번 원고를 쓰기 시작했다.

◆ 제3부(끝)

3개월에 걸쳐 다시 쓴 원고는 무사히 책으로 출간되었고, 전 세계적인 반향을 일으키며 대히트했다. 왕자는 고액의 인세를 손에 넣었다. 그러나 그 돈을 자신을 위해서가 아닌, 국민의 교육 수준을 끌어올리기 위한 대학 설립 자원으로 사용했다. 그리하여 왕자의 나라에는 창의적인 지식 계층이 모여들었고 민중은 점점 더 그를 경애하게 되었다.

❸ 사냥꾼(개스톤)이 행복해지는 속편

(엔딩 장면) 사냥꾼 "고마워. 나는 짐승을 사냥하는 사냥꾼만큼 멋진 직업은 세상에 없다고 생각했어. 그런데 야수로 변해 반대로 사냥꾼에게 쫓기게 되면서 내 잘못을 깨달았지. 환경 프로젝트의 대장이 된 지금은 정말 뿌듯해. 난폭했던 예전의 내가 부끄러워."

(스토리 전개)

◆ 제1부(처음)

탑에서 떨어졌지만 나뭇가지에 걸려 살아남은 사냥꾼. 그러나 진심으로 사랑했던 벨이 야수와 맺어지면서 실연으로 인해 삶의 의욕을 잃는다. 그는 마녀에게 자신을 야수로 변하게 해달라고 부탁한다.

◆ 제2부(중간)

야수가 된 사냥꾼은 사냥하던 입장에서 당하는 입장이 되어 사냥의 무서움을 알게 되었다. 주위에 있던 친구와 가족도 모두 동물이 되어 버렸기에 그들도 지켜야 했다. 사냥꾼 출신 야수는 총에 맞아가면서도 무리를 지켜냈다.

◆ 제3부(끝)

다른 사냥꾼으로부터 무리를 지킨 것을 인정받아 다시금 인간으로 돌아온 사냥꾼. 쓸데없는 살생을 해서는 안 된다는 사실을 통감하고 사냥꾼에서 졸업한 뒤, 인간과 동물이 공존할 수 있는 환경을 만드는 프로젝트에 뛰어들었다.

❹ 아버지가 행복해지는 속편

(엔딩 대사) 아버지 "고맙다. 마녀가 부리는 갖가지 마술에서 영감을 받아 여러 발명품을 만들어낼 수 있었단다. 드디어 마술을 논리적인 과학으로 설명할 수 있게 됐어. 이 나라에 새로운 대학도 설립되고 내가 총장이 되었지 뭐냐. 후진을 양성하며 새로운 삶의 보람도 얻었어."

(스토리 전개)

◆ 제1부(처음)

벨이 왕자와 맺어진 후에도 발명에 몰두하던 아버지에게 어느 날 마녀가 찾아왔다. 마녀는 벨과 아버지를 괴롭힌 것을 사과하러 온 것이었다. 그러자 아버지는 전부터 궁금했던 마법 빗자루를 보여 달라고 부탁했다.

◆ 제2부(중간)

마술의 힘으로 공중을 날아다니는 마법 빗자루의 메커니즘을 살펴보니 하늘을 나는 원리가 보였다. 그 원리에 영감을 받은 아버지는 에너지 효율이 매우 높은 항공기용 전기 모터 개발에 성공했다. 이는 태양광 전기로 발전하면서 비행할 수 있게 되었다.

◆ 제3부(끝)

직접 제작한 비행기 조종석에 앉아 사생결단의 각오로 시험 비행에 나선 아버지. 기체는 소리도 없이 두둥실 하늘로 떠올랐다. 인류 최초의 태양광 비행 성공이었다! 이윽고 전 세계 모든 과학자가 연구에 들어갔고 비행기가 실용화되었다. 아버지는 대학 총장이 되어 명예를 얻었다.

당신이 고른 주인공이 행복해지는 스토리를 읽어보고, “그럴 수 있지, 재밌군.”, “이건 정말 있을 법한데.” 하고 끄덕였다면 그걸로 충분하다. 만약 “이건 공감이 되지 않아.”, “뭔가 이상한데.”라고 생각했다면 다른 스토리를 읽고 당신의 감성에 와닿는 이야기를 다시 골라보자.

그건 그렇고, 이런 황당무계한 이야기가 현실의 과제 달성과 연결되리라고는 지금 시점에서는 도무지 생각할 수 없을 것이다. 그러나 "이 방법은 논리적이지 않아.", "나하고는 맞지 않는군."이라며 바로 단념해버리지는 말았으면 한다. 왜냐하면 기존 사고의 연장선에 있는 사고방식으로는 **누구나 떠올릴 수 있는 연속적인 아이디어만 도출되기 때문이다. 지금까지의 개념과는 전혀 다른 비연속적 해결책을 얻으려면 지금까지와는 전혀 다른 비연속적 사고법을 활용해야 한다.**

지금부터 살짝 두뇌 체조를 해보자. 그러면 창작 스토리에서 과제 달성을 위한 접근법이 떠오르기 시작할 것이다. 현실적인 과제 달성을 향한 행동 시나리오가 차차 드러나는 것이다.

사례 창조적인 이야기에서 해결책을 도출하는 프로세스

대체 어떻게 과제와 전혀 상관없는 이야기《미녀와 야수 2》에서 힌트를 얻어낼 수 있을까? 앞서 설명했듯 스토리씽킹은 극장에서 영화를 본 다음 영화의 스토리에서 과제의 힌트를 얻는 사고방식이다. 지금 당신은《미녀와 야수 2》영화를 봤으니 이제 그 스토리를 과제 해결과 연결해보자. 이 작업은 한 번 요령을 터득하면 나머지는 간단하다. 우선 내가 당신과 함께 과제를 진행하며 이야기와 현실을 연결하는 과정을 공유해볼까 한다.

퓨처 매핑의 첫 번째 단계는 과제 설정이다. 이번에 우리가 임하는 과제에 대해 다시 한 번 확인해두겠다. 과제는 바로 '내가 몰두할 수 있는 프로젝트와 만나려면?'이다. 이번에는 이 과제를 6일 동안 수행하기로 한다.

퓨처 매핑의 두 번째 단계는 미래에 120% 행복해지는 사람을 고르는 것이다. 나는《미녀와 야수 2》속 네 명의 등장인물 중 사냥꾼이 행복해지는 이야기를 골랐다. 사냥꾼의 스토리는 요약하자면 다음과 같다.

(처음) 실연을 당해 의욕을 잃은 사냥꾼. 마녀에게 부탁해 야수로 변한다.

(중간) 야수가 된 사냥꾼은 사냥감이 되는 공포를 깨닫고 동물을 사냥으로부터 보호한다.

(끝) 인간으로 돌아온 사냥꾼은 개과천선하고 인간과 동물이 공존하기 위한 프로젝트에 뛰어든다.

대체 어떻게 이 이야기를 통해 과제 달성에 대한 방향성을 도출할 수 있을까? 우선 이야기의 '처음·중간·끝'을 과제를 달성하기 위한 행동 시나리오의 '처음·중간·끝'이라고 생각한다. 그리고 이야기로부터 연상되는 것은 없는지 힌트가 될 만한 것은 없는지 고민해본다.

내가 연상한 결말을 차트로 정리하면 다음과 같다.

내가 몰두할 수 있는 프로젝트와 만나려면?

120%Happy

혹시... "몰두하여 업무 끝내기?"	혹시... "비영리사업의 뛰어난 조직을 체험하기?"	혹시... "영리와 비영리 사업의 공존?"
↑ 과제	↑ 연상	↑ 연상
(처음) 실연을 당해 의욕을 잃은 사냥꾼. 마녀에게 부탁해 야수로 변한다.	(중간) 야수가 된 사냥꾼은 사냥감이 되는 공포를 깨닫고 동물을 사냥으로부터 보호한다.	(끝) 인간으로 돌아온 사냥꾼은 개과천선하고 인간과 동물이 공존하기 위한 프로젝트에 뛰어든다!
2일차	4일차	6일차

● 처음 (1~2일 차)

사냥꾼 이야기에서 '처음'의 키워드는 '실연'이다. 실연이란 무엇인가. 여기서 [실험2]에서 설명했던 여섯 가지 연상법 PRAISE를 활용해 이미지를 부풀려보았다. 그랬더니 '마음을 잃는 것', '바쁨', '일밖에 모르는 사람'이라는 키워드가 떠올랐다.

'퓨처 매핑으로 훌륭한 성과를 낸다.'라는 과제와 연관 지어 생각해 보면, 일단 1일 차에는 "눈앞의 업무에 몰두해 그 일부터 끝내자."라는 것이 최고의 행동일지도 모른다. 다시 말하면 지금까지 끌어안고 있었던 일을 정리하고 앞으로 큰 성과를 내기 위한 준비 기간으로 삼는 것이다. 나는 보통 성과를 내기 위해 곧바로 내달리는 성향이라 충분히 준비 기간을 계획에 넣어두는 것은 무척 건설적인 일이었다.

또한 '실연'이란 지금까지 푹 빠져 있던 대상을 객관적인 시선으로 볼 수 있게 되는 것을 의미하기도 한다. 그렇다면 이번 1~2일 차에는 지금까지 익숙했던 세계, 즉 비즈니스 및 마케팅으로부터 한 걸음 더 나아가는 방법을 검토하는 것이 중요할지도 모른다.

● 중간 (3~4일 차)

사냥꾼은 야수가 됨으로써 공격받는 쪽의 마음을 깨달았다. 이 일화를 토대로 나도 앞으로 도약하기 위해서는 새로운 입장에 대해 배워나가야 함을 깨달았다.

최근 나는 영리 목적이 아닌 비영리 프로젝트에 힘을 쏟고 있다. '새로운 입장'이란 비영리 쪽의 입장을 말하는 게 아닐까. 더군다나 이야기에는 "가족이나 친구를 지킨다."라는 말이 나온다. 여기서 연상 가능한 것은 비영리사업이라도 "관련된 사람들의 생활이 안정되도록 수익모델 확립을 서두른다."라는 것이다. 그리고 "총에 맞는다."라는 말에서 연상되는 것은 "외부의 비판에 당당하게 답할 수 있을 만큼 관리가 철저한 조직 체제를 준비하라."라는 것이다.

따라서 행동 시나리오 3~4일 차에는 향후 비영리 활동에 주력하기 위해 고려해야 할 검토 사항, 특히 사내 수익 모델 및 조직 체제를 리스트업하기로 했다.

● 끝 (5~6일 차)

이야기 속에는 '인간과 동물의 공존'이라는 개념이 나온다. 이 개념을 토대로 3일 차의 행동 시나리오로 연상한 것은 '비즈니스와 NPO(비영리사업)가 공존하기 위한 모델'이다. 지금까지 비즈니스와 NPO의 관계는 한쪽이 기부하고 한쪽이 받는 것이었다. 그러나 앞으로 모든 영리를 목적으로 하는 비즈니스는 사회성 없이 발전하지 못하고, 모든 NPO는 수익 모델 없이 유지되지 못한다. 즉 영리사업과 비영리사업이 공존할 수 있는 이상적인 환경을 만들어야 한다.

그래서 5~6일 차에는 비즈니스와 NPO가 공존할 수 있는 환경을 사내에서 사외로 확대하기 위해 비영리사업 경영에 해박한 전문가와 상담하기로 했다. 이렇게 사냥꾼이 행복해지는《미녀와 야수 2》에서 연상한 내용을 토대로 다음과 같은 행동 시나리오를 짜게 되었다.

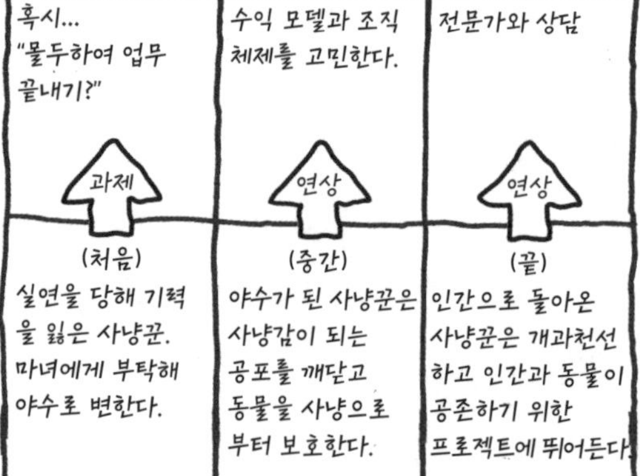

스토리는 '내가 몰두할 수 있는 프로젝트와 만나려면?'이라는 과제에 대해 자기 주도적이 아닌 자기 변혁적인 답으로 이끌어주었다.

자기 주도적 사고에서 자기 변혁적 사고로의 전환

이처럼 전혀 상관없는 이야기《미녀와 야수 2》에서 얻은 힌트를 통해 '비즈니스×NPO 공존을 위한 환경(플랫폼) 창조 프로젝트'에 몰두해야 한다는 사실이 드러났다. 또한 본격적으로 이 과제에 뛰어들려면 어떻게 해야 좋을지에 대한 스케줄까지 가시화되기 시작했다.

일반적으로 나 같은 경영자에게 몰두할 만한 프로젝트가 무엇인지 묻는다면, 아마 '고객 만족도 향상', '글로벌 확장'과 같은 답이 나올 것이다. 이는 지금까지의 비즈니스 경험을 답습한 뒤 얻는 자기 주도적인 답이다. 그러나 스토리를 통해 나온 과제는 '비즈니스 너머로 가라'였다. 즉 '비즈니스 리더로서 경험한 성공 체험에서 멀어지라'라는 자기 변혁적 답이 자연스럽게 유도된 것이다.

나는 이 실험이 시사한 자기 변혁적인 도전을 보고 "역시 그랬던 거군."이라며 수긍하는 마음이 들었다. 생각해보면 직감적으로 사냥꾼이 행복해지는 이야기를 고른 것 자체가 내면의 사냥꾼적 요소가 이 이야기를 원했기 때문이리라.

나는 지난 6일간의 행동 시나리오에 '사냥꾼에서 수호신으로'라는 제목을 붙여보았다. 이야기에 공감하면 할수록 기억에 더 잘 남는데, 이는 내면을 변화시키고 행동으로 이끈다. 타깃을 좇는 '비즈니스 사냥꾼'에서 이제는 '새로운 시대의 수호자'가 된다는 **인생의 새로운 페이지를 여는 개혁이 이 단기간의 작업으로 이루어진** 것이다.

이 문제 해결 접근법을 본 사람들은 귀신에 홀린 듯한 느낌일 것이다. 비즈니스와는 전혀 관계없는 이야기에서 자기 변혁을 촉구하는 본질적인 과제가 뒤통수를 때리듯 갑자기 떠오르기 때문이다.

이는 우연이 아니다. 이것이야말로 스토리의 힘이다. 그리고 여기에는 합리적인 메커니즘이 숨어 있다. 급변하는 환경 속에서 근본적인 문제 해결을 하려면, 그 문제를 만들어낸 자기 자신도 환경 변화에 맞추어 변해야 한다. 즉 과거의 자신을 파괴해야 한다. 이는 대부분 사람에게 매우 두려운 일이다.

이 두려움은 평소 마음속 깊이 숨어 있는데, 누군가를 행복하게 만들려는 이타적인 이야기가 마치 거울처럼 마음속을 비추는 것이다. 변화에 대한 두려움을 마음속 깊숙이 숨겨두더라도 이타적인 마음으로 이야기를 만들기 시작하면 그것이 마치 거울처럼 마음을 비추어 결국 감춰진 부분이 표면으로 떠오른다. 게다가 이야기는 변화에 대한 두려움을 직접적으로 바꾸려 들지 않는다. 그저 다양한 이미지와 비유를 이용해 간접적으로 접근할 뿐이다. 그 결과 **변화에 대한 두려움이 의식하지 못한 사이 이야기를 통해 치유되고 변화를 받아들이는 용기로 바뀐다.**

유감스럽지만 이 감각은 글을 읽는 것으로는 느낄 수 없다. 이제 당신이 직접 실험해볼 차례다. 본인이 선택한 이야기에서 과제에 대한 현실적인 조언을 얻을 수 있는지 시험해보자.

방법은 간단하다. 우선 선택한 이야기의 세 가지 부분에서 눈에 들어오는 키워드를 하나 또는 두 개 정도 뽑아내 여섯 칸의 차트 위에 적는다. 이것이 각 부분을 요약하는 라벨이 된다.

앞서 소개한 나의 예시는 다음과 같다.

과제

내가 몰두할 수 있는 프로젝트와 만나려면?

120%Happy

혹시… "몰두하여 업무 끝내기?"	수익 모델과 조직 체제를 고민한다	전문가와 상담
↑ 과제	↑ 연상	↑ 연상
(처음) 실연을 당해 기력을 잃은 사냥꾼. 마녀에게 부탁해 야수로 변한다.	(중간) 야수가 된 사냥꾼은 사냥감이 되는 공포를 깨닫고 동물을 사냥으로부터 보호한다.	(끝) 인간으로 돌아온 사냥꾼은 개과천선하고 인간과 동물이 공존하기 위한 프로젝트에 뛰어든다!
2일차	4일차	6일차

이런 식으로 이야기 속에서 눈에 들어오는 단어를 골라 라벨을 붙임으로써 이야기의 흐름을 파악하고, 거기서 행동 시나리오의 흐름을 유추한 것이다. 더불어 눈에 들어오는 단어에서 과제 달성에 도움이 되는 현실적인 행동을 연상해보자. 이때 앞서 설명한 여섯 가지 연상법인 PRAISE를 활용하면 직감적으로 고른 이야기가 깜짝 놀랄 만큼 당신의 미래를 정확히 비춘다는 점을 깨달을 수 있을 것이다.

정리 [실험 4] 변혁의 법칙 ❶

무관한 이야기에서 과제 달성을 위한 힌트를 끌어낼 수 있을가?

포인트 및 작업

- **목적** : 무관한 이야기에서 과제를 해결하는 힌트를 찾아낸다.
- **소요 시간** : 10~15분
- **작업**

Future Mapping Core Skills **연습 4-1**

스토리에 따른 해결 힌트

❶《미녀와 야수》 속 네 명의 등장인물 중 행복하게 해주고 싶은 한 사람을 선택한다.

❷ 해당 인물이 행복해지는 창작 스토리《미녀와 야수 2》를 읽고 각 부분을 요약하여 표 아랫부분에 적는다.

❸ 각 부분에서 눈에 들어오는 단어 한두 개를 라벨 삼아 적고 이야기의 흐름을 파악한다.

❹ 이야기의 흐름이나 줄거리 속의 단어에서 연상한 것이 과제 달성을 위한 현실적인 힌트가 되는지 시험해본다.

❺ 얻어낸 힌트를 바탕으로 이 행동 시나리오의 제목을 짓는다.

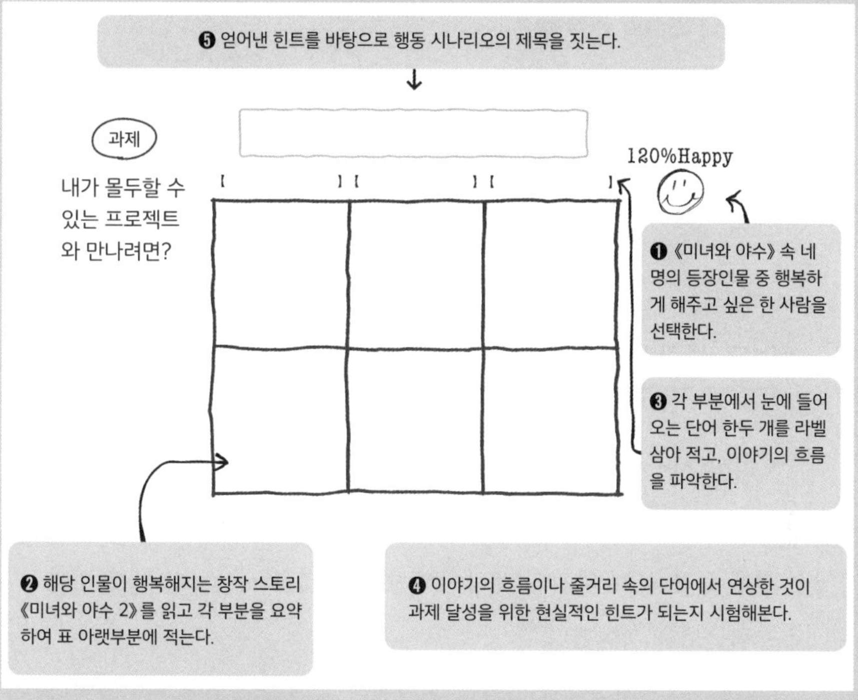

결과 기록

깨달은 점에 대해 자유롭게 적어보자.

만약 흥미로운 이야기에서 현실적인 과제 달성을 위한 힌트를 자유롭게 끌어낼 수 있다면 영화나 텔레비전 드라마를 볼 때마다 자기 변혁과 성장의 발판을 마련할 수 있을 것이다. 바꿔 말하면 이야기가 가진 변화를 초월하는 힘을 현실 속에서 마음대로 활용할 수 있을 것이다.

[실험5] 변혁의 법칙 ❷

두근대는 이야기를 만든 후 과제 달성 자신감은 어떻게 변화하는가?

업무 성과에 직결되는 4가지 과제

드디어 실험도 후반에 접어들었다. [실험1]에서 [실험3]까지는 각자 '3일간의 과제'를 설정한 다음 이타적인 시점 전환이나 이미지, 곡선 활용 등을 통해 과거의 생각에서 벗어나 넓은 시야로 과제를 바라보는 접근법을 시험했다.

[실험4]는 본격적으로 스토리를 활용한 과제 달성법에 뛰어들었다. 《미녀와 야수》라는 기존 스토리를 빌려 세 번째 과제 '내가 몰두할 수 있는 프로젝트와 만나려면?'에 대한 힌트를 얻을 수 있는지 시험해보았다. 이번 [실험5]에서는 한 발짝 더 나아가보자. 기존의 스토리가 아니라 직접 이야기를 창작하면 어떠한 변화가 일어날지 알아보는 것이다.

이제 당신에게 새로운 네 번째 과제를 부여하겠다. 달성 기간은 이미 3일, 6일을 시험해봤으므로, 이번에는 이전보다 다소 길지만 부담은 적은 기간으로 하겠다. 나도 당신과 함께 과제 달성에 도전할 테니 주어진 기간 안에 서로 눈에 보이는 성과를 내보도록 하자.

이번에는 좀 더 현실적인, 실제 완수해야만 하는 업무상 과제를 추천한다. 기존의 사고와 퓨처 매핑에 따른 발상의 차이점을 느낄 수 있을 뿐만 아니라 그 차이가 업무상의 성과로 나타난다는 것을 깨달을 수 있기 때문이다.

추천하는 과제는 다음과 같다.

- 3주 안에 1,000만 원의 계약을 따내려면?
- 12일 안에 직원 만족도를 큰 폭으로 높이고 애사심을 고취하는 독자적인 인사고과 체계를 만들려면?
- 소문난 가게에서 최고의 가게로 변모하기 위한 경영 3개년 계획은?

이렇게 숫자 및 성과가 확실히 드러나는 것이 좋다. 새로운 과제를 선택하는 기준은 달성될 경우 마음이 설렐지 여부다. 진심으로 만족할 만한 프로젝트에 뛰어들자.

앞서 그랬듯 당신이 도전하는 동안 나도 함께 도전한다. 내가 설정한 새로운 과제는 "상하이 세미나를 성공시키기 위한 최고의 준비는 무엇인가?"이다.

이 원고를 집필하고 있는 지금은 2014년 8월 15일이다. 약 12일 후 나는 상하이에서 중국인을 대상으로 퓨처 매핑 세미나를 개최하는 일정이 있다. 따라서 이 원고를 쓰면서 행동 시나리오를 실천한 결과를 추후 당신도 확인할 수 있을 것이다. 기대하기 바란다.

그러면 나 자신을 실험 대상으로 삼아 스토리 창작을 통한 과제 달성법을 설명하겠다.

퓨처 매핑에서 과제를 결정한 다음 생각하는 것은 '120% 행복해질 구체적인 인물'이다.

나는 미국의 폴 쉴리* 박사가 떠올랐다. 그는 변혁적transformaiont 리더십에 관한 연구로 박사 학위를 취득했는데, 퓨처 매핑 체험 후 "변혁적 리더십의 학술적 지식을 한 장의 차트로 훌륭하게 통합했다."라며 퓨처 매핑을 높이 평가한 바 있다. 이후 전 세계 155개국에서 판매하는 퓨처 매핑 홈스쿨링 학습 교재를 나와 함께 공동 개발하는 파트너가 되었다.

[실험1]부터 [실험3]까지 배운 기술을 활용해 여기까지를 차트로 만들면 다음과 같다.

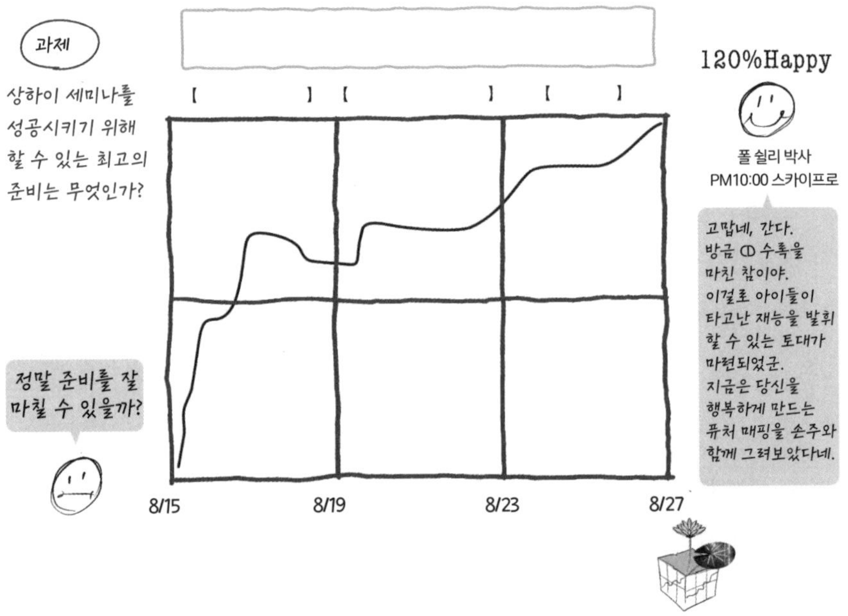

* 《포토리딩》(박연선 옮김, 럭스미디어, 2003년)의 저자 - 역주

이제 당신도 과제를 설정하고 120% 행복해질 인물을 선택해보자. 연습용 퓨처 매핑 차트를 이 책의 부록에 준비해두었으니 그곳에 채워나가기 바란다. 앞서 적은 나의 사례처럼, 과제가 달성된 미래의 '상황' 및 '기쁨의 대사', 과제에 대한 '현재의 심경'을 상상하고 말풍선 안에 적는다.

이제부터는 점과 점을 연결함으로써 두근거리는 미래를 불러오는 과정에 들어간다. 이 과정의 파워풀한 기술이 바로 [실험5]에서 시험해볼 이야기 창작이다.

당신은 '이야기'를 일상적으로 만들어내고 있다

당신이 마지막으로 이야기를 지은 것은 언제쯤인가? 중학생? 아니, 초등학생 시절?

"나는 이야기를 지은 게 기억조차 나지 않는데."라는 사람이 압도적으로 많을 것이다. "이야기를 만들라니, 그건 좀…."이라는 사람도 있겠지만 걱정할 필요 없다. 왜냐하면 이미 많은 직장인이 일상적으로 이야기를 만들고 있기 때문이다.

1장에서도 언급했지만 이야기란 거창한 것이 아니다. '처음·중간·끝'으로 구성하기만 하면 모두 이야기라 할 수 있다. 따라서 평소 회사에서 작성하는 리포트나 취미로 올리는 블로그 글도 훌륭한 이야기가 되는 셈이다.

"고객을 위한 제안서나 회사 영업보고서에는 이야기에 필요한 주인공도 없고 배역도 없잖아요."라고 반론할지도 모르지만 그렇지 않다.

가령 고객을 위한 제안서의 주인공은 그것을 읽는 '고객'이다. 고객이 문제에 직면했을 때 돕겠다는 이야기를 적은 것이기 때문이다. 제안서를 〈스타워즈〉에 비유하면 과제를 해결해가는 고객은 주인공 루크 스카이워커, 해결해야 할 과제는 다스 베이더이다. 그리고 제안서를 써 고객을 이끄는 당신은 요다라는 역할이다. 잘 작성된 제안서에는 이러한 배역이 무의식적으로 설정되어있다.

또한 상사가 훑어보는 영업보고서는 영업사원 자체가 주인공인 이야기이다. 고객의 문제를 찾아내고 도움의 손길을 뻗는다. 혼자서는 해결할 수 없으니 사내에 강력한 팀을 꾸려 궁지에 빠진 고객을 구출한다는, 마치 슈퍼맨 같은 이야기가 보고서에 쓰인 숫자 뒤에 숨어 있는 것이다.

이렇게 생각하면 이야기에 약하다는 사람도 이미 스토리 창작 트레이닝을 어느 정도 받아왔다고 할 수 있다.

무의식적으로 스토리 창작 경험을 쌓아온 우리가 의식적으로 스토리에 대해 배운다면 어떻게 될까? 제안서나 보고서의 줄거리를 확실하게 짤 수 있게 된다. '처음·중간·끝'이라는 구조를 확실히 의식하는 것만으로도 상대방으로부터 "이해하기 쉽네.", "수긍이 되는 걸."이라는 반응을 이끌어낼 수 있다.

또한 다면적인 관점으로 글을 쓸 수 있게 된다. 이야기를 만드는 과정에서 읽는 사람인 경영자나 현장 담당자, 직속 상사나 협력 부서 담당자, 고객 가족 등 다양한 관점으로 사물을 보는 습관이 생기기 때문이다.

처음부터 잘 쓰지 못해도 전혀 상관없다. 다른 사람에게 보여줄 필요도 없다. 그러니 안심하고 [실험5]에서는 자유롭게 스토리를 창작해보자.

이야기를 창작하는 매우 간단한 방법 : 대사 한마디

스토리 창작은 요령만 터득하면 간단하다. 앞서 폴 쉴리 박사가 120% 행복해지는 차트에 이미 당신이 지어낼 이야기가 드러나 있다.

아래 차트를 보자. 현재 시점의 말풍선에 적힌 것이 주인공의 말 중 제일 '처음'의 대사. 미래 시점의 말풍선에 적힌 것이 주인공의 말 중 가장 '마지막' 대사. 그리고 곡선은 이야기의 처음부터 마지막까지 주인공이 변화하는 과정을 나타낸다. 즉, 곡선의 기복에 따라 장면이나 나머지 대사를 넣으면 이야기가 완성되는 것이다.

퓨처 매핑 차트를 채우면 자연스럽게 이야기가 드러난다

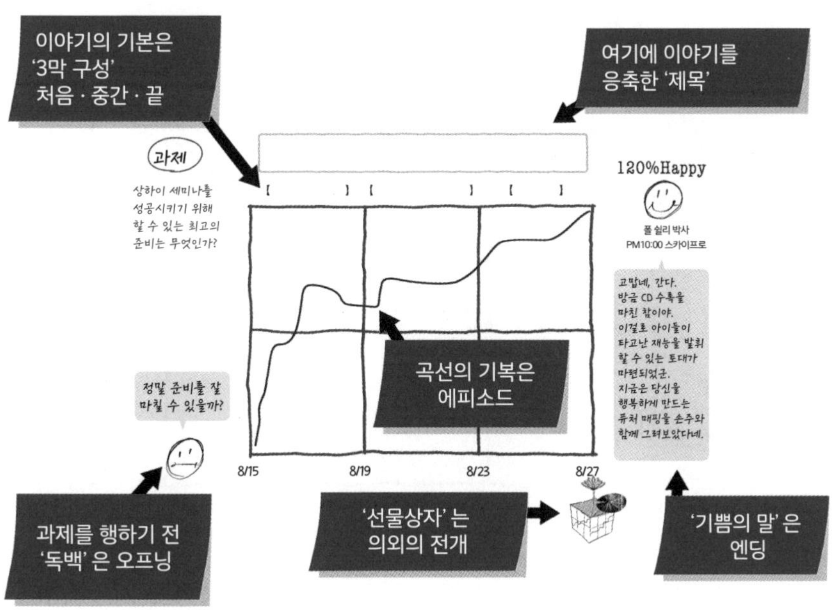

퓨처 매핑 차트의 프레임은 가로 축으로 삼등분되어있다. 이것이 무엇을 의미하는지는 이미 알고 있을 것이다. 대부분 이야기는 세 부분으로 나뉘어 있다. 그래서 프레임도 삼등분이다. 이렇게 나누면 곡선을 그리기만 해도 차트 위에 대략적인 스토리 라인이 나타난다.

자, 이제부터는 이 스토리 라인에 살을 붙여나가는 작업이다. 혹시 자녀가 이야기 짓기 숙제로 어려움을 겪는다면 앞으로 설명할 테크닉을 가르쳐주기 바란다. 자녀는 바로 스토리텔러로서의 실력을 발휘하기 시작할 것이다. 왜냐하면 이 테크닉은 누구나 타고난 이야기 짓기

현실의 과제에서 벗어나 이미지 세계로 들어가자

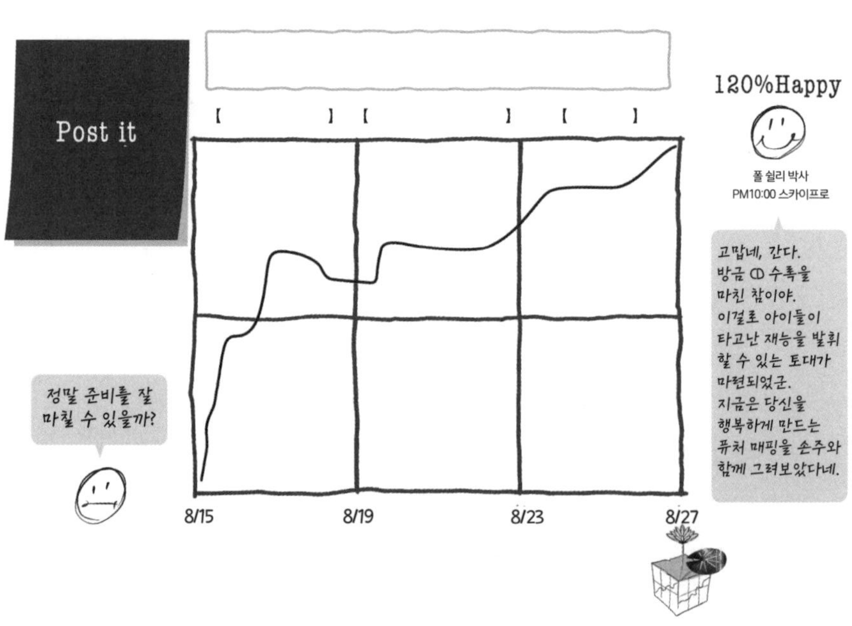

재능을 자연스럽게 끌어내기 때문이다.

내 차트를 예로 들어 이야기 만들기 과정을 설명하겠다. 일단 이야기를 만들기 전에 옆 페이지 아래에 있는 차트처럼 포스트잇 등으로 과제를 가리는 게 좋다. 과제가 눈에 들어오면 해결책을 찾는 쪽으로 두뇌가 움직이므로 이야기 창작에 집중할 수 없다.

앞에서도 설명했듯 적응형 문제 해결을 위해서는 시야를 넓힐 필요가 있다. 그러니 일단 현실적인 문제에서 멀어져 추상적인 이미지의 세계로 푹 빠지는 것이 효과적이다. 그럼 이제 이야기 창작을 시작해보자.

● 대사 한마디로 이야기 만들기

❶ 우선 곡선의 기복을 보면서 눈에 띄는 변화 포인트 6~7곳에 화살표 표시를 한다.

❷ 그 화살표를 바라보면서 가장 신경 쓰이는 부분부터 차례로 '!' '!!', '?' 같은 부호나 '헉', '호오', '그렇군', '오케이', '와아' 등의 대사 한마디를 아는 곳부터 적는다. 곡선 아래는 상상 속 이야기를 적는 영역이고, 곡선 위는 현실의 행동 시나리오를 적는 영역이다. 따라서 한마디 대사는 곡선 아래쪽에 적는 것이 좋다.

❸ 한마디 대사를 토대로 떠오르는 대사를 직감적으로 써 내려간다. 대사의 배경에는 원인이 되는 '사건'이 있을 것이다. 어떤 '사건'이 벌어졌기에 곡선에서 묘사된 변화가 일어난 것일까? 생각난 '사건'을 곡선 아래에 적어두자. 또한 '사건'의 이면에는 그것을 일으킨 '감정'이 있을 터다. 어떤 '감정'인지 떠오른 것을 곡선 아래에 적는다.

● **포인트**

'사건'을 떠올릴 때는 차트 가로축에 적힌 날짜가 중요한 힌트가 될 가능성이 있다. 그러니 날짜를 확인해가면서 이야기를 만들어보자. 가령 여름휴가 중이라면 여행지에서의 사건이 이야기의 한 장면이 될 것이고, 업무로 바쁠 시기라면 계약 협상 진행 건이 이야기의 한 장면이 될 것이다. 이런 식으로 상상 속에서 사건과 사건을 이어가면 전체 스토리가 그려진다.

사례 간다 마사노리의 12일간의 과제 달성을 향해

대사 한마디로 이야기를 짓는 과정을 살펴보자.

● **곡선의 능선 중 눈에 띄는 곳에 화살표 표시를 한다**

일단 곡선에서 가장 눈에 띄는 곳부터 차례로 예닐곱 군데에 화살표를 표시한다. 화살표는 시간순이 아니라 가장 신경 쓰이는 곳부터 차례로 표시한다. 이야기 창작의 기본은 가장 설레는 부분부터 순서대로 생각하는 것이다.

● **대사 한마디를 적는다**

화살표를 표시한 곳에 대사 한마디를 적는다. 이것도 물론 가장 설레는 부분부터 차례로 적는다.

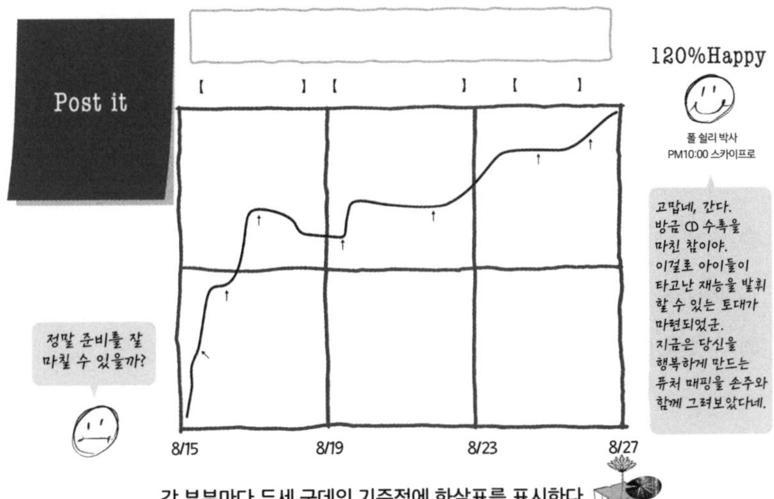

각 부분마다 두세 군데의 기준점에 화살표를 표시한다.
강약이 생겨 이야기 창작은 물론 행동 시나리오 작성이 쉬워진다.

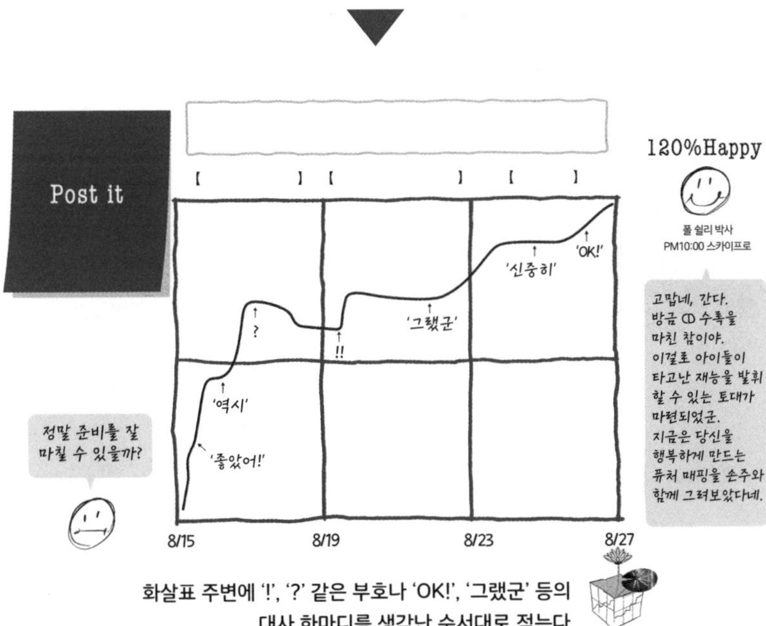

화살표 주변에 '!', '?' 같은 부호나 'OK!', '그랬군' 등의
대사 한마디를 생각난 순서대로 적는다.

● 대사 한마디를 토대로 나머지 대사를 적는다

대사 한마디를 적은 뒤에는 이야기에 살을 붙여간다. '대사'가 있다는 건 무언가 '사건'이 있다는 뜻이다. 예를 들어 "그랬군."이라는 대사를 적은 뒤 내가 상상한 것은 '쉴리 박사가 손주와 함께 퓨처 매핑 차트를 그린다'라는 '사건'이었다. 그리고 그 '사건'이 있었던 건 아들 부부가 손주와 함께 쉴리 박사의 집에 놀러 왔기 때문이다. 박사는 손주의 천재성을 알아차리고는 그 재능을 키워가고 싶다는 '감정'이 싹텄다.

또한 "역시"라는 대사를 적은 뒤 상상한 것은 박사의 업무가 순조롭게 진행됨에도 불구하고 무언가 부족하다고 느끼는 '사건'이었다. 그 사건의 배경에는 이 일을 전 세계에 널리 알리고 싶다는 '감정'이 있었다. 그래서 박사는 시간을 두고 자신의 업무를 객관적으로 바라보려고 했다. 그런데 그때 아들 부부가 손주를 데리고 놀러온 것이다.

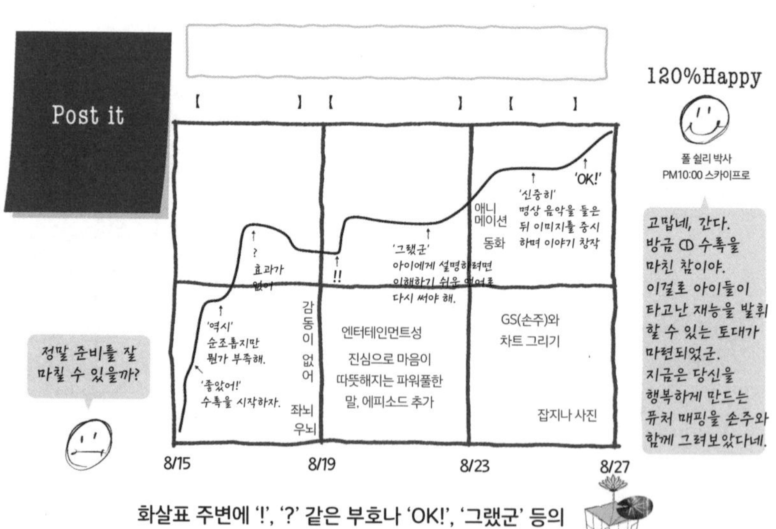

화살표 주변에 '!', '?' 같은 부호나 'OK!', '그랬군' 등의 대사 한마디를 생각난 순서대로 적는다.

이상의 이야기는 내가 지어낸 것으로 현실과는 아무런 관계가 없다. 비약하면 할수록 점차 시야가 넓어져 생각지도 못한 돌파구가 열리니 멋대로 상상을 펼치자.

이렇게 대사 한마디에서 이면의 '사건'은 물론 그 뒤의 '감정'까지 상상하다 보면, 점과 점이 연결되며 차차 이야기의 윤곽이 드러난다.

참고로 내가 창작한 이야기 차트 및 줄거리는 다음과 같다.

◆ 처음

전 세계에 판매될 퓨처 매핑 홈스쿨링 학습교재 개발에 힘쓰고 있는 폴 쉴리 박사. 작업은 80%가량 끝났고, 마지막에 남은 것이 바로 폴 박사가 발명한 '파라리미널 기술'*로 학습 효과를 높이는 CD 수록이었다. 일단 수록용 텍스트를 제작했지만 다시 읽어보니 "역시…, 뭔가 부족해!"라고 느꼈다. 감동이 없었다. 그래서 일단 이 일을 보류했다가 시간이 지난 후 재검토하기로 했다. 그때 아들 부부와 두 살배기 손주가 박사의 집에 놀러 왔다.

◆ 중간

박사는 두 살배기 유아가 어떻게 학습하는지에 남다른 흥미를 갖고 있었다. 손주와 놀아주다 아이가 하나하나 배워가는 속도에 놀란 그

* 파라리미널 기술이란 긴장을 풀면서도 집중 상태를 유지하도록 왼쪽 귀에는 우뇌적인 창조적 메시지를, 오른쪽 귀에는 좌뇌적인 논리적 메시지를 흘려보내는 기술이다. 각각의 메시지를 교차시킴으로써 창조와 논리라는 대조적인 메시지를 균형 있게 이해할 수 있고, 학습 전체의 이해 및 습관화가 빨라지는 효과가 있다.

는, 강사로서의 경험을 발휘해 함께 즐길 수 있는 학습 게임을 해보았다. 그러자…. 기대한 것처럼 흥미를 보이지는 않았다. 언어를 사용하니 잘 안 되는 것이다. 언어를 사용하지 않고도 할 수 있는 간단한 게임부터 해보자고 박사는 생각했다.

◆ 끝

박사는 지금까지 성인용으로 개발했던 다양한 학습 기술에, 그림책과 노래처럼 손주가 흥미를 보이는 소재를 접목하기 시작했다. 더불어 그림책이나 잡지에서 일러스트와 사진을 오려내 언어를 사용하지 않고 이미지만으로 퓨처 매핑 차트를 손주와 함께 만들었다. 그때 박사의 과제는 "아이가 퓨처 매핑의 도움을 받으려면 어떻게 해야 할까?"였다. 차트가 만들어졌을 때, 박사는 그 결과를 간다 마사노리와 스카이프 회의로 공유해야겠다는 생각이 들었다. 왜냐하면 두 살짜리 어린 아이가 획기적이고 실행 가능한 멋진 아이디어를 찾아냈기 때문이다.

위의 이야기는 점과 점을 연결한 다음, 문장으로 적는 사이에 틈이 메워졌다. 따라서 잘 써졌다고 생각하겠지만, 이야기가 꼭 조리 있을 필요는 없다. 완벽에 대한 부담 없이 시도해보기 바란다.

이야기를 잘 만드는 중요한 요령은 분석이나 판단을 내려놓는 것이다. 어른이란 무심코 옳고 그름을 판단하는 존재다. 모처럼 떠오른 발상도 "이런 건 말도 안 돼!"라며 스스로 내친다. 반대로 아이들은 거리낌 없이 이야기를 술술 풀어낸다. 그만했으면 할 때까지 이야기를 계속 말한다. 따라서 옳은지 그른지 머리로 판단하지 말고 가슴이 두근거리는지 자문하며 손을 움직여보자. 그리고 손이 가는 대로 자유롭게 글이나 그림을 그리자. 좋은 이야기란 머리로 짜낸 것이 아니라 온몸으로 만들어내는 것이다.

이번에는 당신이 이야기를 만들 차례다. 두근대는 마음으로 이야기를 만들기 바란다. 그 전에 당신이 알려주었으면 하는 간단한 실험을 하나 남겨두겠다.

솔직하게 당신이 고른 과제를 기한 내에 달성할 자신감은 10점 만점 중 현재 몇 점인가? 자신만만한 상태를 10점, 전혀 자신 없는 상태를 0점이라 한다면, 당신의 과제 달성 자신감은 몇 점인지 이야기 창작 작업에 들어가기 전 다음 공란에 적어두자.

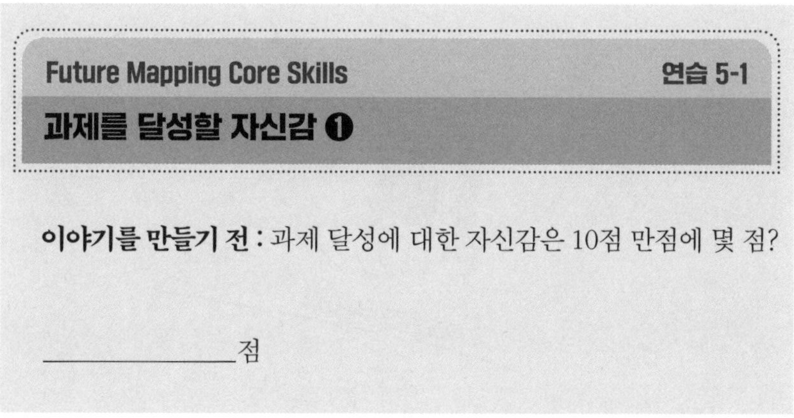
Future Mapping Core Skills 연습 5-1

과제를 달성할 자신감 ❶

이야기를 만들기 전 : 과제 달성에 대한 자신감은 10점 만점에 몇 점?

______________점

이 실험은 이야기를 완성한 다음 다시 되돌아볼 예정이므로 지금은 잊어버려도 된다.

드디어 이야기를 만들 시간이 왔다. 중간까지 완성한 당신의 차트를 꺼내 보자. 부록에 '퓨처 매핑 차트' 양식이 있을 것이다. 해당 차트의 곡선 아래 앞서 설명한 요령대로 당신이 선택한 사람이 120% 행복해지는 이야기를 지어보기 바란다.

기준 시간은 20분에서 30분 정도다. 그럼 상상의 세계로 떠나보자!

Future Mapping Core Skills 연습 5-2

이야기 창작

부록에 연습용 퓨처 매핑 차트를 준비해두었으니 완성해보자.

당신의 내면에 잠재되어 흐르는 이야기의 형식과 효과

지금까지 당신이 한 작업은 미래의 점과 점을 연결하는 것이었다. 하나하나의 점만 생각하면 그 의미를 알 수 없다. 그러나 점과 점을 잇는 순간 스토리가 탄생한다. 이번에는 이 과정을 체험해보자. 내가 창작한 이야기 차트를 예로 들겠다.

● 이야기의 흐름을 파악하기 위해 각 부에 이름을 붙인다

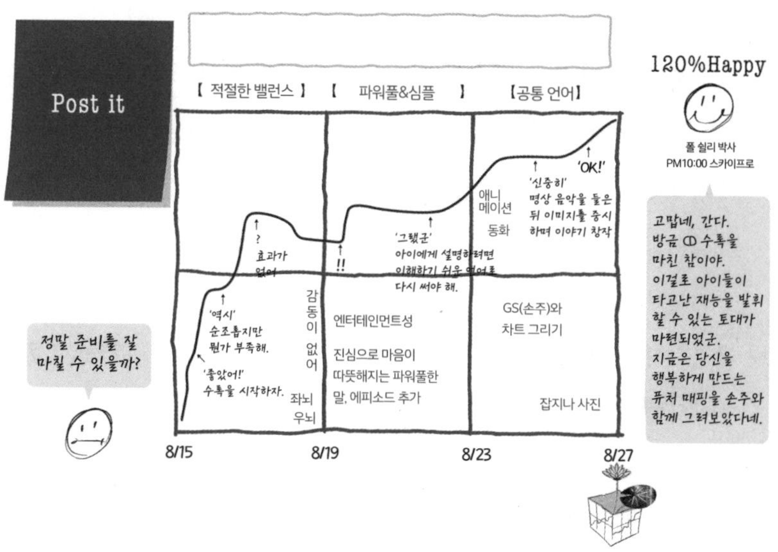

여기까지 작업을 진행했다면 이야기에 대한 한 가지 재미있는 사실을 공유할까 한다. 이야기의 흐름 정리를 위해 각 부분의 이름을 붙여보기 바란다. 내 이야기에도 '적절한 밸런스', '파워&심플', '공통 언어'라는 이름을 붙여보았다.

이렇게 이름을 붙이면 당신이 창작한 이야기가 할리우드 블록버스터 영화 제작을 위해 고안된 '스토리 형식'에 따라 구성되었음을 깨달을 것이다!

"그런 말도 안 되는 일이… 나는 이야기 형식 같은 건 들은 적도 없어. 그러니 내가 형식에 따라 스토리를 만들어냈을 리 없지." 그렇다. 이렇게 부정할지도 모른다. 그러나 당신은 무의식적으로 그 형식을 따르고 있다. 이를 확인하기 위해 '스토리 형식'부터 설명하겠다. 앞서 말했듯이 대부분의 스토리는 3부로 구성되며 각 부분의 내용은 다음과 같다.

- **1부 : 출발·이별 → 새로운 환경으로 향하기 위한 '조사 준비' 단계**

  일상의 세계에서 새로운 세계를 향한 모험이 시작된다. 지금까지 당연하다고 생각했던 자신만의 세계는 좁은 시야에 의해 만들어졌으며, 앞으로의 변화될 환경에 적응하기 힘들다는 사실을 깨닫는다.

- **2부 : 시련·통과의례 → 새로운 환경에서 활약할 능력을 키우기 위한 '시행착오' 단계**

  새로운 환경에 적응하는 과정에서 동료 및 라이벌과 만난다. 다양한 갈등과 실패를 통해 시야를 넓히고 새로운 기술에도 익숙해진다. 최종적으로는 자신이 본래 타고난 재능을 깨닫고 그 능력을 발휘하여 경쟁자를 초월한다.

- **3부 : 귀환 → '변혁' 혹은 '거대한 가능성' 단계**

  모험 끝에서 다시 일상의 세계로 돌아오지만 시야가 크게 넓어진(=

변혁된) 주인공의 사고와 행동은 작은 영역(로컬)을 넘어 큰 영역(글로벌)에까지 영향을 미친다(='거대한 가능성'을 가짐).

매일 새로운 드라마나 영화가 나오는 걸 보고 이야기란 천차만별일 거라 생각하지만 사실 대부분의 이야기는 '출발·이별', '시련·통과의례', '귀환'이라는 3부 구성 형식을 띠고 있다. 그리고 재미있게도, 무심코 점과 점을 연결하여 만든 당신의 이야기 또한 이 3부 구성을 따르고 있다. 우선 내 예시를 통해 확인해보자.

쉴리 박사가 12일 안에 120% 행복해진다는 이야기의 흐름은 박사의 일상 세계에서 출발한다. 이미 몇 백 번이나 반복한 파라리미널 CD 수록 내용이지만 이번만큼은 뭔가 다르게 느끼기 시작한다. 이때 정해진 스케줄을 따르던 일상에서 벗어나 두 살배기 손주와 함께 시간을 보내는 모험을 떠난다.

이상이 제1부 이야기이다. '적절한 밸런스'라는 이름을 붙였는데, 흐름을 쫓다 보면 확실히 일상에서 모험을 향한 '준비' 단계가 그려져 있다.

제2부에는 '파워풀&심플'이라는 이름이 붙었다. 지금까지 박사의 교수법 중 임팩트 있는 것을 선택하여 손주가 이해할 수 있도록 심플하게 제공한다는 '시행착오' 단계가 그려져 있다.

그리고 제3부에는 '공통 언어'라는 이름이 붙어있다. 박사가 언어에 의지하지 않고 이미지만으로 손주와 퓨처 매핑 차트를 만든다는 '변혁' 단계를 맞는다. 이는 지금까지 어느 정도 언어 능력이 있는 연령만을 대상으로 하던 퓨처 매핑이 유아 판으로도 확장될 수 있다는 '거대한 가능성'을 그린 것이라 해도 과언이 아니다.

이 흐름을 보면 당신이 아무 생각 없이 만든 이야기 또한 '준비', '시행착오', '변혁'이라는 성장 스토리hero's journey를 따르고 있음을 확인할 수 있을 것이다.

이처럼 미래를 향한 점과 점을 연결하면 당신의 내면을 투영하는 이야기가 자연스럽게 나타난다. 그것도 새로운 환경에서 적응을 촉구하는 성장 이야기로 말이다. 이는 대체 무엇을 의미할까?

그렇다. **이야기를 창작한다는 것은 새로운 세계로 여행을 떠나는 당신을 위한 예행연습**이다. 그 때문에 이야기를 다 적은 시점에 현실로 변화가 일어나고 있는 경우가 많다.

[연습 5-1]에서 이야기를 만들기 전 과제 달성에 대한 자신감을 점수로 매겨두었다(191페이지 참조). 당신이 누군가를 120% 행복하게 하는 이야기를 만든 지금은 어떻게 바뀌었는가? 과제를 기한 내에 달성할 자신감은 10점 만점 중 몇 점인가?

Future Mapping Core Skills **연습 5-3**

과제를 달성할 자신감 ❷

이야기를 만든 후 : 과제 달성에 대한 자신감은 10점 만점에 몇 점?

________________점

그러면 [연습 5-1]에 적은 이야기 만들기 전의 점수와 비교해보자. 어떤가? 이야기를 만든 후 이를 달성할 자신감이 이전보다 올라가지 않았는가?

과제를 설정한 당시에는 달성에 대한 불안감이 강하다. 이 책의 원고를 집필하고 있는 나 또한 12일 후 중국에서 진행할 첫 세미나를 앞두고 이렇다 할 준비가 되지 않은 상황이다. 솔직히 불안한 마음이 크다.

그러나 쉴리 박사를 행복하게 만드는 스토리를 창작한 이후 이유는 알 수 없지만 "시간을 두고 객관적으로 바라보는 것이 중요해.", "필요한 건 내용 추가가 아니라 가능한 한 심플하게 다듬는 거야."라고 인식이 바뀌었다.

이러한 변화가 생긴 이유는 타인을 행복하게 만드는 이야기, 다시 말해 타인에 투영된 진짜 자신을 행복하게 만드는 이야기를 창작했기 때문이다. 그것이 **과제와는 아무 상관 없는 이야기라 해도 당신의 내면에서는 과제에 임하기 위한 효과적인 예행연습이 시작된** 것이다.

더욱 즐겁고 매끄러운 이야기 만드는 법

초등학교에서 대사 한마디를 사용하면 아이들은 아무런 문제 없이 즐겁게 이야기를 만들기 시작한다. 문제는 성인이다. 성인은 어떻게든 '현실적으로 생각하자', '제대로 하자'라는 습성이 몸에 배어있다. 그게 장점이긴 하지만 시대가 변했다. 지금은 논리와 더불어 창의적인 발상이 요구되는 시대다. 또한 시간을 들여 완벽히 하는 대신, 작은 실패를 여러 번 되풀이해가며 놀라움을 창출하는 것이 가치를 생산하는 시대다.

스토리씽킹은 이러한 '자기 변혁'을 이루는 데 매우 효과적인 방법론이다. 따라서 스토리를 한 번 만들어보고 어렵다는 이유로 "나에겐 맞지 않는 방법이야."라며 포기해버리는 것만큼 아까운 일도 없다.

"나는 이야기를 만드는 게 어려워." 하는 분들을 위해 부담 없이 이야기를 짓도록 세 가지 정도의 힌트를 주도록 하겠다.

● 힌트1 : 아이와 함께 만든다

어떤 여성이 "간다 씨, 제가 이렇게나 이야기를 못 지어낼 줄은 몰랐어요."라며 나에게 하소연했다. 매뉴얼대로 하려고 해도 잘 되지 않는다는 것이다. 그녀에게 이렇게 물어보았다.

"자기 전에 아이에게 이야기를 지어서 들려준 적은 없습니까?"

그러자 그녀가 놀라며 "매일같이 책을 읽어주거나 아이와 함께 이야기를 짓곤 해요. 이런 것도 괜찮은가요?"라고 답했다.

그렇다. 그걸로 충분하다. 아이가 즐거워할 만한 이야기를 지을 때는 상상에 제한을 두지 않고 말을 쏟아낸다.

어린이가 어른보다 창의적으로 이야기를 만든다고 가정하면, 지금까지와는 전혀 다른 가능성의 문이 열린다. 예를 들어 당신이 업무상의 문제 때문에 고민 중이라 하자. 그럼 그 문제를 종이에 적은 다음 잊는다. 그리고 아이와 함께 이야기 만들기에 집중한다. 아이를 재운 뒤 그 이야기를 차트에 옮긴다. 그리고 다음 날 과제 달성을 위한 행동 시나리오 만들기에 착수하면 된다.

아이가 컨설턴트가 되어 부모의 문제를 해결해주는 것이다. 이건 꿈 같은 이야기가 아니라 현실이다. 창의적인 가치를 창출하는 어른들의 비밀스러운 방법론이다.

● 힌트2 : 대사 대신 이미지를 나열한다

대사 한마디를 적는 과정에서 말 대신 이미지를 나열하는 것도 좋다. 눈에 띄는 곡선 부분에 손가락을 얹고 퍼뜩 생각나는 이미지를 곡선 아래에 그린다. 아니면 잡지 등에서 마음에 드는 사진을 오리거나 스마트폰 속 이미지를 인쇄하여 곡선 아래에 직감적으로 배치한다. 그 이미지를 연결하면 이야기가 떠오른다.

인간은 각각의 개념이 나열되어있을 때 거기서 의미를 찾으려는 경향이 있다. 의미를 찾으려는 힘은 말뿐만 아니라 이미지에도 그대로 응용된다.

● 힌트3 : 그룹으로 이야기를 만든다

종이와 펜을 앞에 두고도 좀처럼 글이 써지지 않는 것처럼 이야기도 혼자서 생각하려 들면 익숙해지기 전까지는 점과 점을 부드럽게 연결하지 못하곤 한다. 그러나 5~6명의 그룹을 만들어 해피엔딩을 향해 이야기를 만들어가는 연습을 해보자. 별문제 없이 바로 몇 분 만에 이야기가 완성될 것이다. 요약하자면 누구든 점과 점을 잇는 발상은 할 수 있지만, 이치에 맞게 만들려는 생각 때문에 제동이 걸리는 것이다. 그룹으로 이야기를 만들면 제한에서 벗어나 서로 웃는 와중에 이야기가 완성된다.

여러 사람이 함께 이야기를 만드는 것에는 또 다른 장점이 있다. 앞서 부모와 아이가 업무상 문제에 대해 같은 이미지를 공유했던 것처럼 다양한 배경을 가진 각 분야의 사람들과 같은 이야기를 공유하면 과제 해결을 향한 대화가 가능해진다.

이야기는 일단 현실적인 과제를 추상적 수준으로 올린다. 그 추상적인 세계에서 상징적인 대화를 해가며 문제 해결에 다다른 뒤, 다시금 구체적인 세계로 돌아와 그 해결책을 실천하는 것이다. 이야기는 이렇게 언어에 의해 구축된 벽을 뛰어넘는다. 그러므로 **스토리를 공동으로 창조하는 것은 전문성이라는 벽으로 가로막힌 조직을 재통합시키는 데 매우 효과적인 수단**이 된다.

앞서 해피엔딩 스토리를 만듦으로써 과제 달성을 위한 자신감이 얼마나 높아졌는가? 만약 자신감이 높아졌다면 그것은 과거와 미래로 분열되었던 자신이 내면에서 쏟아져 나온 이야기 덕분에 통합을 향해 나아가기 시작했기 때문일 것이다. 이 같은 현상은 그룹이 함께 이야기를 만들 때도 똑같이 일어난다.

업무와 전혀 상관없는 이야기를 만들고 깔깔 웃는 것으로 보이겠지만 실제로 행하는 것은 고도의 지적 작업이다.

[실험5]에 이르기까지 당신은 격변하는 환경에 적응해 진화를 거듭하는 기술을 배웠다. 이 기술은 이야기가 본질적으로 가진 변혁을 촉진하는 힘을 사용한 것이다. 이를 위해 필요한 것은 노력이 아니다.

이미 당신의 내면에는 변화에 맞추어 새로운 자신으로 거듭나기 위한 이야기가 흐르고 있다. 그 **이야기를 쏟아내기만 하면 되는 것**이다.

쏟아낸 이야기는 미래에서 밀려드는 파도가 되어 새로운 세계로의 모험으로 인도할 것이다. 그 모험의 길잡이를 마련하는 것이 다음의 실험, 과제 달성을 위한 행동 시나리오 만들기다.

정리 [실험 5] 스토리 창작 : 변혁의 법칙 ❷

두근대는 이야기를 만든 후 과제 달성 자신감은 어떻게 변화하는가?

포인트 및 작업

- **목적** : 과제를 달성하기 위한 오리지널 스토리를 만든다.
- **소요 시간** : 30~60분 정도
- **작업** : 대사 한마디를 사용해본다.

결과 기록

이야기를 만들기 전

과제 달성에 대한 자신감은 10점 만점에 몇 점?

________________점

이야기를 만든 후

과제 달성에 대한 자신감은 10점 만점에 몇 점?

________________점

나중에 깨달은 점

과제 달성까지의 기간이 끝난 뒤, 다시 한 번 창작한 이야기를 되돌아본다. 이야기 속 사건이 우연히 현실에서 일어난 일을 여기에 적어두자.

[실험 6] 동기부여의 법칙

내면에서 쏟아져 나온 이야기는 현실적인 행동을 일으키는가?

해결책을 찾는 데까지 걸리는 시간은 한 시간

지금까지의 작업으로 퓨처 매핑 작업은 약 80%는 끝난 상태다. 남은 일은 현실로 돌아와 행동 시나리오를 만드는 것이다. 이제 지금까지 과제를 숨겼던 포스트잇을 떼어내면….

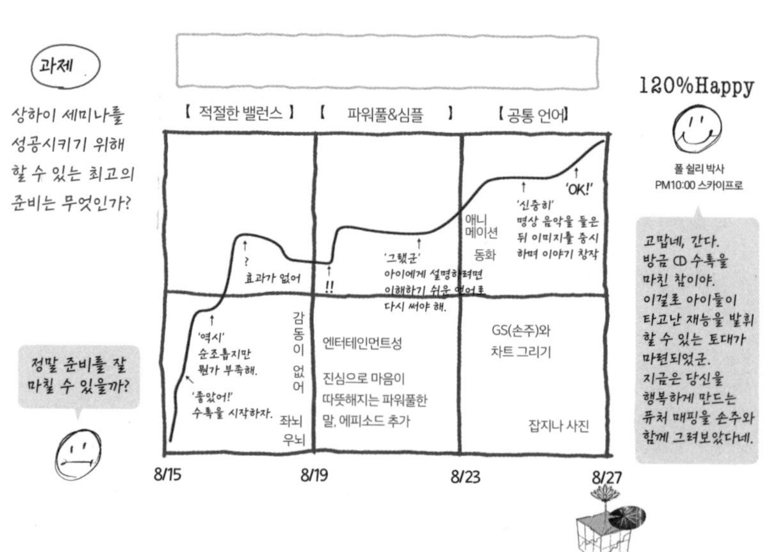

포스트잇을 떼어낸 뒤, 원래 하기로 했던 과제가 생각나서 맥이 빠졌을지도 모른다. "간다 씨, 과제를 달성하기는커녕 상상 속 이야기만 적었을 뿐이잖아요!"라며 말이다.

하지만 괜찮다. 아인슈타인도 케쿨레도 위대한 업적은 상상 속에서 태어난다고 했다. 그만큼 상상은 창의적인 문제 해결력을 가지고 있지만 지금까지는 천재라 불리는 일부 사람만이 그 힘을 활용해왔다. 그러나 퓨처 매핑은 누구든 창의적으로 문제를 해결하게 해준다. 그리고 지금 고지가 눈앞이다.

깜짝 놀랄 만한 해결책을 찾는 데까지 필요한 시간은 아마도 40~60분. 곱씹어 고민한다 해도 90분 정도일 것이다.

"간다 씨! 말씀하신 건 알겠지만 저는 바쁜 사람입니다. 도저히 그 시간을 낼 수 없어요."라는 사람도 있겠지만 스마트폰을 보다 보면 눈 깜짝할 새에 사라지는 시간이다.

게임에 열중하는 것은 '타인이 만들어낸 스토리에 빠져 자신의 인생을 소비하는 현실'이다. 그러나 앞으로 40~60분 동안 퓨처 매핑을 완성하면, 당신이 만들어낸 스토리에 따라 **자유자재로 시장을 창출하는 현실**로 전환할 수 있다. 이렇게 큰 혁명을 한 시간 안에 이루어내려는 것이다.

당신의 의지는 절대 헛되지 않다. 어떤가? 다시금 의욕이 솟아오르지 않는가? 그렇다면 얼른 [실험6]으로 나아가자.

과제 달성을 위한 구체적인 플랜을 얻으려면 지금까지 만들어온 이야기를 현실의 행동 시나리오로 번역하는 과정이 필요하다. [실험6]에서는 이 번역 과정을 당신과 공유할 것이다.

우리가 만들 행동 시나리오는 어떤 것인가

앞으로 만들어낼 행동 시나리오란 대체 무엇일까? 명확히 하기 위해 통상적인 목표 달성법과 비교해보도록 하겠다.

2장에서 말했듯 일반적인 목표 달성법은 목적지를 정지 화면으로 찍은 다음 거기에 직선적으로 다다르는 계획을 세운다. 목표를 확실히 정한 다음 '언제, 누가, 무엇을 하는지' 관리하고 이 계획을 철저히 지키려 한다. 이러한 방식이 가치를 창출한다고 믿기 때문이다. 정해진 사항을 그대로 따르기만 하면 되는 업무라면 상관없다. 그런 업무는 오히려 지적 컨베이어 벨트에 올려 작업하는 것이 효율적이다.

그러나 업무의 본질이 창의적인 해결책을 마련하는 것이라면 이 방법만으로는 부족하다. 창의성이 촉발되는 상황은 가치관의 변화가 요구되는 이질적인 사고방식과의 충돌, 상식이 뒤집히는 사실의 출현, 기존의 모순이 일거에 터져 나오는 위기 상황 등이다.

그 과정은 정지된 목표를 향해 직선적으로 나아가지 않는다. 항상 움직이는 목표를 향해서 곡선을 그리면서 진행된다. 그래서 필요한 것은 **정지 화면 같은 계획이 아니라 동영상 같은 행동 시나리오**다.

가는 길이 그려진 지도로는 충분하지 않다. '그곳에 도달하기까지의 길'과 '예상 소요 시간', '도착까지의 타임라인', '정체 및 사고가 났을 경우의 대처법', '문제 발생 시의 대안' 등을 사전에 안내하는 고성능 내비게이션 시스템이 필요하다. 이를 제공하는 것이 퓨처 매핑에 의한 행동 시나리오다.

창작한 스토리를 행동 시나리오로 번역하기

그렇다면 이제 실제로 손을 움직여 과제를 달성하는 행동 시나리오를 만들어보자. 이야기를 현실로 번역하는 과정은 크게 두 단계로 나뉜다. 내 과제를 이용해 설명하겠다.

● 1단계 : 이야기의 키워드에 ○를 표시한다

곡선 아래에 적힌 이야기 중 눈에 들어오는 키워드에 ○를 그려둔다. 키워드는 몇 개든 괜찮지만 처음에는 10개 정도에만 표시하자.

이유는 알 수 없지만 왠지 신경 쓰이는 ○를 그린 키워드는…

제1부 : 좌뇌, 우뇌

제2부 : 엔터테인먼트성, 마음이 따뜻해지는, 감동이 없어

제3부 : 애니메이션, 동화, 손주, 잡지, 사진

● 2단계 : 가장 신경 쓰이는 키워드부터 차례대로 현실적인 행동을 연상한다

위의 10가지 단어 중 가장 신경 쓰이는 키워드를 하나 뽑는다. 그 키워드에서 과제 달성에 가까워지는 아이디어를 PRAISE 연상법에 따라 자유롭게 연상한 다음 곡선 위에 적어둔다. 이때 키워드 주변 곡선의 경사도나 그 키워드가 위치한 시점에서 **실제 예정된 사건**(**기존 예정**)**을 아울러 생각하면** 더 현실적으로 행동할 수 있는 아이디어가 떠오른다. "왠지 모르겠지만 중요해."라고 생각되는 단어나 아이디어가 생각나면

주저하지 말고 곡선 위에 쓱쓱 적어두자.

발상이 막히면 주저하지 말고 다음 키워드로 나아간다. 직소 퍼즐처럼 아는 부분부터 퍼즐(단어)을 맞춰나가다 보면 어느 순간 전체상이 드러날 것이다.

가장 신경 쓰였던 키워드인 '우뇌', '좌뇌'. 상상 속 이야기에서는 쉘리 박사가 우뇌적·좌뇌적인 메시지를 제작한다는 장면이었다. 이 '우뇌', '좌뇌'에서 내가 연상한 것은 다음과 같다. '좌'라고 하면 '공산주의'이므로 중국일 것이다. '우'라 하면 '자본주의'이므로 이 경우 일본이 되겠다. 이때 현실에 가까워지는 하나의 아이디어로 '좌뇌', '우뇌'라는 단어가 위치한 시점, 즉 '8월 17일 부근에서 세미나를 수강하는 중국인의 니즈 및 그들이 현재 처한 상황에 대한 심도 깊은 이해가 필요하다.'라고 생각했다.

사실 이번 세미나는 당초 영어로 진행될 예정이었으나, 통역이 영어보다 일본어에 능숙한 탓에 일본어로 진행하게 되었다. 그래서인지 내 의식은 아무래도 일본에서 일본인을 대상으로 했던 강좌에 머물렀던 것이다. 이래서는 제1부의 테마인 '적절한 밸런스'가 잡히지 않는다.

이 고찰을 통해 이번 상하이 세미나 준비가 지금까지와는 전혀 다른 차원임을 깨달았다. 과거의 연장선으로 생각했던 작업, 즉 기존 슬라이드의 수정 및 개선만으로는 부족했다. 퓨처 매핑을 가르치겠다는 자세보다 더 중요한 것은 '적절한 밸런스'를 맞추기 위한 준비 자세였다.

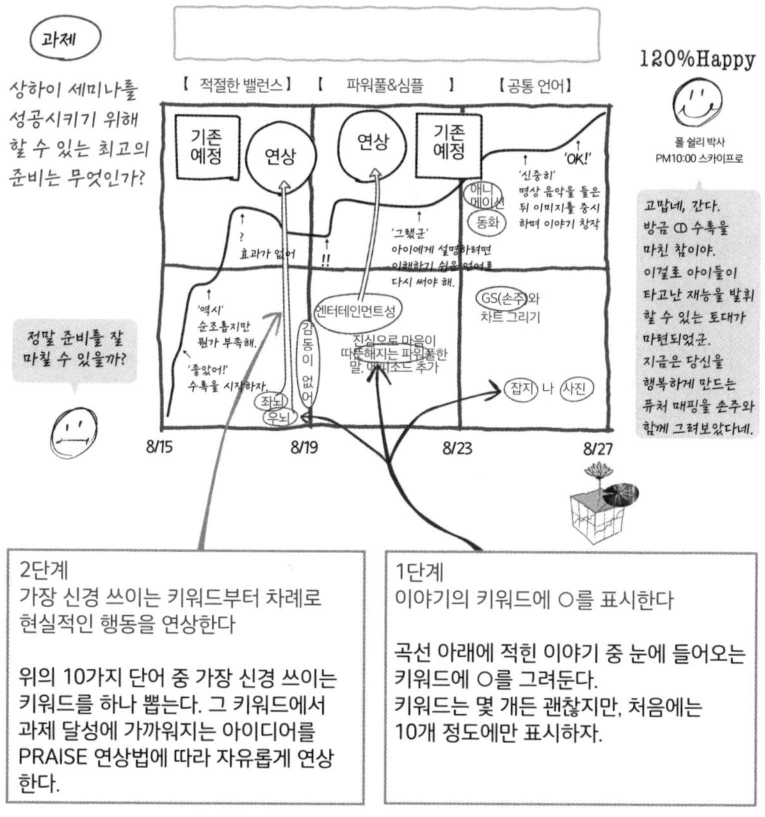

● 선택한 키워드를 보고 현실적인 행동을 연상한다

다음으로 신경이 쓰인 키워드는 제3부 8월 25일 근처에 적힌 'GS(손주)'이다. 곡선 아래의 이야기 장면에서는 쉴리 박사가 손주와 퓨처 매핑을 만들어간다는 내용이다. Grand Son을 줄여서 'GS'라고 썼지만, 이것도 자유롭게 연상하며 행동 시나리오를 생각해보자. 내가 'GS'를 보고 떠올린 것은 '골든 스탠더드golden standard'*였다. 대체 "골든 스탠더

* 꾸준하게 잘 팔리는 효자 상품 같은 스테디셀러를 뜻한다. - 역주

드라니 뭘 말하는 거야?"라며 주변 단어에 힌트가 없는지 살폈더니 8월 23일 부근에 '애니메이션', '동화'라고 적혀 있었다. 중국의 '골든 스탠더드 동화'라 하면 《서유기》를 들 수 있다. 즉 과제 달성을 위해 이야기를 만들 때 일본의 모모타로 이야기를 활용했던 것처럼 "서유기를 차용하면 되겠군."이라는 아이디어가 떠올랐다. 그렇지만 이것만으로는 부족하다.

확실히 재미있는 아이디어이긴 하지만 그다지 놀랄 만하지 않았다. 사실 이미 어렴풋이 생각했던 바였기 때문이다. 그래서 조금 더 깊이 파고들어 보았다. 'GS'에서 연상되는 것이 더 없을까?

다음에 머릿속에 떠오른 것은 '골든 식스티즈golden sixtys', 그러니까 60대라는 연령층이었다. 점차 현실적인 해결책의 윤곽이 드러나기 시작했다. 이번 세미나는 눈앞의 수강생뿐만 아니라 조부모님까지 고려해 개최해야 한다는 것 아닐까?

사실 이번 중국 측 세미나의 주최자는 평소 부모와 자녀를 짝지은 학습 강좌를 개최하고 있었다. 비용은 5일 동안 50만 엔(약 500만 원) 정도이다. 이 정도 비싼 수강료를 누가 내는가 하면, 바로 조부모다. 한 자녀 정책의 결과 중국인들은 세대를 불문하고 몇 안 되는 아이에게 막대한 교육 투자를 하고 있다. 주최자는 퓨처 매핑 강좌 또한 본인이 개최해온 강좌처럼 부모와 자녀가 짝지어 수강하도록 하고 싶다고 했다.

중국에서 퓨처 매핑을 어린이용으로 전개하는 것은 예상을 뛰어넘는 기회가 열린다는 것을 의미한다. 중국은 1980년대에 태어난 사람들이 현재 결혼을 하고 아이를 낳아 키우고 있다. 그 인구가 무려 2억 명인데, 이들은 앞으로 자녀 교육에도 힘을 쏟을 것이다. 그리고 그럴 경우 스폰서는 'GSGoldon sixty's' 세대가 될 것이다.

나는 두근거리기 시작했다. 지금까지는 눈앞의 수강생만을 대상으로 강의하자고 가볍게 생각해왔다. 그러나 사실 이 강의는 '눈앞의 수강생', '그 자녀', '스폰서인 부모', 심지어 '앞으로 5년에서 10년 뒤 급증할 아동 학습 시장에 대한 대응'까지 포함된 강의였던 것이다.

그러나 설레고 있을 수만은 없었다. 왜냐하면 'GS'라고 적은 그 시기에 '신중히'라는 말도 적혀 있기 때문이다! 필요한 것은 신중한 조사 및 분석이며 여기서 갑자기 속도를 높여서는 안 된다는 뜻이다.

다른 키워드도 이와 같은 과정을 거쳐 연상을 확장해갔다. 이거다 싶은 아이디어가 있으면 곡선 위에 자유롭게 적었다. 그 결과 내가 실천해야 할 행동 시나리오가 다음과 같이 작성되었다.

〈12일간의 행동 시나리오가 기재된 차트〉

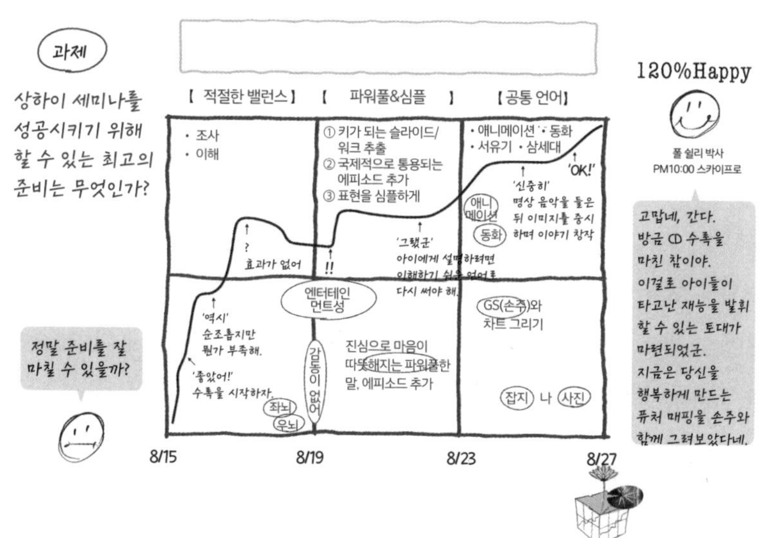

8월 15~18일 '적절한 밸런스'

중국인 수강생이 가진 니즈를 깊이 이해한다.

8월 19~22일 '파워풀&심플'

기존 강의 슬라이드 중 통역을 거치더라도 메시지가 정확히 전달될 만한 파워풀한 내용 및 연습만을 선별하고 심플한 표현으로 수정한다.

8월 23~27일 '공통 언어'

일본인과 중국인 누구나 알고 있는 이야기, 노래, 속담 등을 활용하여 강의를 보다 알기 쉽게 개선하고, 특히 《서유기》를 활용한 틀을 검토한다. 또한 조부모부터 손주까지 가족 삼대를 아우르는 니즈에 제대로 귀를 기울일 수 있도록 안테나를 세워둔다.

이렇게 12일간의 행동 시나리오가 완성됐다. 솔직히 말하자면 이 과정은 내게 상당한 안도감을 주었다.

기존 사고의 연장선에서는 "준비할 시간이 거의 없어."라는 것이 큰 부담이었다. 그러나 '파워풀&심플'이라는 방침을 세운 것만으로도 이 문제는 충분히 해소되었다. 중국인을 대상으로 하는 강의를 일본에서 했던 그대로 할 뻔했다. 그러면 나 자신은 만족했을지 모르지만, 수강생은 만족하지 못했을지 모른다. 더불어 진정으로 고민해야 할 것은 수강생뿐만 아니라 그들의 자녀들, 나아가 스폰서인 부모의 니즈까지 고려해야 한다는 것을 깨달았다.

이처럼 과제에서 벗어나 이야기를 창작하면 짧은 시간 안에 지금까지의 인식을 뛰어넘는 해결의 방향성이 보인다.

어떤가? 요령을 터득했는가? 지금 단계에서 완벽하게 이해하거나 납득하려 할 필요는 없다. 우선 '배우기보다 익숙해지기'에 초점을 맞추어 시도해보기 바란다.

행동 시나리오 번역은 연상이 관건이다. 어떻게 연상을 이어갈지는 앞에서 설명한 PRAISE를 따르면 된다. 아이처럼 연상을 자연스럽게 확장하면서 '이유는 모르겠지만 뭔가 느껴지는 단어'를 곡선상의 영역에 하나하나 적는다. 의미를 완벽하게 찾으려 하기보다 직소 퍼즐jigsaw puzzle 조각을 맞추듯 단어를 늘어놓는다. 그리고 나중에 다시 한번 돌이켜 생각해보는 것이다. 그러면 지금까지 무슨 소리인지 몰랐던 각각의 개념 너머에 새로운 세계가 갑작스레 나타난다. 직소 퍼즐을 못 맞추는 사람은 없다. 행동 시나리오를 못 만드는 사람도 없다. 그러니 즐기면서 해보기 바란다.

정리 [실험 6] 동기부여의 법칙

내면에서 쏟아져 나온 이야기는 현실적인 행동을 일으키는가?

포인트 및 작업

- **목적** : 곡선 아래에 창작한 이야기를 곡선 위에 행동 시나리오로 번역한다.
- **소요 시간** : 40~60분(기준)
- **작업**

1단계 : 이야기의 키워드에 ○를 표시한다.

2단계 : 가장 신경 쓰이는 키워드부터 차례로 현실적인 행동을 연상한다.

키워드에서 연상을 자유롭게 확장해가며 '이유는 알 수 없지만 떠오른, 뭔가가 느껴지는 단어나 아이디어'를 곡선 위의 영역에 하나하나 적는다.

결과 기록

나중에 깨달은 점

구체적인 행동으로 번역하지 못했거나 혹은 번역했지만 납득하지 못한 단어나 개념을 며칠이 지난 후 재검토하면 어떤 발견을 할 수 있을까?

[실험 7] 공백의 법칙

당신의 숨은 재능을 발견할 수 있을까?

안개 속을 뚫고 나가기 위한 3가지 퍼즐 조각

지금까지 실험을 거듭한 결과, 당신 눈앞에 거의 완성된 퓨처 매핑 차트가 있을 것이다. 차트를 보며 자기 머릿속에서 나왔다고는 믿어지지 않을 정도의 아이디어에 흥분한 사람도 있을 테고, 복잡해서 해결 불가능할 거라 생각했던 문제가 단번에 해결된 사람도 있을 것이다. 그러나 한편으로는 이런 사람도 있을 터다.

"간다 씨, 저는 예전부터 생각했던 아이디어만 나왔어요. 놀랄 정도의 해결책은 전혀 안 나왔습니다."
"간다 씨, 과제 달성의 이치는 어렴풋이 알겠는데요…. 뭔가 좀 아물아물하고 도무지 끝이 보이지 않아요."

이런 상황을 돌파하기 위해 준비한 것이 마지막 실험인 [실험7]이다.

앞서 언급했듯 퓨처 매핑의 진수는 '감춰진 재능'을 부각하는 데 있다. 과제에 도전할 때 이타적인 목적으로 스토리를 만들면 '원래 가지고 있었지만 지금까지 잊고 있던 재능'이 급부상한다. 과제를 달성할 수 있을 거라는 자신감이 높아지고, 잊고 있던 재능을 표현하고 싶은 욕구가 내면에서 솟구친다.

물론 "나는 숨겨진 재능이 아직 안 보이는데…."라는 당신의 마음도 잘 안다. 무엇을 숨기랴. 나조차도 앞의 과제 "상하이 세미나를 성공시키기 위해 할 수 있는 최고의 준비는 무엇인가?"에서 찾아낸 답을 보고도 더 대단한 깨달음이 있었으면 좋았을 거라는 아쉬움을 느꼈다.

이러한 '혼란스러움', '안개 속에 있는 듯한' 상태는 사실 매우 좋은 징조다. 왜냐하면 틀에서 벗어난 답을 찾아내려면 **안개 속에 파묻혀 머릿속이 하얘지는 시기를 반드시 거쳐야 하기** 때문이다. 혼란 속에서 지금까지의 자신을 만들어온 낡은 인식을 벗어던지면 문제가 생긴 근본 원인을 해결할 수 있다. 새로운 인식이 만들어낸 세계에 거대한 가능성이 깃드는 것이다.

원래 사람이란 맞춰지지 않는 퍼즐에는 열중하지 않는 법이다. 맞춰질 거란 사실을 알고 있기 때문에 혼란스럽더라도 퍼즐을 맞춰갈 수 있는 것이다.

지금 우리는 완전한 그림이 완성되기 한 발짝 앞이다. 안개 속을 벗어나 "아, 바로 이거야!" 하고 깨닫는 건 순간이다. 남은 몇 개의 퍼즐 조각만 찾으면 된다. 그럼 어떤 조각을 찾아야 할까? 돌파구를 발견하기 좋은 퍼즐 조각은 어떻게 찾을까? 경험을 통해 체득한 세 가지 방법을 설명하겠다.

안개에서 벗어나기 위한 제1의 퍼즐 조각 : 면역 메커니즘

변화에 대한 면역 메커니즘을 이해하고 제3의 길을 찾는다

퓨처 매핑 차트를 그릴 때 자주 일어나는 현상이 있다. 바로 다음과 같이 왼쪽 윗부분이 빈다는 사실이다. 적힌 글자 없이 공백 상태다.

● 왼쪽 위의 공백 : 면역 메커니즘이란?

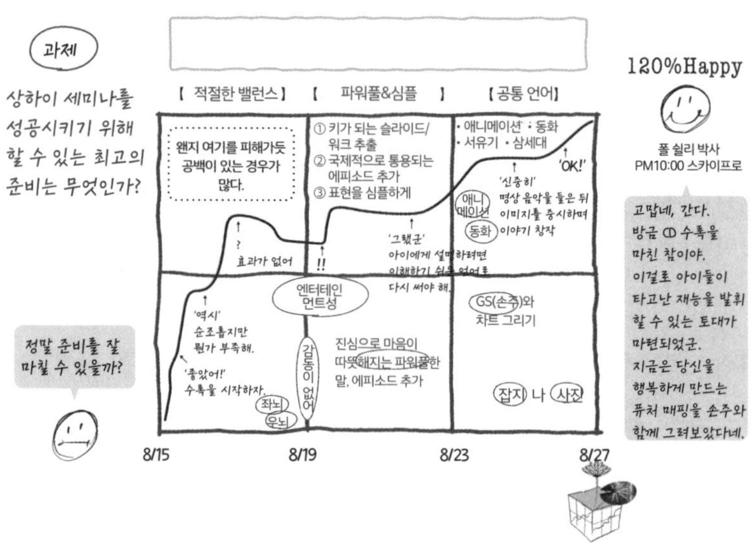

곡선이 오른쪽 위로 올라가므로 왼쪽 위가 비는 것은 당연하다. 그러나 우리 퓨처 매퍼들이 수백 장의 차트를 훑어보던 중 깨닫게 된 사실이 있다. 이 영역이 꽉 차 있는 경우, 차트에서 얻은 해결책에 커다란 자신감을 갖고 이를 실현하기 위해 행동하는 사람이 많았다. 반면 공백으로 둔 경우 재미있는 아이디어는 얻었지만 행동으로 옮기지 않는 경향이 있었다. 그렇다면 이 공백에 무언가 의미가 있진 않을까 깊이 고찰한 결과, 이 공백 부분을 '면역 메커니즘'이라고 부르게 되었다. 어디까지나 경험적인 이야기지만, 이 '공백'은 **현실을 바꾸지 못하게 무의식적으로 브레이크를 걸어둔 상태**를 드러낸다고 생각한다.

왜 이렇게 생각하게 되었는지 논리적으로 설명해보겠다. 면역 메커니즘 구역인 차트의 왼쪽 위가 공백이란 건 무엇을 의미할까.

퓨처 매핑 차트에서 왼쪽 위라는 위치를 쉽게 표현하자면 '현재×긍정적'이다. 이 부분이 공백이란 것은 이미 가지고 있는 긍정적인 측면이 현재 시점에서 인식되지 않음을 의미한다. 현시점, 즉 문제를 떠안고 그 문제를 해결하려 하는 지금의 우리는 부정적인 상황 속에 있다고 볼 수 있다. 따라서 그 원인을 파악하고 문제를 해결할 경우 미래 시점에는 긍정적인 방향으로 이동할 수 있다고 생각한다.

● 문제 해결의 잘못된 전제

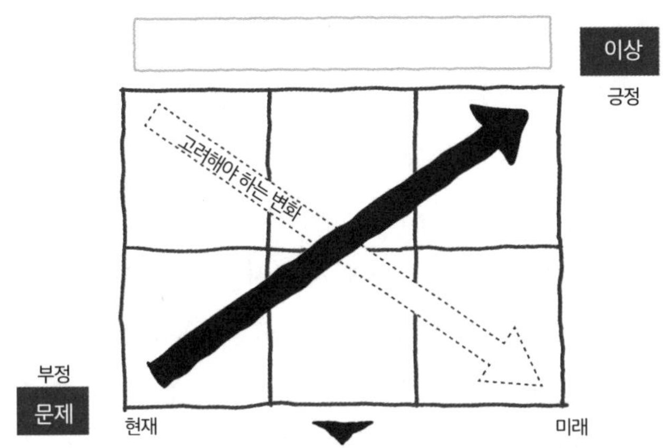

현재의 문제(부정적인 사건)를 해결하면 이상적인 미래가 다가올 거라 생각하지만…
현재 긍정적인 일들이 있다면 미래는 부정적인 사건이 발생할 것이다.

면역 메커니즘이란?

현재에도 긍정적인 일이 일어나며 미래에도 부정적인 일이 발생한다.
따라서 어떤 변화가 일어나든 무의식이 제동을 걸어버린다.

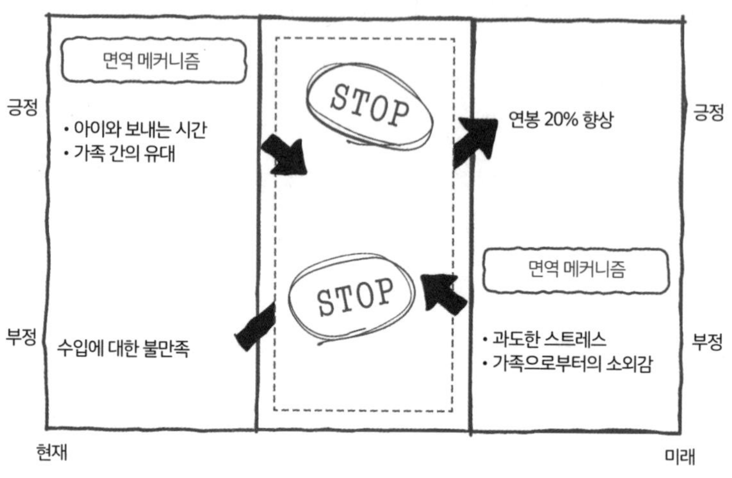

하지만 곰곰이 생각해보면 현재에도 긍정적인 측면이 있다. 예를 들어 당신의 친구가 '1년 안에 연봉을 20% 향상한다'라는 목표를 갖고 있다고 하자. 당연히 연봉이 높아지는 건 좋지만, 안타깝게도 그 친구의 노력은 오래가지 못할 확률이 높다. 왜냐하면 '1년 안에 연봉을 20% 향상한다'라는 목표에 돌입함으로써 현재 가지고 있는 긍정적인 측면을 잃기 때문이다. 구체적으로 따져보자면 친구는 마음속 깊이 '업무상 책임이 작아 취미 생활을 즐길 수 있다', '야근이 적어 아이와 소중한 시간을 보낼 수 있다', '수입이 적지만 가족의 강한 유대를 지킬 수 있다' 등의 이유로 행복한 상태일지도 모른다.

친구가 현재의 행복을 잃을 것을 알면서도 변화를 향해 강한 의지를 갖고 노력한다면 미래는 노력한 방향으로 움직일 것이다. 그러나 대부분의 경우 며칠이 지나면 현재의 행복을 잃고 싶지 않다는 생각이 강해진다. 그러면 무의식적으로 '변화를 일으키지 않는' 선택을 해버리는 것이다. 즉 긍정적인 변화로 방향이 바뀌어 변화를 두려워하는 본능이 자신을 보호하려는 면역 작용으로 작동하는 셈이다.

그렇다면 이 면역 메커니즘을 피하는 방법은 무엇일까? 바로 '제3의 길'이다. '현재의 긍정적인 측면을 잃지 않고 변화를 일으키는 방법은 무엇인가'라는 질문을 하고 답을 찾는 것이다.

'아이와 함께 지내는' 것이 현재의 긍정적인 측면임을 깨달았다면 '아이와 보내는 시간을 줄이지 않고 수입을 늘리는 방법은 무엇인지' 친구에게 생각해보라고 한다. 그러면 '내 업무에 동료들도 대처할 수 있도록 매뉴얼'을 만든 뒤, 자신은 보다 부가가치가 높은 프로젝트에 착수하거나, 혹은 '전체 업무를 재검토하여 잔업 줄이기'라는 아이디어를 회사에 제공할 수도 있다. 회사 측에서도 자율적으로 일하는 직원을 응원하고 싶어질 것이다.

그리고 친구는 또한 아주 중요한 깨달음을 얻게 된다. 다음 페이지에 있는 차트를 확인해주기 바란다.

면역 메커니즘

과제 달성을 위해 변화함으로써 잃어버리는 '현재의 행복'은 무엇인가?

변화할 경우 잃을지도 모르는 장점을 자각하면
숨겨진 재능이 무엇인지 깨닫게 된다.

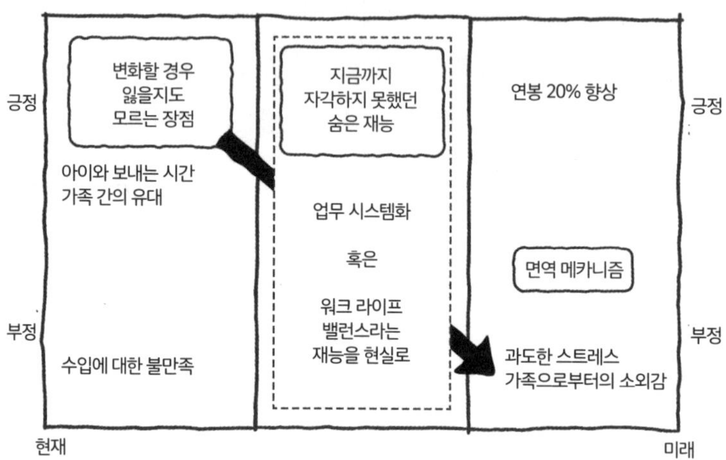

지금까지 자각하지 못했던 숨겨진 재능을 활성화하면
균형 잡힌 성장이 가능하다.

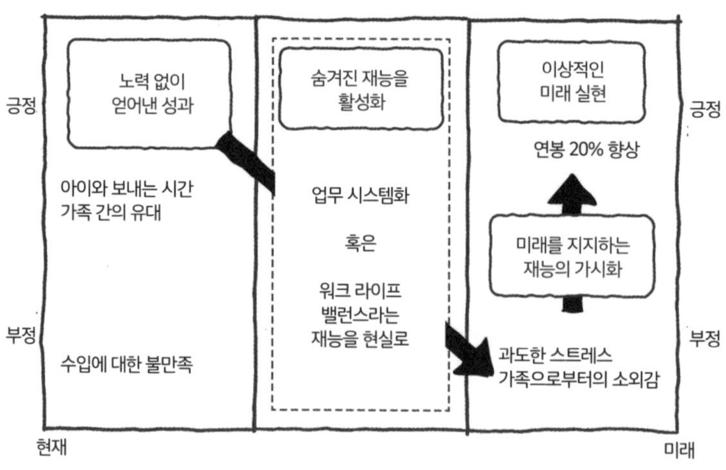

왼쪽 위에 있는 '변화할 경우 잃을지도 모르는 장점'은 '아이와 보내는 시간', '가족의 유대'라고 적혀 있다. 이는 현재 친구가 가진 긍정적인 측면을 자각했다는 점을 의미한다. '아이와 보내는 시간', '가족의 유대'를 특별한 노력 없이 얻어왔다면 이는 대단한 일 아닌가? 다시 말해 이는 친구가 본래 가지고 있던 재능이다. 그리고 잊고 있던 재능을 활용해 '1년 안에 수입을 20% 향상한다'라는 과제를 달성할 수 있을지 생각해보는 것이다.

그러면 차트에 '커다란 가능성'이 떠오른다. 친구가 할 수 있는 부가가치 높은 일로 사내 업무의 시스템화나 워크 라이프 밸런스 추진 등의 가능성이 검토되는 것이다.

이런 가능성에 대해 친구는 어떻게 반응할까? 이는 **외부에서 지시받은 '업무'가 아니라 내면의 동기에 의한 '의지'**이니, 설레는 마음으로 하지 않을까?

이처럼 면역 메커니즘은 '현재 가지고 있는 긍정적인 측면'을 깨닫게 하고 '의식하지 못한 사이 자연스럽게 떠오른 재능'을 부각시켜 '특별히 노력하지 않아도 바로 발휘할 수 있는 능력(스킬) 및 자산(리소스)'을 재활성하는 계기를 마련해준다.

면역 메커니즘이란 쉽게 말하자면 자동차의 핸드 브레이크 같은 것이다. 핸드 브레이크가 걸린 것을 모른 채 액셀을 밟아봤자 앞으로 나가지 않는다. 달리기 전에 핸드 브레이크의 존재를 자각하고 풀어야 한다. 경험적으로 말하건대, **퓨처 매핑은 무의식의 브레이크가 어디 걸려 있는지를 '공백'을 통해 알려준다.**

그런데 어떻게 차트상의 '공백'이 사고의 '맹점'을 드러내는 걸까?

눈에 보이는 외부 세계가 내면세계의 스크린으로 기능하는 게 아닐까 하는 것이 우리의 가설이다. 일정한 규칙에 따라 채워나가기로 한 틀에 자유롭게 쓰다 보면 뇌에서 언어화되지 않은 영역은 자연스럽게 피하게 된다. 그로 인해 내면의 '맹점'이 외부 세계의 '공백'으로 드러나는 것이다.

물론 이를 학술적으로 검증하려면 뇌과학자의 연구를 기다려야 하겠지만 업무에서 성과를 내기 위한 경험칙으로서 이 가설은 매우 유용하다. '공백'에 의해 '맹점'의 존재가 드러난다면 '무엇을 놓치고 있을까?'라는 질문을 던지기만 하면 된다. 이 가설이 맞든 틀리든 이러한 지적 퍼즐을 즐기다 보면 과제 달성에 더욱 최선을 다할 수 있게 된다.

이처럼 '공(空)'을 통해 본질적인 인식에 이르는 과정을 가르침 받은 적이 있다. 어느 불교의 고승에게 명상을 배웠을 때였다. 퓨처 매핑을 이해하는 데 큰 도움이 되었으므로 여러분과도 공유하겠다.

고승에 따르면 인간은 "명상 중 생각하지 말라."라고 명을 받아도 생각을 멈추지 못한다고 한다. 생각은 밀려오는 파도와 같은 것이라 파도가 멈추지 않는 것처럼 생각도 멈추지 않는다. 이때 꼬리에 꼬리를 물고 떠오르는 생각과 생각 사이의 '공(空)'한 부분을 조금씩 늘리는 것으로 명상에 능숙해질 수 있다고 한다.

그는 더 재미있는 사실도 알려주었다.

"불안하거나 두려움이 느껴질 때 '나는 하늘이다I am the sky'*라고 생각합니다. 불안이나 두려움을 비롯한 갖가지 생각은 구름입니다. 맑은 날에도 비 내리는 날에도 구름 너머에는 공(하늘)이 있습니다. 그리고 구

* 일본어로 '공(空)'은 하늘을 뜻하기도 한다. - 역주

름 사이로 공(하늘)을 꿰뚫어 보는 게 가능하다면 어떤 틈을 통해서든 같은 공(하늘)에 다다를 수 있습니다."

과연 고승의 명상법은 퓨처 매핑 과정과 일치했다. 퓨처 매핑 위의 언어는 구름이라 할 수 있다. 이는 문제 상황에서 문제를 생각한다는 말로 아무리 구름을 쳐다본들 근본적인 해결책에 이르지 못한다. 오히려 중요한 것은 언어와 언어 사이의 '공백'에 있다. 이 '공백'에서 사고를 멈춤으로써 문제를 만들어낸 현재 인식을 뛰어넘어 보다 높은 차원의 인식(공(하늘)=120% 행복)으로 전환할 수 있다.

자신의 차트에서 구름과 하늘을 찾아보자. 그리고 또 다른 가능성의 영역으로 나아가고 싶다면, 구름이 아닌 하늘에 생각 에너지를 쏟아붓자. 구름 틈에서 파란 하늘이 보이지 않는다면, 다른 틈을 생각해 보자. 어디서부터 생각하든 같은 하늘이다. 하늘은 무한한 가능성을 부여해줄 것이다.

안개에서 벗어나기 위한 제2의 퍼즐 조각 : 미래의 주춧돌

'미래의 주춧돌'을 힌트로 숨은 재능을 깨운다

차트에 자유롭게 글을 써 내려가다 보면 공백이 되기 쉬운 부분이 또 한 군데 있다. 바로 오른쪽 아래 모서리 부분이다. 여기도 곡선이 오른쪽 위로 올라가기 때문에 당연히 빌 수밖에 없는 곳이다. 그러나 우리는 이 영역에 무심코 적은 글이 가치 있는 발상을 쉽게 얻는다는 점을 발견했다.

곡선 아래는 스토리 영역이므로, 여기에 적힌 글은 현실적인 과제와는 전혀 관계가 없다. 그러나 여기서 어떠한 단어를 발견했다면 그것에 주목하라. 이는 '면역 메커니즘'과 마찬가지로 당신의 재능을 발견하는 힌트가 될 가능성이 높다.

우리는 이 구역을, 새로운 현실을 뒷받침하는 장소라는 뜻에서 '미래의 주춧돌'이라 부른다.

이 경험칙을 알아두면 즐거운 마음으로 새 프로젝트를 시작할 수 있게 된다. 대체 왜 이런 일이 일어나는지 알아보기 위해 다음의 구조도를 마련했다.

'미래의 주춧돌' 구역에 무심코 적은 말이나 이미지는 당신의 본래 재능을 드러낸다

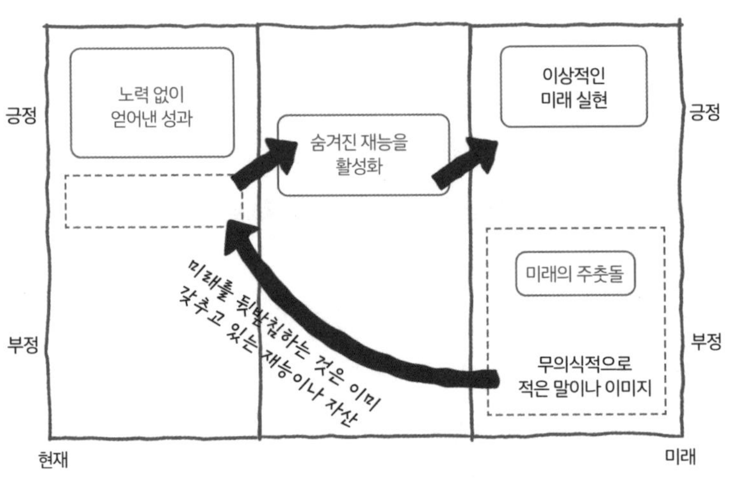

정말 그렇게 될까? 간단하게 말하면 오른쪽 아래 모퉁이에 아무 생각 없이 적은 단어나 이미지가 있다면 이번 과제에 반드시 활용하자. 이는 곧 당신의 재능을 암시하고 있을 테니 말이다. 실제로 내 차트에서도 그런지 확인해보자.

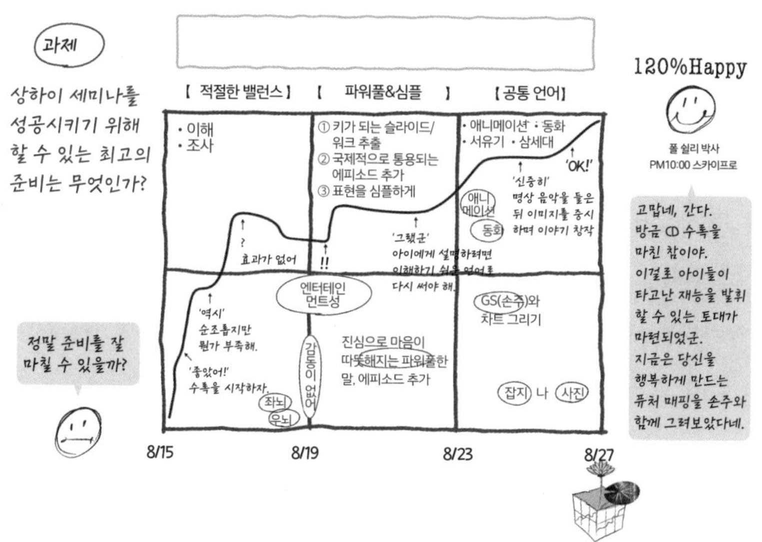

나는 '미래의 주춧돌' 구역에 무의식적으로 '사진'이라고 적었다. 곡선 아래에 창작한 이야기와 관련지어 말하면 "쉴리 박사가 두 살배기 손주와 퓨처 매핑을 하다가 언어가 아닌 그림책에서 오려낸 그림이나 사진을 사용해 이야기를 만들었다."라는 대목에서 우연히 적은 단어가 '사진'이었다.

이야기의 흐름 속에 떠오른 '사진'이라는 키워드는 실제로 과제 달성을 위한 현실적인 힌트가 될까?

답은 금방 나왔다. 연상할 것도 없이 '사진'을 중심으로 프레젠테이션 자료를 작성하면 된다. 세미나 중에 실시할 스토리 만들기 연습에 '사진' 배열하기로 자연스럽게 접근할 수 있게 한다. '언어'가 아니라 '사진'을 사용하면 통역하는 시간도 줄일 수 있다. 앞으로 다양한 언어로 퓨처 매핑을 가르칠 걸 생각하면, '사진'을 중심으로 한 자료 작성은 장기간에 걸쳐 큰 효과를 가져올 것이다. 나는 이 아이디어를 행동 시나리오 제2부에 덧붙였다.

또한 '사진'은 서로 다른 언어를 사용하는 중국인과 일본인의 '공통 언어'라고도 할 수 있다. 나는 이 행동 시나리오를 관통하는 주제가 '공통 언어 찾기'라고 생각하여 '중일 공통 언어 찾기'라는 가제를 적어두었다.

더불어 '사진'이 내가 가진 '본래의 재능'이라고 가정했을 때 연상되는 것이 두 가지 있었다. 첫 번째는 '이미지 트레이닝'이다. 그래서 준비에 바쁜 8월 15일부터 18일까지 시간을 내어 이미지 트레이닝을 하기로 했다. 나는 멘탈 리허설이라 불리는 행위, 즉 머릿속에서 강연하는 나 자신을 이미지화하는 것이 매우 효과가 있다고 알고 있었다. 과거에는 자주 활용했으나 최근에는 그렇게까지 꼼꼼하게 준비할 필요가 없어 잊어버렸던 것이다.

두 번째로 '사진'에서 연상된 것은 쉴리 박사가 개발한 포토리딩이라는 스피드 학습법이다. 이름처럼 문서를 사진 찍듯 스피디하게 읽는 방법이다. 나는 15년 동안 쭉 활용해온 터라 솔직히 눈 감고도 할 수 있을 정도로 마스터했다. 오른쪽 아래 모퉁이 키워드에 주목하기 전까지는 제1부 '적절한 밸런스'라는 테마에 맞추어 준비하려면 대량의 자료를 읽어야 한다는 압박감이 있었다. 그러나 이것이 기우에 불과했음을 비로소 깨달았다. 불안감이 해소된 덕분에 긍정적인 행동을 떠올릴 수 있었다. 그래서 제1부에 '관련 서적 구입'이라고 적어 넣었다.

'미래의 주춧돌' 구역에 무심코 쓴 '사진'이라는 키워드를 통해 행동 시나리오를 확충하고 전체를 아우르는 테마를 찾아낸 것이다.

'미래의 주춧돌' 구역을 검토하면
행동 시나리오가 더욱 명확해진다!

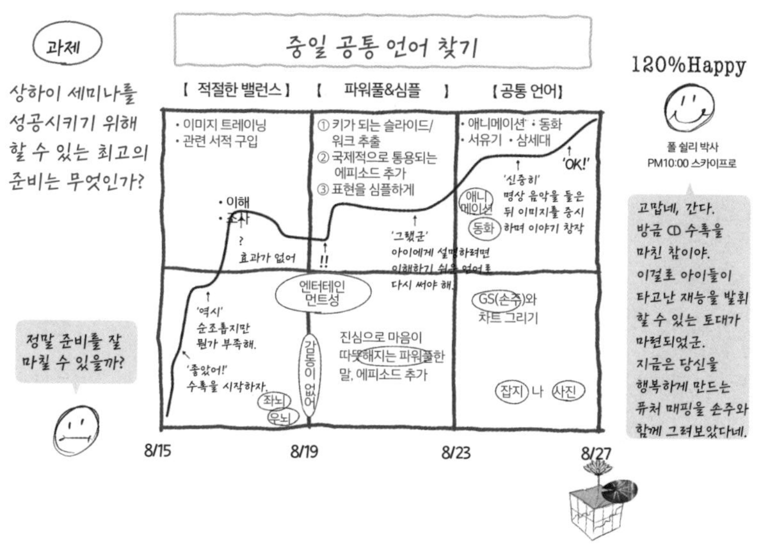

8월 15~18일 '적절한 밸런스'

중국인 수강생이 가진 니즈를 이해하기 위해 관련 서적을 구입한다. 일방적인 강의가 아닌, 쌍방향 대화를 통해 배울 수 있는 강의를 위해 이미지 트레이닝 실시한다.

8월 19~22일 '파워풀&심플'

기존 강의 슬라이드 중 통역을 거치더라도 이미지가 정확히 전달될 만한 파워풀한 내용 및 연습만을 선별하고 심플한 표현으로 수정한다.

8월 23~27일 '공통 언어'

일본인과 중국인 누구나 알고 있는 이야기, 노래, 속담 등을 활용하여 강의를 보다 알기 쉽게 개선하고, 특히 《서유기》를 사용한 틀을 검토한다. 또한 조부모부터 손주까지 가족 삼대를 아우르는 니즈에 제대로 귀를 기울일 수 있도록 안테나를 세워둔다.

여기까지 생각이 깊어지자, 12일 앞으로 다가온 상하이 세미나가 전혀 다른 의미로 다가오기 시작했다. 의외지만 도전해볼 만한 테마가 떠오른 것이다.

이제 강의는 과거 성공 경험의 연장선에 있지 않았다. 이번 강의는 중국인과 일본인 모두가 이해할 만한 공통 언어를 수강생과 함께 탐구해볼 기회였으며 이런 창의적인 강의에 도전하는 것이 중요하다는 사실을 깨달았다. 그러면 수강생의 만족도도 올라가고 강사인 나도 성장할 수 있다. 이 도전은 많은 노력이 필요하지도 않는다. 오히려 당초 생각했던 것보다 준비에 임하는 기간이 짧아질 수 있다. 나는 상하이에 간다는 사실이 진심으로 기대되기 시작했다.

이처럼 '미래의 주춧돌' 구역은 때로 과제 달성을 돕는 중요한 돌파구가 된다. 그런데 차트의 이 구역이 공백이라면 어떡해야 할까?

미리 말해두지만, 이 구역이 공백이더라도 전혀 문제없다. 만약 [실험6]까지의 과정을 통해 과제 달성의 방향성을 납득한 상태라면 '면역 메커니즘'이나 '미래의 주춧돌'까지 신경 쓸 필요가 전혀 없다. 이렇게까지 깊이 검토하는 것은 상급자 레벨이다. 퓨처 매핑 코칭이나 퍼실리테이션* 프로에 도전하고 싶은 지도자를 위한 노하우이기 때문이다.

솔직히 퓨처 매핑을 활용해 성과를 낸 사람 중 대부분은 이 책을 읽기 전까지 '면역 메커니즘'이나 '미래의 주춧돌'이라는 단어를 들어본 적조차 없을 것이다. 차트의 왼쪽 위와 오른쪽 아랫부분이 공백인 것은 당연한 일이다. 이것이 '틀린' 것은 아니니 안심하기 바란다. 다만 한 단계 깊은 깨달음이 필요할 때 이 두 구역이 돌파구가 되는 케이스도 있다는 걸 떠올리기 바란다.

그런데도 '미래의 주춧돌' 구역이 비어 불안하다면 생각나는 대로 채워 넣으면 된다. 오른쪽 아래는 이야기 부분이니 주변 단어에서 연상하여 이야기의 세부적인 부분을 보충하는 것이다. 그러면 '미래의 주춧돌' 구역에 적힌 단어로 놀라운 발상이 떠오르기도 한다.

이는 어디까지나 실험이므로 잘 되지 않을 때도 있다. 그러나 이 시도를 통해 발상이 떠오를 경우 그 발상은 돈으로 환산하기 어려운 큰 가능성을 지닌다. 독선적으로 흐를 뻔한 내 강의를 보라. 독선적 강의에서 정치적으로 다른 체제하의 중국과 일본 양 국민이 미래의 아이들을 위해 국경을 초월한 공동 창조를 시작하게 된다는 쪽으로 탈바꿈하지 않았는가.

* 서로 다른 의견을 가진 사람들이 그룹 체험을 통해 최선의 합의에 도달하도록 촉진하는 기법. 집단 사고를 통해 창의적인 아이디어를 이끌어내고 조직 변혁을 이룬다. - 역주

안개에서 벗어나기 위한 제3의 퍼즐 조각 : 선물상자

의외의 이미지에서 전체를 상징하는 테마를 이끌어낸다

앞서 수정한 12일간의 행동 시나리오는 설득력이 있긴 하지만 많이 놀랍지는 않다. 불완전 연소된 느낌이 있어 한 단계 더 깜짝 놀랄 만한 돌파구가 필요했다.

이처럼 과제에 천착하다 더욱 거대한 가능성의 문을 열고 싶을 때 퓨처 매핑은 제 역할을 톡톡히 해낸다. 제3의 퍼즐 조각이 준비되어있기 때문이다. 바로 [실험2]에서 배웠던 선물상자다. 선물상자는 당신이 과제 달성에 뛰어든 데 따른 감사의 표시로 받은 것이다. 따라서 행동 시나리오 전체를 아우르는 테마가 무엇인지 깊은 통찰을 얻고 싶을 때 활용할 수 있다.

내 경우를 통해 설명하겠다. 우선 180페이지 차트를 참조하기 바란다. 오른쪽 아랫부분을 보면, 과제 '상하이 세미나를 성공시키기 위해 할 수 있는 최고의 준비는 무엇인가?'에 의해 120% 행복해진 쉴리 박사가 선물한 선물상자가 그려져 있다.

상자 안에 든 선물은 '손주와 함께 완성한 퓨처 매핑 차트'와 '연꽃'이었다. 선물상자 자체는 낡은 '흰 상자'였다. 이미지를 떠올렸을 당시에는 '연꽃'이 과제와는 너무 동떨어진 이미지였으므로 대체 이게 상하이 세미나와 무슨 관계가 있는지 미지수였다. 그러나 의문을 의문인 채로 둠으로써 추후 풀어나갈 즐거움을 남겨두었다.

영화에서도 이런 장면이 자주 나온다. 주인공이 모험을 떠나기 전 멘토가 "이걸 가져가거라."라며 미지의 도구를 툭 하니 건네준다. 주인공은 이를 받아 품에 넣고는 잊어버린다. 그러나 모험이 막바지에 접어들어 주인공이 최대의 위기에 직면한 순간, 번뜩 떠오른 미지의 도구를 꺼내 일촉즉발의 상황에서 적을 보기 좋게 물리치고 승리를 거머쥔다. 선물상자의 선물은 이 미지의 도구와 비슷하다. 차트 작성이라는 모험의 시작점에서 미리 떠올리지만, 이것이 제 역할을 하는 것은 마지막의 마지막, 당신이 과제의 본질적인 의미를 밝혀내는 순간이다.

그렇다면 앞으로 모험을 준비하는 내게 이 '연꽃'은 대체 어떤 의미를 지닐까?

나는 이미 '중일 공통 언어 찾기'라는 테마를 깨닫고 이를 행동 시나리오 제목으로 적어두었다. 그것만으로도 의미 있는 모험이겠지만, 무언가 하나가 빠진 듯한 느낌이 들었다. 그렇다면 '연꽃'에서 힌트를 더 얻을 수 있지 않을까? 연상을 거듭하기 시작했다. '연꽃' 하면 떠오르는 것은 '불교'다. 부처님의 대좌가 연꽃이기 때문이다. 따라서 하나의 가능성으로 "불교사상에서 중일 공통 언어를 구하라는 건가…."라는 생각을 했지만 유감스럽게도 이해가 가지 않았다.

그래서 다른 가능성을 찾아보았다. 선물의 내용물은 왜인지 '차트'와 '연꽃' 두 가지였다. 그 이유가 무엇인지 곰곰이 생각하다가 퍼뜩 떠오른 것이 '도교'다. 도교의 심볼인 '태극도'와 '퓨처 매핑' 디자인에는 공통점이 있기 때문이다. 태극도는 '음'과 '양'이 서로 보완하는 모습을 표현한 것이다. 그리고 퓨처 매핑은 '상상'과 '행동'이 서로를 보완하는 차트다.

불교와 도교라 하면… 동아시아 3대 사상으로 여겨지는 '유교'도 있지 않을까 싶었다. 아마도 그것은 '아무런 특징도 없는 흰 상자'로 상징되었을 것이다. 왜냐하면 유교는 일본의 산업 경제체제의 기반이 되는 사상*이기 때문이다.

과연… 적절한 밸런스란 이 3대 사상 중 어느 한쪽에도 치우치지 말고 밸런스 좋게 배우라는 뜻인가. 아시아의 사회 기반인 사상체계에 대한 지식을 심화하는 것은 확실히 근본적인 '공통 언어'가 될 것이다. 이 선물상자를 열기 전까지는 '사진'이나 중국과 일본에 두루 친숙한《서유기》 같은 이야기가 공통 언어라 생각했다. 그러나 그것보다 더 근본적인 공통 언어는 아시아 사회에서 삶의 귀중한 지혜로 자리 잡고 있는 '불교', '도교', '유교'의 가르침임을 깨달았다.

드디어 수긍이 가는 행동 시나리오를 만들기 위한 소중한 마지막 퍼즐 조각을 맞췄다고 느끼고 제목에 다음과 같은 말을 덧붙였다.

"중일 공통 언어 찾기 - 퓨처 매핑으로 아시아에 새로운 길을 열다"

《유교·불교·도교 – 동아시아의 사상 공간》(기쿠치 쇼타 지음)을 시작으로 불교·도교·유교에 관한 서적을 다섯 권 사기로 했다. 노력하지 않고도 내디딜 수 있는 작은 발걸음인 셈이다.

* 시부사와 에이이치(1840~1931)는 일본 자본주의의 아버지로 불리는 실업가로, 에도 막부 말기부터 쇼와(昭和, 1926~1989) 때까지 활동했다. 도쿄증권거래소, 도쿄해상화재보험, 제국호텔, 기린맥주, 삿포로맥주, 이화학연구소 등을 비롯, 온갖 업종에 걸쳐 500여 개 사의 설립에 관여했다. 그는 유년기에 배운 유교 경전《논어》를 바탕으로 '도덕경제합일설'을 주창하여 근대 일본 산업 경제의 기반을 다졌다.

선물상자 속의 이미지 덕분에 마침내 깨달았다!

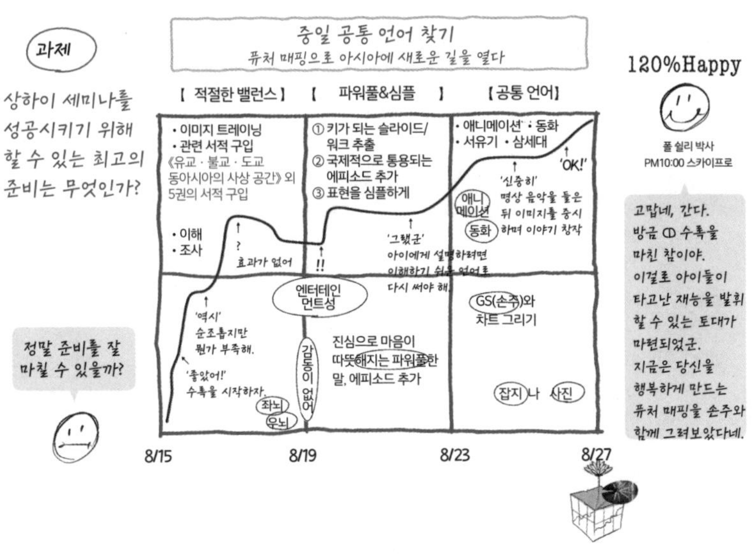

이 행동 시나리오가 정말 상하이 세미나를 성공으로 이끌어줄까? 솔직히 잘 모르겠다. 잘 될지 안 될지는 해보지 않고 알 수 없다. 그러나 모험이 어느 곳을 향하든 확실한 게 있다. 내 가슴이 두근거린다는 사실이다.

그리고 눈앞에 펼쳐진 광경에 흠뻑 빠져들었다는 점이다. 몰입하여 이야기를 만들면 전혀 새로운 현실이 태어난다. 스토리씽킹이란 당신이 집중할 만한 길을 만드는 과정이다.

정리 [실험 7] 공백의 법칙

당신의 숨은 재능을 발견할 수 있을까?

포인트 및 작업

- **목적** : 차트상의 '공백'이나 선물상자 속 '이미지'를 통해 과제 달성 체험의 본질적인 테마를 찾아내고 행동 시나리오 전체를 관철하는 제목을 짓는다.
- **소요 시간** : 10~15분(기준)
- **작업**

면역 메커니즘 : 왼쪽 위 모퉁이 영역에 '공백'이 있을 때 '현재의 긍정적인 측면'을 잃지 않은 채로 변화를 달성할 수 있는 '제3의 길'을 찾을 수 있는가?

미래의 주춧돌 : 오른쪽 아래 모퉁이 영역에 의도하지 않은 단어가 적혀 있을 때, 그 언어에서 과제를 달성하는 데 활용할 수 있는 자신의 '숨은 재능'을 발굴할 수 있는가?

선물상자 : 안에 담긴 이미지나 박스의 외관에서 차트 전체를 관철하는 테마를 찾을 수 있는가?

위의 세 가지 작업 중 어느 것에서든 과제에 대한 본질적인 테마를 발견하면 차트 전체의 제목 삼아 적어둔다. 그리고 특별한 노력 없이 지금 당장 할 수 있는 일을 해보는 것으로 작은 발걸음을 내딛자.

결과 기록

나중에 깨달은 점

큰 노력 없이 당장 할 수 있는 작은 발걸음을 내디딘 뒤 당신의 의식에 변화가 일어났는가? 아주 작은 사건이라도 좋으니 작은 발걸음에 대응해 현실이 변할 때 당신의 미래에 대한 꿈이나 희망은 어떻게 변했는지 살펴보자.

3부

FUTURE MAPPING STORY THINKING

씽킹에서 행동으로

미래를 만드는 스토리씽킹 행동 사례

스토리씽킹은 로직과 크리에이티브를 연결한다

축하한다! 이 책을 통해 7가지 실험을 밟아온 사람은 퓨처 매핑을 한 장 완성했을 것이다.

"차트 한 장을 만들어봤자 뭐가 달라지겠어?"라고 생각할 수도 있다. 하지만 당신은 평생 활용 가능한 창조적 문제 해결의 핵심 기술을 배운 셈이다.

직접 만든 차트를 돌이켜보자. 아마도 찾아낸 해결책이나 본질적 테마가 머릿속에 박혀 있을 것이다. 뭔가 아쉬운 상태라 해도 말이다. 이는 그 배경에 스토리가 꿈틀대고 있기 때문이다. 또한 업무 성과를 내는 과정에서 마치 영화처럼 인생의 테마가 떠오르는 것도, 당초 생각지도 못한 모험에 도전하려는 마음이 드는 것도, 1장에서 설명했듯 스토리가 가진 본질적인 힘을 당신이 이미 활용하기 시작했기 때문이다.

가치 있는 메시지를 문화나 사상, 세대를 초월하여 광범위한 대상에게 확산하기 위해 누구나 알 만한 공통 이미지 및 은유를 활용해 전달하려는 창의적인 시도가 바로 스토리다. 동시에 스토리는 다양한 관점이 얽힌 복잡한 내용을 조리 있게 정리하여 알기 쉽게 전달하려는 논리적인 시도이기도 하다. 즉 **창의적 사고와 논리적 사고가 모두 요구되는**

종합 지성의 결정체라 할 수 있다.

이러한 고도의 사고 기술에 익숙해지는 것은 당신의 미래를 향한 위대한 발걸음이기도 하다. 왜냐하면 앞으로의 비즈니스는 자동차, 가전제품처럼 눈에 보이고 손에 잡히는 물건을 만드는 시대에서 건축 디자인, 콘텐츠 통합, 데이터 과학과 같은 **눈에 보이지 않고 손에 잡히지 않는 것이 가치를 창출하는 시대**로 변화하고 있기 때문이다. 고도로 추상적인 것에 가치를 매겨 판매하려면 눈에 보이지 않는 것을 보이게끔 해야 한다. 그러려면 영상, 디자인, 사운드 같은 창의적인 지성과 논리, 분석, 관리 같은 논리적인 지성 모두를 균형 있게 발휘할 필요가 있다.

그러나 창의적 지성과 논리적 지성은 프로젝트가 추상화되면 될수록 서로의 언어를 이해하지 못해 충돌과 갈등을 반복한다. 그때 양쪽의 지성이 필요로 하는 스토리 창작 능력을 기르기 시작한 사람은 **분열된 조직을 연결함으로써 다름을 인정하며 포용하는 리더십**을 동시에 익히게 된다.

또한 현실의 과제를 해결하기 위해 스토리를 사용하는 접근법이 있다는 걸 아는 사람은 원하는 미래를 빠르게 앞당긴다. 왜냐하면 지금까지 업무가 아닌 취미로 분류해두었던 모든 세계, 즉 영화, 드라마, 무대, 스포츠, 게임이라는 엔터테인먼트가 문제 해결 및 과제 달성을 위한 양질의 수단 및 자산이 되기 때문이다. 그동안 마음을 달래기 위한 **기분 전환에 지나지 않았던 시간이 현실의 문제를 극복하기 위한 최고의 트레이닝** 기회로 변모하는 것이다.

새로운 시대에 적응하는 데 있어 스토리씽킹은 누구나 가지고 있는 능력을 빠르게 꽃피우게 한다. 퓨처 매핑을 익힌 당신이 활약할 수 있는 분야는 앞으로 더욱 확대될 것이 분명하다.

가령 지금 당신이 그다지 창의력을 필요로 하지 않는 업무에 종사한다 하더라도 책임이 늘어남에 따라 기획력을 발휘해야 할 때가 반드시 올 것이다. 그때 일곱 가지 실험 중 하나라도 효과가 있다고 느낀 방법을 시도해보자. 그러면 주변 사람들이 놀랄(그리고 행복해질) 만한 아이디어를 제공할 수 있을 것이다.

더불어 '평생에 걸쳐 이뤄야 할 중요한 일은 무엇인가?'라는 질문을 당신 스스로 할 날이 온다면, 현실을 비추는 거울인 스토리 속에서 자신의 진정한 모습을 찾아낼 거라 생각한다. 마치 노벨상 수상자들이 상상을 통해 위대한 발상을 한 것처럼, 그리고 내가 이 책에서 해설한 이미지 실험을 통해 퓨처 매핑을 생각해낸 것처럼 말이다. 퓨처 매핑 체험은 새로운 현실을 창조하기 위한 첫걸음을 내딛는 것이다.

이 단계에서 하나 더 중요한 일이 있다. 바로 성과를 내는 것이다. 당신이 그린 차트가 3일짜리 한 장뿐이든 혹은 나처럼 조금 더 긴 기간의 차트를 한 장 더 추가했든, 앞으로 꼭 행동해주었으면 한다.

따라서 이번 장에서는 차트를 행동으로 옮기기 위한 **중요한 진실을 당신과 공유**하고자 한다. 지금까지 많은 사람과 함께 찾아낸 진실이니 꼭 확인하기 바란다.

스스로 생각하고 결정하고 움직인 끝에 형태가 만들어진다

"행동하면 된다는 거죠?"라고 가볍게 생각할 수도 있다. 하지만 직접 만든 차트를 바탕으로 행동하는 것은 분명 귀중한 체험이 될 것이다.

인생을 돌이켜보자. 지금의 당신을 만든 가장 중요한 깨달음을 얻은 것은 언제인가?

이 질문에 대한 내 답은 명확하다. 내가 '떠올린' 것을 '실행'하고 '성과'를 낸 체험이야말로 가장 중요한 깨달음이었다.

다른 사람이 한 말이 아니라 **스스로 생각하고, 결정하고, 움직인 끝에 형태를 만들어낸다.** 이런 식으로 생각을 형태로 만드는 경험을 살면서 단 한 번이라도 해봤다면, 문제나 난관을 어떻게 넘어서야 하는지 겪었기 때문에 위험이 닥쳐와도 다시 도전할 수 있다.

아주 작은 경험이라도 좋다. 하찮은 것이라도 괜찮다. 업무에 직결되든 안 되든 상관없다. 중요한 것은 **스스로 생각한 것을 실천했다**는 점이다.

돌이켜보면 내가 그런 체험을 시작한 것은 고등학생 때였다. 누가 시킨 것도 아닌데 록밴드를 만들기로 마음먹었다. 그리고 주변을 수소문해 멤버를 모으고 밴드를 결성한 뒤 문화제 무대에 올랐다. 별거 아니다. 누구나 가능한 일이다. 그러나 이렇게 생각과 몸을 모두 써서 꿈을 현실로 만드는 과정을 한 번이라도 경험하면, 그것이 좀 더 큰 모험으로 향하는 기반이 된다.

대학교 3학년 때는 외교관 시험에 도전했다. 이때도 스스로 결정하고 실행하여 성과를 냈다. 물론 순조롭지만은 않았다. 그전에도 자격시험에 몇 번 도전했지만 모두 참패했다. 이런 실패는 성공만큼이나 중요하다. 난관을 넘어서는 패턴이 몸에 배어 점차 난이도 높은 과제에 도전하는 데 저항이 없어지기 때문이다.

이처럼 살면서 무언가를 자신의 의지로 해낸 적이 있는지, 특히나 젊은 시절에 한 번이라도 해냈는지 여부가 인생의 질을 결정한다고 해도 과언이 아니다.

그러나 놀랍게도 인생에서 가장 중요하다고도 할 수 있는 이런 깨달음을 학교나 회사에서는 배울 수 없다. 끝까지 해내는 과정이 얼마나 기쁘고, 갈등이 많으며, 돌파구가 되는지 체계적으로 가르쳐주거나 경험하게 해준 곳이 있었는가? 포기할 줄 알아야 한다는 분위기가 있지는 않았는가? 해냈다 하더라도 몇 년씩 시간을 끄는 바람에 그 과정에서 무엇을 배웠는지 돌아볼 겨를조차 없지는 않았는가?

사실 '생각을 형태로 만들기', 즉 '사고를 현실화하는 과정'을 아는 사람은 스스로 변화하는 동시에 주위 사람도 변화시키는 힘을 갖고 있다. 이는 현재 다양한 문제에 직면한 우리가 새로운 사회를 건설할 때 반드시 필요한 능력이다. 게다가 우리 사회는 이러한 능력을 갖춘 리더를 빠른 시간내에 많이 육성해야 한다.

이렇게 개혁하는 힘을 체득하는 동기가 되는 것이 바로 퓨처 매핑이다. 우리는 퓨처 매핑을 통해 발상(아이디어)을 행동(액션)으로 옮기는 경험을 한다. 스스로 생각하고, 결정하고, 움직인 끝에 형태를 만들어낸다. 보통이라면 몇 년씩 걸리는 이 귀중한 과정을 퓨처 매핑을 완성한 당신은 앞으로 단 며칠 혹은 몇 주라는 단기간 내에 체험하게 될 것이다.

당신과 마찬가지로 퓨처 매핑을 처음 해본 사람들이 단기간에 눈에 보이는 성과를 내왔다. 행동하기에 앞서 참고할 수 있도록 퓨처 매핑을 바탕으로 행동한 결과 어떤 미래가 다가왔는지 그 사례를 소개하겠다.

[행동 사례 ❶] 도요타 자동차 주식회사
해외 프로젝트의 성공을 뒷받침한 태국과 일본 여성 기술자들

[과제] 해외 프로젝트 멤버에게 긍정적인 협력을 끌어내 정해진 납기에 맞추려면?

[배경] 도요타 엔지니어로 활약 중인 일본인 여성 기술자 S씨. 중요한 개발 프로젝트를 태국과 공동으로 진행하고 있었다. 납기가 가까워졌지만 태국 측의 진행이 늦어져 프로젝트 전체 스케줄을 재검토해야 했다. 상황을 살펴보니 믿고 있던 태국 팀의 리더 B씨가 퇴직할 의향이라는 것이다.
S씨는 일본의 일방적 업무 진행에 불만을 품어온 태국인 프로젝트 매니저 A씨와 어떻게든 프로젝트를 수행하려 했다. 이대로 있다가는 늦기만 하는 게 아니라 프로젝트 자체가 좌초될 위기였다. S씨는 일본에 있는 자신이 무엇을 할 수 있을지 고민하고 A씨와 화상회의를 통해 함께 한 장의 퓨처 매핑을 만들었다.

[결과] S씨가 태국 측과 긴밀히 연락을 취한 결과, A씨의 업무 진행 방

식에 관한 불만은 오해였던 것으로 판명되었다. S씨가 프로젝트 매니저 A씨와의 연결책을 맡아 B씨는 퇴직 의향을 철회했다. A씨가 일본 프로젝트 총괄 매니저에게 화상회의를 통해 현상 보고 및 대책안을 제시함에 따라 태국 측 상황을 이해하게 되었고, 일본과 태국의 기술자들이 협력하여 요건 정리 및 스케줄 조정을 한 결과 무사히 납기일에 업무를 완수할 수 있었다.

[퓨처 매핑에 의한 깨달음] 태국은 '미소의 나라'로 불리지만 일본도 똑같이 '미소의 나라'이다. 이 점을 의식하고 업무를 진행하면 깊은 신뢰 관계가 구축되어 다국적 프로젝트를 순조롭게 운영할 수 있을 것이다. 그러려면 상사에게 리더십을 기대하지만 말고 본인도 팔로십을 발휘해야 함을 깨달았다.

[발견한 테마] 다국적 프로젝트 팀워크를 만드는 방법 '미소의 나라에 오신 걸 환영합니다!'

납기까지는 앞으로 2주 반밖에 안 남았다. 게다가 사태는 상당히 심각했다. 동료에게 넌지시 물어보니 태국 측 프로젝트 리더가 퇴직 의사를 비친다고 한다.

"이대로라면 늦는 게 문제가 아니라 프로젝트가 좌초되고 말 거야."

위기감을 느낀 일본인 기술자 S씨는 우선 7월 25일, 태국 측 프로젝트 매니저 A씨에게 업무가 아닌 친구로서 메일을 보냈다. 그렇게 긴장을 완화해가는 동시에 상사에게 상황 보고 및 스케줄 재검토를 제안했다.

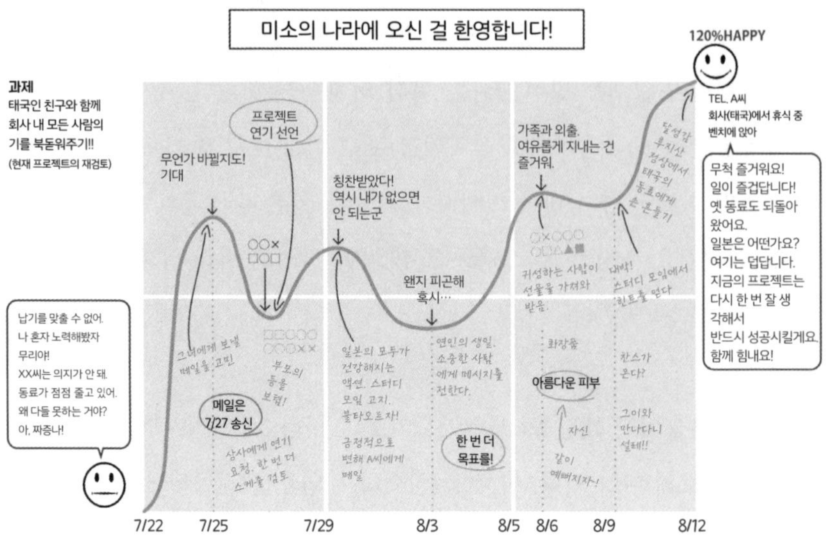

시간을 끄는 동안 태국 측에게 이미 끝내둔 일을 먼저 제출하도록 하면서 상황을 진정시켰다. 29일에는 일본 멤버를 모아 태국 측 팀의 기운을 북돋우기 위한 '액션 스터디 모임'을 기획, 개최 일정을 고지했다. 납기일에 맞추기 위해 우선순위를 재검토했다.

또한 A씨가 힘을 내도록 태국으로 출장 가는 사원에게 선물을 가지고 가라고 부탁했다. 선물은 친구로서 메일을 보냈을 때 A씨가 일본 화장품에 관심을 보인 데 착안해 미용 화장품으로 골랐다. A씨는 그만두기 직전이던 팀 리더 B씨를 구슬렸다.

이렇게 수면 아래에서 벌어진 태국 여성의 '미소의 나라'와 일본 여성의 '대접 문화'. 그 결과 다국적 팀이 다시금 신속하게 움직이기 시작했고 납기일인 8월 12일에 기적적으로 프로젝트를 마무리할 수 있었다. 나아가 이 일을 계기로 A씨는 일본과 원활한 의사소통을 위한 연결책으로 크게 성장했으며 이후 현지 주체로 프로젝트를 움직일 수 있게 되었다.

[행동 사례 ❷] NTT 어드밴스테크놀로지 주식회사

풍부한 기술을 바탕으로 비즈니스 모델화를 촉진하다

[과제] 대기업에 파묻혀 있는 우수한 기술을 비즈니스 모델화하여 새로운 시장을 창출하려면?

[배경] NTT 그룹의 기술적 핵심기업인 NTT 어드밴스테크놀로지 주식회사에 근무 중인 미야케 다이세이 과장은 자사에 존재하는 풍부한 첨단기술을 마케팅적 관점으로 재파악하면 신규 사업 창출에 속도를 낼 수 있을 거라 생각했다. 그리고 그 접근법을 새 회사의 연구소 및 같은 그룹 사업에 전개할 경우 NTT 그룹 전체에 공헌할 수 있다고 여겼다. 그러나 자회사의 일개 사원이 총자산 20조 엔, 그룹 매출 10조 엔, 사원 24만 명에 이르는 조직을 움직일 수 있을 리 없다고 반은 포기했다. 그때 한 장의 퓨처 매핑을 완성했다.

[결과] 단 3개월 만에 한 사원의 신규 사업 창출 방법론이 소속 회사를 뛰어넘어 그룹 전체로 확산되었고 비즈니스 파트너를 얻기 위한 전시회에도 활용되었다.

[퓨처 매핑에 의한 깨달음] 회사 내부에서만 변화를 일으키려던 관점에서 일본의 기술자를 위해 사내·외부와 연대하자는 관점으로 바꾼 결과, 폭넓은 협력자가 모였다.

[발견한 테마] 우수한 기술과 재능을 세상에 드러내기 위한 협력 전략

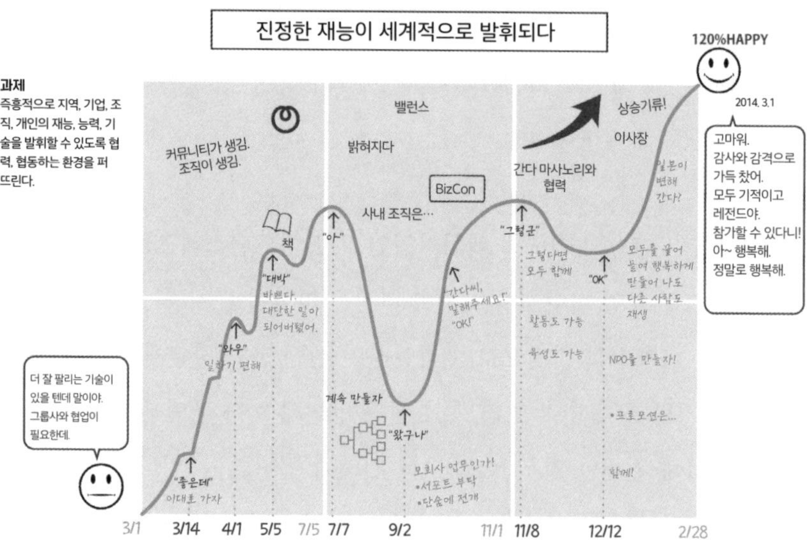

한 장의 퓨처 매핑을 완성한 3월 1일부터 그의 인생은 급속도로 변했다. 행동 시나리오에서 얻은 깨달음은 혼자서라도 혁신을 시작하자는 것이었다. 그는 가까운 동료와 함께 비즈니스 모델 캔버스라 부르는 방법을 활용해 사업 제안서를 만들기 시작했다.

이를 전해 들은 모회사 연구소에서 비즈니스 모델 및 제너레이션에 대해 독서 모임 형식의 워크숍을 개최하자고 의뢰가 왔다. 개최일은

3월 4일. 이러한 변화는 이어졌다. 그 전날인 3월 3일에는 연구검토회에 참석해달라는 의뢰가 갑자기 들어왔다. 2월에 개최한 국립연구기관의 '비즈니스 모델 제너레이션' 워크숍이 호평받은 덕분이었다. 당일 미야케 과장은 일본 톱 레벨의 인재들이 벌이는 논의를 즉흥적으로 진행했다. 가치 창조, 지식 창조의 장을 아우르는 역할을 완수했다.

이러한 시도가 〈주간 다이아몬드〉*의 주목을 받아 7월 12일호에 기사가 게재되었다. 《도해 비즈니스 모델 제너레이션 워크북》이란 책에도 소개되었다. 게다가 일반사단법인 비즈니스 모델 이노베이션 협회에서 **이사 취임 의사를 타진**하는 연락이 오는 예상치 못한 일들이 일어났다.

이러한 일련의 사건은 추후 돌이켜보니 모두 퓨처 매핑으로 만든 행동 시나리오를 따라 움직이고 있었다. 그의 차트에는 혼자 시작했던 혁신이 응원해주는 사내·외 협력자들과 공명하며 퍼져나가는 현실이 담겨 있었다.

혁신을 자사 내에서만 실현하려 했을 때는 일개 사원의 입장이라 회사를 움직이기 어려웠다. 그러나 시야를 넓혀 뛰어난 동료의 재능과 회사의 기술을 활용하기 위해 사내·외의 협력자와 연대한다는 생각을 하기 시작한 순간, 주위의 다양한 이야기가 모여들어 '우수한 기술과 재능을 세상에 드러내기 위한 협력 전략'이 이루어진 것이다.

* 아사히신문에서 출간하는 경제 잡지 - 역주

[행동 사례 ❸] 유명 음식점 '후지소바'를 경영하는 다이탄그룹

30년을 지켜온 '후지소바'가 4개월 만에 신사업에 도전한 결과

[과제] '후지소바'를 드러내지 않고 여성 취향의 새로운 음식점 콘셉트를 만들려면?

[배경] '서서 먹는 소바'라는 업태를 개발하고 확립한 '후지소바'. 수도권에 100개 점포를 가지고 있고 인지도도 높다. 안정적인 실적을 올리고 있지만 비즈니스 모델은 이미 성숙기에 접어들었다. 남성 중심 고객층을 늘리는 데도 한계가 있으므로 경영진은 지하철 역내 상점 등에 오픈하기 쉬운 여성 취향 신사업 개발을 검토 중이다.

[퓨처 매핑에 의한 깨달음] 여성 타깃으로 한정 짓고 있었지만 퓨처 매핑을 해본 결과 여성에 구애될 필요는 없었다. 게다가 성장을 담당할 신사업을 개발하겠다는 당초의 목표는 표면적이었다. 근본적인 목표는 '후지소바'의 강점을 그룹 전체에 침투시키는 것임이 밝혀졌다.

[결과] 차트를 그리고 나서 급속도로 변화가 일어나기 시작했다. 단 4개월 만에 후지소바의 원점인 편안한 공간을 콘셉트로 한 새 매장, 타타리 메밀* 가루를 사용한 '츠게소바 닷탄'을 오픈. 첫날 매출은 지금까지 매장의 갑절에 달했다. 〈닛케이신문〉을 비롯해 미디어에도 연이어 보도되었다. 그러나 변화는 이것만이 아니었다….

* 다소 쓴맛이 나지만 성인병 예방에 효과가 있는 메밀. 중국, 네팔 등 고산지대에서 자란다. - 역주

[발견한 테마] 편안한 장소를 만들자.

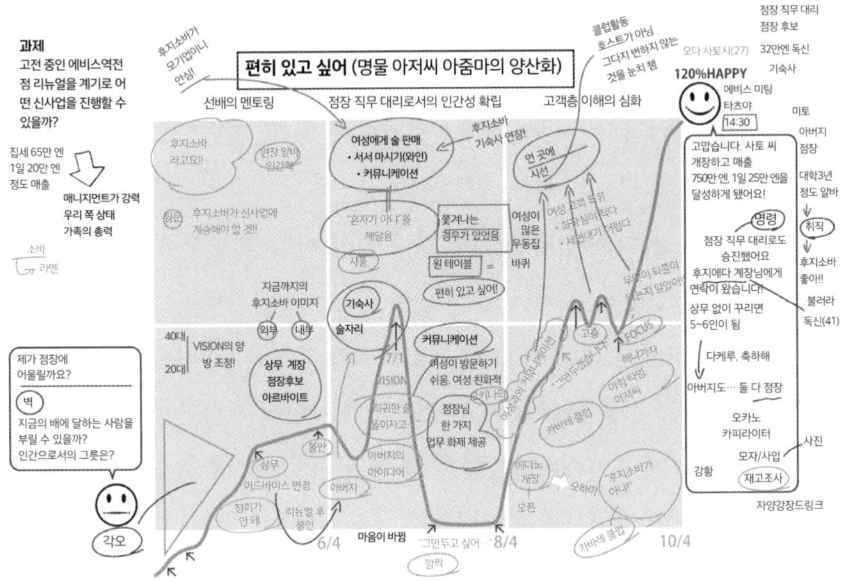

위의 차트는 수도권 100개 점포를 자랑하는 유명 음식점 '후지소바'를 경영하는 다이탄그룹이 신사업을 개발할 때 경영진들을 모아 만든 퓨처 매핑이다. 당초 여성 취향의 새로운 음식점을 내자는 아이디어에 따라 웰빙 메뉴 개발을 고민하던 때였다. 이는 경영진에게 있어서 두 가지 관점에서 큰 도전이었다. 일단 '후지소바'의 이름을 내걸지 않은 매장을 만드는 것. 언제까지 브랜드 자산에 의존할 수 없다. 두 번째는 여성을 타깃으로 한다는 것. 후지소바는 기존 손님의 80%가 남성이므로 여성 취향 음식점의 경험은 그다지 풍부하지 못했다. 그때 그룹 경영진 네 명과 고객 대표 세 명이 모여 세 시간 정도 회의를 했다. 결과는 어땠을까?

퓨처 매핑을 통해 이야기를 진행하다 나온 키워드는 '커뮤니케이션', '매니지먼트', '사원 기숙사', '세대 간 대화'라는 여성 취향 업종 개발과는 무관한 것뿐이었다. 이것이 의미하는 바는 무엇일까? 머릿속으로 여성 취향 음식점의 수익성을 계산하기만 했을 뿐 현실적으로 크게 받아들이지 못했다는 것이다.

그때 커다란 의문이 떠올랐다. 정말 여성 취향 소바 가게를 개발하는 것이 정답일까?

대화를 더 깊이 해본 결과 이 프로젝트의 진정한 주제는 신사업 개발이 아니라는 점을 깨달았다. 진정한 주제는 앞서 거론한 키워드에서 유추할 수 있듯 후지소바라는 이름을 내걸지 않아도 후지소바의 강점을 그룹 전체에 침투시키는 것이었다.

한 경영진은 회의를 마치며 다음과 같은 말로 마무리했다.

"새로운 업종을 개발하는 게 목적이 아니야. 이 프로젝트를 계기로 후지소바의 강점을 앞으로도 계승하겠다는 각오가 중요한 거지…."

각오라는 말이 입 밖으로 나왔을 때 그 자리의 온도가 확연히 달라졌다.

회의의 시작은 작은 이탈리아 음식점에서였다. 화기애애한 가운데 베테랑 경영진과 젊은 경영진 사이에서 뼈 있는 언사가 오갔다.

"이건 사장님의 기대에 보답하는 거야. 지금 안 하면 언제 하겠어. 빨리 '제가 하겠습니다' 하고 선언해."

"제가 해도 괜찮은 건가요?"

"해도 괜찮냐니, 해야 하는 거지. 으하하하!"

"네, 알겠습니다. 각오하겠습니다, 아하하하!"

놀라운 일은 다음 날 벌어졌다. 본인이 하겠다고 선언했던 젊은 경영진이 사장님의 호출을 받은 것이다. 바로 신규 점포 개발의 책임자가 되었다고 한다! 사장님은 어젯밤에 벌어진 일에 대해 전혀 모를 텐데, 그가 선언한 것이 현실이 되었다. 그때부터 프로젝트는 한층 속도를 내기 시작했다.

경영진들 사이에 '사장님의 기대에 보답'하겠다는 공통 의식이 생겨나 메뉴 개발, 타깃, 점포 콘셉트, 레이아웃, 로고, 네이밍 등이 원활히 진행되었다. 특히 맛에 관해서는 타협하지 않았다. 맛에 확신이 없으면 이 기획 자체를 엎을 각오였다. 몇 번이나 연구와 시식을 반복한 끝에 "이거다…!"라고 탄성이 나올 정도의 맛이 완성되었다.

차트를 그린 지 겨우 4개월 뒤, 10월 10일 10시에 후지소바의 새로운 시도인 아주머니와 함께 있는 느낌의 가게 '츠게소바 닷탄'이 오픈했다. 이 프로젝트만으로도 커다란 변화였으나, 후에는 해외 체인점 요청까지 들어와 수락하기에 이르렀다. 지금까지 브랜드를 지키는 데만 신중했던 그룹이 느닷없이 물 만난 고기처럼 활발히 움직이기 시작했다. 모두 창업자의 기대에 부응하겠다는 공통적인 이야기가 움직인 덕분이었다.

[행동 사례 ❹] 아이윌 주식회사/조직 · 인재활성화연구소

퓨처 매핑으로 3주 만에 1억 원의 계약을 따내다

[과제] 3주 안에 바로 1,000만 엔(약 1억 원) 계약 따내기

[배경] 다수의 책을 집필한 인사컨설턴트 고바야시 유카 씨. 기존 클라이언트 대응과 사무 작업에 쫓기는 와중에 자잘한 의뢰마저 끊이지 않았다. 경영을 한 단계 업그레이드하기 위해서라도 안정적인 계약을 따내야 한다는 것이 큰 과제였다.

[퓨처 매핑에 의한 깨달음] 이미 가지고 있는 교육 분야의 인사 컨설팅 노하우가 학원뿐만 아니라 저출산으로 경영난을 겪는 다수의 교육법인에 즉효성이 있음을 재발견했다. 더구나 이를 위한 인맥도 이미 갖추고 있었다. 처음에는 3주 안에 1,000만 엔의 계약이라니 어려울 거라 생각했지만….

[결과] 고바야시 유카 씨가 작성한 보고서를 그대로 싣겠다.
"단 3주 만에 목표를 달성(달성률 101%)했습니다! 처음 내건 목표액(500만 엔)이 아니라, 간다 씨가 끌어올린 목표액(1,000만 엔)을 말입니다! 수주 내용은 인사 컨설턴트, 연수 업무, 학원 컨설턴트 등 다양하고 풍부합니다. 21일째에 설마 했던 재수주를 받았을 때는 **소름이 끼쳤습니다!**"

[발견한 테마] 일은 잘 안 맞는 사람과 하세요.

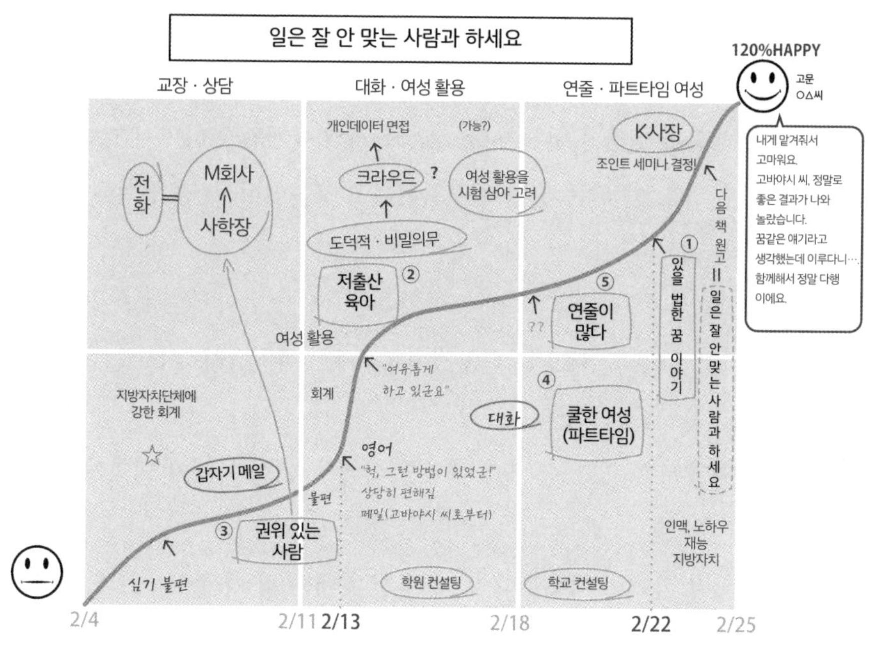

고바야시 유카 씨는 대형 학원에서 교장 및 입시 매니저를 역임한 뒤 컨설팅 회사에서 인사 컨설팅을 하다가 2010년 독립했다. 기업의 인사 제도 컨설팅을 비롯해 학원 고객 유치 컨설팅, 강사 육성 및 연수 등의 테마에 강하고 혼자서 전국의 고객을 상대해왔다.

그러나 독립 4년째 되던 무렵, 유능한 컨설턴트가 전형적으로 겪는 경영상의 문제에 직면하게 됐다. 기존 고객 대응과 출간할 도서 원고 집필까지 겹쳐 도저히 영업할 시간을 낼 수가 없었던 것이다. 직원을 고용해야 한다는 건 알았지만, 완벽주의 때문에 스스로 일을 해치우는 편이 빨랐다. 직원을 채용하더라도 역으로 직원에게 신경을 쓰게 될 것이므로 좀처럼 결단을 내리지 못했다. 그 결과 매출은 안정세를 보였지만 이대로 가다간 회사가 한계점에 다다를 것이라는 생각에 불안해졌다.

퓨처 매핑에 도전하기 전, 나는 고바야시 씨에게 물었다.

"3주 후 말도 안 되는 일이 현실화된다고 해봅시다. 어떤 현실을 원합니까?"

그의 대답은 "500만 엔의 계약"이었다.

내가 "정말 500만 엔으로 괜찮겠어요?"라고 확인하자 "아뇨, 1,000만 엔으로 갈게요."라 답했다.

그래서 '3주 후 1,000만 엔의 계약을 따내는 것'이 과제가 되었다.

나는 목표 금액이 처음보다 두 배가 된 것에 무척 기대가 되었다. 왜냐하면 과거에는 500만 엔이 한도였을지도 모르기 때문이다. **퓨처 매핑의 지향점은 완전히 새로운 인식으로의 전환**이다. 그것이 실제로 일어난다면 1,000만 엔이든 1억 엔이든 그다지 큰 차이는 아닐 것이다. 실현 가능한 범위였다.

그리고 3주 뒤 고바야시 씨에게 실제로 1,000만 엔의 계약을 따냈다는 연락이 왔다.

돌파구는 어디에 있었을까? 그의 노하우, 즉 지금까지 인사제도 컨설팅은 기업에서만 요구되었지만, 함께 퓨처 매핑을 만듦으로써 저출산으로 경영난을 겪는 학교법인에도 무척이나 필요하다는 점을 깨닫게 되었다. 물론 그럴 가능성이 있다는 건 전부터 알고 있었다. 그러나 기존 고객만으로도 충분히 바빴으므로, 새로운 고객 개척을 결심할 수 없었던 것이다.

그가 인식 전환을 일으킨 계기는 퓨처 매핑 이야기 속에 나타난 '권위 있는 사람'이었다. 권위를 가진 사람이 협력해주면 학교 컨설팅을 제안하기 쉬울 거라는 힌트에서 연상을 확장해갔다. 그때 이미 알고 지내던 학교 관련 인맥의 핵심적 인물이 떠올랐다. 심지어 그 사람이 예전에 "고바야시 씨, 학교와 관련된 일을 좀 더 해보는 게 좋겠어요."라고 조언해주기까지 했더랬다. 그렇게 해서 그에게 추천서를 받아 강연회를 개최하자는 데 생각이 닿았다.

하지만 강연회를 열면 사무가 더 늘어난다. 이미 혼자서는 감당이 안 됐지만 외주사에 의뢰할 정도는 아니었다. 파트타임 직원을 고용하는 것이 경영적으로는 베스트였지만 주부는 책임감 있게 일하지 못할 거라는 인상이 있어 이전부터 꺼렸다. 고바야시가 말하길 "저는 주부와는 잘 안 맞아요…."라고 했다.

그래서 지적했다.

"만약 기업에서 학교법인 컨설팅으로 고객을 넓힌다면 오히려 학교와 가까운 존재인 학부모와 제휴하는 게 좋습니다. 교육 분야에서 활약하고 싶은 주부들과 네트워크를 형성하면 전국 규모의 학교 경영 개선에 착수할 수 있지 않을까요?"

그는 수긍하고 주부를 찾는 데 동의했다. 구인 광고를 게재해보니 다른 어떤 응모자보다도 주부가 조건 면에서도 기술 면에서도 원하는 인재상에 들어맞았다. 즉 자신이 '불편하다고 생각했던 사람'이 더 큰 무대로 도약할 열쇠를 쥐고 있던 것이다. 이 행동 시나리오의 제목을 정할 때, 문득 떠오른 것이 있었다. 애초에 그녀가 쓰려던 책의 제목《일은 잘 안 맞는 사람과 하세요》였다. 그녀가 실천하려는 것이 책의 원고까지 되는 길이 트인 순간이었다.

이 사례는 매출 신장을 통해 비즈니스 확장은 물론 조직 변혁과도 직결되는 변화를 일으켰다. 그러나 이러한 사례는 극히 일부다. 지금 이 순간에도 수많은 퓨처 매핑이 만들어지고, 무수한 프로젝트가 탄생하고 있다. 최근 2년 정도, 연초가 되면 그해의 과제를 정하고, 1년간의 행동 시나리오를 퓨처 매핑으로 동시에 다 함께 만드는 시도를 하고 있다.

중요한 것은 본인을 위해 소원을 비는 게 아니다. 물론 그것도 멋진 일이지만 퓨처 매퍼의 경우 그와 동시에 다른 한 사람의 행복을 진지하게 생각한다는 '이타지성altruistic intelligence'이 함께 길러진다.

퓨처 매핑을 완성할 때마다 생겨나는 이타적인 스토리 덕분에 개인과 개인의 꿈이 연결되고, 새로운 프로젝트가 탄생하며, 새로운 조직이 생겨나고, 계속된 활동으로 이어진다.

나는 이 방법의 유용성을 광고하려고 말하는 게 아니다. 이타심을 바탕으로 한 새로운 현실이 이 속도로 세계에 퍼진다면, 지금이야말로 진정한 지구 규모의 혁신을 일으킬 타이밍이 아닐지 묻는 것이다. 그러한 마음을 담아 희망적인 스토리를 지어내기로 결정한 풀뿌리 리더들에게 호소한다.

간디의 가르침을 실천하다

"세상을 바꾼다니, 난 못해."라고 생각할지 모르지만… 그것은 이미 과거형이다.

휴대폰 계약자 수가 세계 인구를 넘어서 보급률 100%에 달하는 현재, 이제까지 100년은 걸렸던 변화가 매우 빠르게 이루어지고 있다. 구글, 페이스북, 아마존이 단 10년도 지나지 않아 세계적인 기업이 된 것처럼 **지금 태어난 0세 유아가 초등학교에 입학하는 사이, 가치 있는 프로젝트가 전 세계로 뻗어 나가 단숨에 거대한 부를 낳는 시대**가 되었다.

"나는 이런 혁신 못 해. 나와는 관계없는 얘기야."라는 생각이 들 수도 있다. 그러나 희망을 내려놓아서는 안 된다.

파도가 끊임없이 밀려오듯, 세상의 변화는 지금도 밀려오고 있다. 변화를 멈출 수는 없다. 그렇기에 더더욱 희망이라는 이름의 배를 노 젓는 사람에게 큰 응원의 물결이 몰려든다.

이런 시대에 세상을 바꾼다는 말은 야망도 아니다. 사실 세상을 바꾸겠다며 열심히 할 필요도 없다. 왜냐하면 이미 그게 일상이기 때문이다. 세상이 변하는 방향으로 희망의 깃발을 꽂기만 하면 된다. 그러면 타고난 재능이 밀려드는 파도를 타고 당신이 생각한 것보다 훨씬 멀리까지 퍼질 것이다. 그리고 또한 당신을 잇는 아이들의 재능을 꽃피울 만한 길이 열린다.

정보 기술 인프라가 지구상 모든 곳에 구축되어 **세계가 하나가 된다는 꿈같은 이야기가 현실로 다가온 시대에 우리는 태어**났다. 이 시대에 큰 희망을 품고 작은 발걸음이라도 한 걸음을 내딛는 것은 인류의 소중한 역사를 만드는 일이라고 나는 생각한다.

인도 건국의 아버지 간디의 말이 거대한 변화의 시대에 태어난 우리를 고무시킨다.

> "세상에서 보고 싶은 변화가 있다면 당신이 그렇게 변화하세요."

간디는 인류의 역사를 바꾼 인물임에도 불구하고 "세상을 바꾸세요."라고는 요구하지 않는다.

"세상에서 보고 싶은 변화가 있다면 당신이 그렇게 변화하세요." 즉 세상에 변화를 요구하는 게 아니라 당신의 변화를 요청하는 것이다.

내가 변하면 세상도 옳은 방향으로 변한다. 이 조언이 얼마나 현실적인지는 당신이 완성한 퓨처 매핑을 행동으로 옮기며 체득할 수 있을 것이다.

차트를 보고 행동하는 과정에서 필요한 것은 보통의 과제 달성 과정과는 매우 다르다. 일반적으로는 마감까지 예정된 행동을 완수하는 것이 과제 달성을 위한 올바른 접근법이었다. 그러나 퓨처 매핑에서 중요한 것은 이와 사뭇 다르다. 예정대로 못했을 때 어떠한 조치를 할 것인가. 혹은 기대와 동떨어진 현실 때문에 모든 것을 포기하고 싶을 때 어떻게 기대를 뛰어넘는 결과를 낼 수 있을까. 퓨처 매핑은 이렇게 과정에 유연하게 대처하는 접근법을 취한다.

왜냐하면 가치 있는 결과일수록 논리적으로 예상 가능한 인과관계에 의해 만들어지는 게 아니라, 전혀 예기치 못한 우연이나 번뜩이는 직감에 의해 초래되기 때문이다. 논리적으로만 노력한다면 기대를 뛰어넘을 수 없다. 반면 좌절, 난관, 절망 같은 고난을 극복할 때 찾아오는 행운은 전혀 상상도 못 한 곳으로 우리를 데려간다.

서핑할 때 우리는 파도를 컨트롤하려 들지 않는다. 바람도 컨트롤할 수 없다. 그러나 한순간 한순간 맞닥뜨린 파도를 타고 바람과 하나가 되면 더 빠르게 보다 원활하게 목적지에 다다른다. **나를 통해 세상이 변할지 여부는 예정대로 일을 끝내려는 노력에 달린 것이 아니다. 오히려 갑작스레 찾아온 우연을 어떻게 살리느냐**에 달렸다.

결과를 컨트롤하지 마라

행동 시나리오대로 일이 진행되지 않는다면 계획을 짜는 의미가 없지 않느냐는 생각이 들지도 모른다.

아니다. 단언컨대 절대 아니다. 차트대로 과제가 달성되지 않더라도 종래에는 예상조차 못 했던 현실로 당신을 데려가기 때문이다.

예를 들어 앞서 얘기한 '후지소바'의 사례를 보자. 신사업에 도전한 결과 첫날 매출이 기존 점포의 배로 늘며 순조로운 출발을 했다. 따라서 "점포 오픈 계획이 잇따라 전국으로 퍼졌습니다. 회사 사람들은 오래오래 행복하게 살았습니다."라는 해피엔딩이라고 생각하기 쉽지만, 그게 끝이 아니었다. 체인점의 전국 확대보다 더 큰 혁신이 찾아온 것이다.

창업 이래 이어진 후지소바의 강점, 즉 메뉴 개발 이노베이션, 압도적인 입지 선점이 가능한 경영 효율, 그리고 무엇보다도 소중한 매장 내 안정감을 경영진이 공유하게 된 것이다. 그리하여 창업자에 대한 존경심 때문에 신사업 도전에 신중했던 회사 내 경영진의 사내 의식이 크게 전환되었다. 이어 국내뿐 아니라 해외 사업까지 시작하게 되었다. 단 반 년 만에 인도네시아를 시작으로 필리핀, 대만 등 잇따라 3개국에 매장을 오픈했다.

최종적으로 2대 사장을 중심으로 사원들이 강하게 결속을 다질 수 있었고 창업정신이 재정비되었다.

그러면 여기서 한 가지 질문을 해보겠다. 전국 체인점 오픈에 주력하는 게 좋을까? 아니면 세계화를 위한 토대를 마련하는 게 좋을까?

눈앞에 보이는 몇 년의 행보만이 아니라 앞으로 10년, 20년 후 아시아의 성장을 생각하면 오히려 예상할 수 없어서 더 큰 잠재력을 얻은 셈이다. 회사에서 중요시했던 세대교체 타이밍에 차세대 '후지소바'가 모습을 드러냈다. 이는 신규 사업 발전을 통해 창업의 초심으로 돌아와 계승해야 할 강점을 공유했기 때문일 것이다.

원래 가지고 있던 장점을 기억해내면 내면의 '공백'이 채워진다. 그러면 필연적으로 외부를 향한 커다란 가능성이 펼쳐진다.

예측 불가능한 세계에서는 계획대로 자리 잡지 못한 점과 점을 통해 미래의 본모습을 발견함으로써 예측 이상의 성과가 난다. 퓨처 매핑을 행동으로 옮길 때 중요한 점은 현실을 통제하려 들지 않는다는 점이다.

차트대로 행동하다 보면 그 과정에서 필연적으로 막다른 골목에 부딪혀 이러지도 저러지도 못하는 순간이 온다. 왜 면밀하게 계획했음에도 막다른 골목에 다다를까. 원래 계획 자체가 과거의 편협한 인식 속에서 만들어졌기 때문이다. 행동함에 따라 당신은 새로운 인식의 세계에 가까워질 것이다. 그런데 그 시점에서 이전에 세운 계획만을 따르려 한다면 어떻게 될까?

그렇다. 안타깝게도 새로운 현실에 당도하기 전에 옛 현실로 되돌아가게 될 것이다.

앞선 후지소바의 사례라면, 해외 진출의 기회가 왔음에도 이를 깨닫지 못하고 과거의 편협한 인식 속에서 만들어둔 계획만 따르려 했을 것이다. 그러면 어떻게 됐을까? 해외 진출 기회를 눈치채지 못하고 놓쳐버렸을지도 모른다. **즉 과거의 인식하에서는 올바른 판단이었지만 미래의 인식으로 볼 땐 무거운 짐이 되어버린 것**이다.

이제 '거대한 가능성'을 끌어오기 위해 필요한 것을 말할까 한다. 바로 막다른 곳에 다다랐을 때는 퓨처 매핑에 기반을 둔 행동 시나리오를 내려놓으라는 것이다. 시나리오에 따라 현실 속 사건들을 컨트롤하려 들지 말고 **현실에서 벌어진 일들이 만족스러운 미래에 도달하는 방법을 안내해줄 거**라고 여기자.

수천 명의 차트가 현실화하는 과정을 지켜본 경험자로서 조언하자면 막다른 곳임을 느낀 바로 그 시점에서 기분 좋아지는 일에 몰두하는 게 좋다. 가령 업무를 깡그리 잊고 보고 싶었던 영화를 보러 간다거나 오랜만에 친구와 한잔하는 것이다. 진심으로 마음이 행복해지는 일에 푹 빠져보자.

그러면… 재미있게도 거기서 돌파구가 열린다. 영화에서 힌트를 얻을 수도 있고, 한잔하러 갔을 때 우연히 옆에 앉은 사람이 마침 찾고 있던 사람일 수도 있다. 이렇게 통상적으로는 생각지 못했던 우연에 의해 돌파구가 마련되는 경우가 많다. 이것이 바로 진정한 체험이다. **사고에 의한 현실 통제를 멈춤으로써 상상을 초월한 바람직한 미래가 펼쳐지는** 것이다.

자, 퓨처 매핑 개발자로서 전하는 행동 지침은 이것으로 일단 끝이다. 이미 당신의 내면에는 생각이 가득하다. 남은 것은 행동뿐이다. 몸을 움직임에 따라 내면에 가득 찬 이야기가 현실로 흘러나올 것이다.

머릿속의 이야기를 풀어놓다 보면 현실이 당신의 이야기에 반응하기 시작한다. 당신의 말이 주변 사람의 입에서 나오고, 주변 사람의 말이 당신의 입에서 나온다. 지금까지 나와 타인, 개인과 공동체를 나누던 벽이 투명해진다. 본디 스토리란 미래를 향해 현재의 내가 짓는 것인가, 아니면 미래의 내가 현재의 나에게 해주는 말인가. 꿈과 현실의 경계선, 현재와 미래의 경계선. 그리고 나와 세계의 경계선이 모호해진다.

스토리씽킹이란 결국 분단된 세계를 통합해가는 교육 툴이다. 미래에서 밀려온 파도를 타고 어디까지 갈 수 있을까? 이 도전이 끝날 때쯤 세상을 대하는 당신의 인식은 어떻게 바뀔까? 한발 앞서 그 변화를 이룬 사람으로서 당신의 도착이 무척 기대된다.

저 편의 미래에서 나는 언제까지고 당신을 기다릴 것이다.

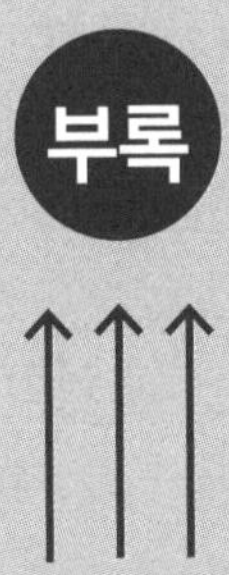

퓨처 매핑에 대해 자주 묻는 13가지 질문

퓨처 매핑 하는 법

퓨처 매핑 연습 차트

퓨처 매핑에 대해 자주 묻는 13가지 질문

1. 어떤 조직에서 활용하는 것이 효과적입니까?

지금까지 퓨처 매핑은 초등학교부터 대학까지의 수업, 장애인 교육 등 교육기관에서뿐만 아니라 연수원 리더십 연수 및 대형 은행 연수에서도 활용되었습니다. 또한 공통 과제를 달성하고자 할 때 현실적인 행동으로 이어지는 아이디어를 짧은 시간 안에 만들어내므로 지역 활성화 이벤트 및 프랜차이즈, 대리점을 대상으로 한 강연회에서도 효과적으로 활용되고 있습니다.

2. 마인드맵, KJ법 같은 방법도 있습니다만….

퓨처 매핑은 다른 우수한 방법론을 배제하지 않습니다. 오히려 다른 툴과 보완하여 사용할 수 있습니다. 일반적으로 대부분 사고 프레임은 현시점에 대한 정보 정리 및 분석이 목적입니다. 말하자면 과제를 달성하는 과정에서 '정지 화면'을 찾아내는 데 뛰어납니다. 그러나 퓨처 매핑은 과제 달성에 이르기까지의 시간 축을 제공하므로 '영상' 시나리오를 완성해가는 느낌입니다. 따라서 회의 마무리 단계에서 행동 시나리오를 정리할 때, 다른 사고 프레임으로 얻어낸 아이디어를 활용하면 매우 효과적입니다.

3. 시간이 얼마나 걸립니까?

퓨처 매핑을 정성껏 완성하려고 들면 한 시간 반에서 길면 세 시간까지 걸릴 때도 있습니다. "그렇게나 오래 걸린다고?"라고 느낄지도 모릅니다. 그러나 이를 통해 얻는 것은 프레젠싱(한순간 세상과 연결된 듯한 감각)이라 불리는 거대한 인식의 변화입니다. 나는 퓨처 매핑을 개발하기 전까지만 해도 이렇게 깊은 단계의 인식 전환을 제공해야 할 경우 2~3일간의 합숙 연수를 개최하는 등 비일상적인 장소를 따로 마련했습니다. 그렇지 않으면 좀처럼 이런 인식까지 다다르지 못하기 때문입니다. 그러나 퓨처 매핑은 이야기 창작에 의해 비일상적인 사고를 할 장소가 만들어지므로 거의 확실하게 2~3시간 안에 체험이 가능합니다. 깊은 인식의 변화는 일상 업무에서 큰 위기를 맞닥뜨리지 않는 한 먼저 일어나지 않습니다. 그 결과 조직이 커지면 커질수록 변화가 불가능해져 경직된 상태로 5년, 10년을 보내게 됩니다. 그러니 이때다 싶을 때 퓨처 매핑을 활용하기 바랍니다. 아마도 매우 효과적일 것입니다.

4. 120% 행복해지는 사람은 어떻게 고르는 게 좋을까요?

행복해질 사람을 고르라 하면 매일 보는 상사, 동료, 부하, 혹은 가족처럼 '가까운 사람'을 선택하는 경우가 많습니다. 그러나 퓨처 매핑을 만들기 시작할 때는 과제로부터 자신을 분리하는 것이 좋으므로 '가까운 사람'을 120% 행복해질 대상으로 고르는 것은 그다지 추천하지 않습니다. 오히려 과제에서 조금 거리가 있는 사람을 고르는 것을 추천합니다. 예를 들어 업무상의 과제일 경우 평소 그다지 만날 일 없는 본사 회장님, 혹은 회사 창립자 등을 고르면 상상의 나래도 펼치기 쉽고 조직 전체의 비전을 이해하는 데도 무척 효과적입니다. 또한 좋아하는 연예인 및 역사상의 인물 등 과제와는 전혀 무관한 사람을 고르는 것도 추천합니다. 왜냐하면 이들은 현실과 동떨어져 있기에 설레는 마음으로 자유롭게 상상을 펼치기 쉬워집니다.

여러 대상을 행복하게 만드는 데 익숙해지면 더욱 다양한 대상을 행복하게 만들고 싶다는 생각이 듭니다. 가령 눈앞에 있는 펜이나 가방 등을 행복하게 만드는 것으로 발상의 돌파구를 찾는 사람도 있습니다.

익숙해지면 '이 과제를 해보자'라고 생각할 때, 이유는 모르지만 '문득 머릿속에 떠오르는 사람', '어쩌다 우연히 만난 사람', '자꾸만 신경 쓰이는 사람'을 선택해보십시오. 그러면 의외의 곳에서 갑자기 답변이 떠오르는 체험을 하는 경우가 생깁니다.

5. 120% 행복하게 만들 사람이 생각나지 않아요….

어떻게 해도 떠오르지 않을 때는 자신을 행복하게 만듭시다. 미래의 나 혹은 과거의 나, 아니면 눈 딱 감고 평행세계에 있는 이상적인 나를 떠올려보는 건 어떨까요. 또 행복해지는 사람을 한 명만 고르기 어려운 사람은 퓨처 매핑을 무리해서 사용하지 말고, 이 책의 실험 중 선물상자를 열고 곡선을 긋는 등 마음에 드는 방법을 사용하십시오. 그래도 충분히 풍부한 발상을 떠올릴 수 있습니다.

6. 컨설턴트입니다. 퓨처 매핑을 고객의 문제 해결에도 적용하고 싶은데, 도입할 때 어떻게 설명해야 할까요?

중요한 것은 고객 측의 퓨처 매핑 활용을 목적으로 삼는 게 아니라 어디까지나 고객의 문제를 해결하는 데 초점을 맞추는 것입니다. 그러면 퓨처 매핑 도입을 서두르기보다 우선 고객의 상황에 제대로 귀 기울이는 것이 필수라는 점을 깨달을 것입니다. 내가 같은 입장이라면 고객이 최고의 성과를 누리도록 먼저 나의 컨설팅 준비를 위해 퓨처 매핑을 활용할 것입니다. 그러면 행동 시나리오 속 가장 좋은 타이밍에 퓨처 매핑을 활용할 때라는 확신이 들지도 모릅니다. 그때 제안하면 고객도 쉽게 받아들이겠지요. 최근 문제 해결이 복잡해질수록 논점이 추상화되어 한 방향으로 나아가지 못하는 경우가 많습니다. 그렇게 혼란스러울 때 퓨처 매핑은 구세주가 되어줍니다. 그럴 때 다음과 같이 제안해보는 것입니다.

"스토리를 창작하는 것으로 고차원적 관점의 브레인스토밍을 한 다음 틀을 깨는 문제 해결법을 찾는 퓨처 매핑이라는 방법이 있습니다. 혹시 괜찮다면 시험해보지 않겠습니까?"

7. 회사의 기획서나 제안서에는 사용할 수 없는 거 아닌지요?

퓨처 매핑은 발상과 행동을 목적으로 한 사고 프레임이므로 합의를 목적으로 한 품의서나 기획서 포맷 자체에 딱 들어맞는 방법은 아닙니다. 그러나 거기 채워야 할 양질의 아이디어를 제로 베이스에서 창조하려 할 때, 퓨처 매핑은 강력한 아군이 됩니다. 퓨처 매핑으로 얻은 아이디어 중 몇 가지는 품의서나 기획서에 포함시킬 수 있습니다. 가령 120% 행복해진 사람의 이야기를 만들며 고객에 관한 통찰을 얻을 수 있고, 제목으로 쓴 단어에서 프로젝트명이나 상품명 등의 아이디어가 탄생하는 경우도 있습니다. 또 기획서 등에서도 '조사·연구', '가설·검증', '결론과 가능성의 확대'라는 3부 구성은 같습니다. 따라서 퓨처 매핑에서 얻은 이야기의 흐름을 프레젠테이션에 살리면, 주변의 공감과 응원을 얻기 쉬워집니다.

8. 그룹으로 퍼실리테이션을 할 때 주의해야 할 사항이 있습니까?

그룹으로 퓨처 매핑을 활용할 때는 같은 배경을 가진 사람뿐만 아니라 다른 관점을 가진 사람을 그룹에 추가할 것을 권합니다. 보통은 흥미와 관심사가 달라 표면적인 대화밖에 나누지 못하던 사이라도, 퓨처 매핑을 하다 보면 스토리를 짜기 위해 자연스럽게 깊은 커뮤니케이션을 나누게 되기 때문입니다. 특히 업무상 중요한 과제의 해결책을 찾아낼 때는 경영진만 모아서 진행할 것이 아니라 경영진, 매니저, 신입사원, 고객 등 계층을 초월해 서로 대화하는 편이 효과적입니다. 스토리 만들기나 행동 시나리오로 해석하는 과정에서 시간을 잊을 정도로 대화에 푹 빠지게 되므로 각자의 지식과 경험을 짧은 시간에 서로 배울 수 있습니다. 또한 업무와 관계없는 스토리를 직접 공유하게 되므로, 계층이나 분야가 다른 사람들 사이에 공통 언어가 생기고 팀워크가 탄탄해집니다. 공유 가능한 스토리가 적어진 요즘이기에 더더욱 함께 스토리를 만들어내는 체험은 커뮤니티 자체를 강력하게 만들 것입니다.

9. 퓨처 매핑 코칭 중 고객이 갑작스레 눈물을 흘리기 시작했습니다. 왜 그럴까요?

이 눈물의 원인은 슬픔이나 아픔 같은 감정이 아닙니다. 이를 '변화의 눈물'이라 부르는데, 자신의 본질에 가장 가까운 영역, 즉 카운

슬링의 세계에서 '셀프'라고 부르는 영역에 닿았을 때 흘리게 됩니다. 자신의 존재 자체가 온전히 세상에 있음을 순간적으로 깨닫는, 말로 표현할 수 없을 만큼 감동적인 체험입니다. '셀프'에서 솟은 깨달음은 내적 동기를 바탕으로 하므로 이를 실행하는 것 자체가 기쁨입니다. 어려운 일이 있더라도 자신의 의지로 해결책을 찾아내므로, 가속적인 성장을 이룰 수 있습니다. 퓨처 매핑은 타인을 행복하게 하는 이야기를 만듦으로써 지금까지 겉으로 드러나지 않게 억압받던 재능이 마치 거울에 비친 것처럼 부각됩니다. 이는 원래 경력 많은 상담가나 할 수 있는 일이지만 퓨처 매핑에서는 심층 심리를 반영한 곡선에 따른 '이야기 짓기'와 '이미지 활용' 그리고 '공백'의 원리 덕분에 고도의 카운슬링 기술을 단기간에 습득할 수 있는 거라고 생각합니다.

10. 왜 교육계에 널리 퍼지고 있나요?

원래 학교에서는 교직원들이 수업 설계 및 학급 운영 계획 등 자신의 업무를 충실히 수행하기 위해 퓨처 매핑을 활용했습니다. 그러다 학생 스스로 생각하게 만드는 교육 도구로도 유용하다는 것을 알게 되었습니다. 특히 직업 교육에 활용하는 중·고교 교사가 늘고 있습니다. 또한 대학 입시 면담 준비에 활용하여 합격자가 급증한 고등학교도 있습니다. 장애아 교육에 오랫동안 몸담아온 한 선생님의 말씀을 소개합니다. "퓨처 매핑은 차트에 관련된 사람들의 행동을 바꿉니다. 지금까지 심리학에서 말한 '동기부여'나 '행동 변화'라는 이론을 훌쩍 뛰어넘지요. (중략) 훌륭한 교육법은 많지만 퓨처 매핑은 직접적으로 행동을 변화시킵니다. 이렇게 긍정적인 사고 쪽으로 움직이게끔 만드는 것이 지금의 직업 교육에 중요한 과제임을, 퓨처 매핑을 배우고 난 뒤부터 강하게 느끼고 있습니다."

11. 퓨처 매핑으로 퍼실리테이션을 진행하는 경험을 쌓으면 리더로 발탁될 가능성이 커졌습니다. 왜 그런가요?

퓨처 매핑으로 퍼실리테이션을 진행하려면 다양한 업종, 분야, 계층의 개개인이 모여 대화를 통해 각자의 재능을 발휘할 수 있도록 편안한 공간을 만들어야 합니다. 때문에 퍼실리테이터는 자연스럽게 공감 능력이 높아져 매력적인 사람이 됩니다. 또한 다른 사람을 행복하게 만드는 이야기를 지을 때마다 인생에 관한 생생한 스토리를 축적하게 됩니다. 이는 본인 혼자만의 인생이 아니라 여러 사람의 인생을 동시에 경험하는 듯한 체험입니다. 다양한 관점으로 인간을 관찰하는 습관이 생기므로 이해관계가 맞부딪치더라도 보다 넓은 관점에서 조화를 이룰 수 있게 됩니다.

12. 불교에 영향을 받은 듯한데요….

퓨처 매핑은 특정 종교의 교리에 영향을 받은 것이 아닙니다. 내가 비즈니스 현장에서 실천한 지난 15년간의 마케팅 기획 중 성과를 낸 것과 그렇지 않은 것의 차이점을 분석하고 성과를 낸 것들의 공통된 원칙을 사고 프레임으로 구성한 것일 뿐입니다. 퓨처 매핑은 어디까지나 업무상 도구이므로, 이를 활용하는 개인이 스스로 생각하고 몸을 움직여 형태를 만들어가는 데 의의가 있습니다. 그러다 보니 불교뿐만 아니라 지금까지 인류가 쌓아 올린 지혜와 사상 체계를 몸소 체험함으로써 본질적으로 빠르게 이해하게 만든다고 생각합니다.

13. 퓨처 매핑을 몸에 익히려면 어디서부터 시작해야 좋을까요?

한 학교의 선생님이 새로 담임을 맡게 되었습니다. 선생님은 매일 아침 한 학생을 뽑아 그 아이를 행복하게 만드는 퓨처 매핑을 완성했습니다. 매일 한 아이에게 주목하고 행동한다는 루틴을 학급 전원에 행한 것입니다. 그 결과 학생들 각자의 생각과 개성을 알게 되었고, 아이들 사이의 관계도 꿰뚫게 되었습니다. 원래는 무척 까다로운 학급이었지만, 한 달 뒤에는 단합이 잘 되는 우수한 학급으로 변했습니다. 당신도 매일 스케줄을 세울 때 간단한 퓨처 매핑을 그려보는 것부터 시작해보면 어떨까요? 오늘 하루는 누구를 행복하게 만들어줄까. 그러면 매일 아침, 잠에서 깨어나 현실에 눈뜰 수 있습니다.

퓨처 매핑 하는 법

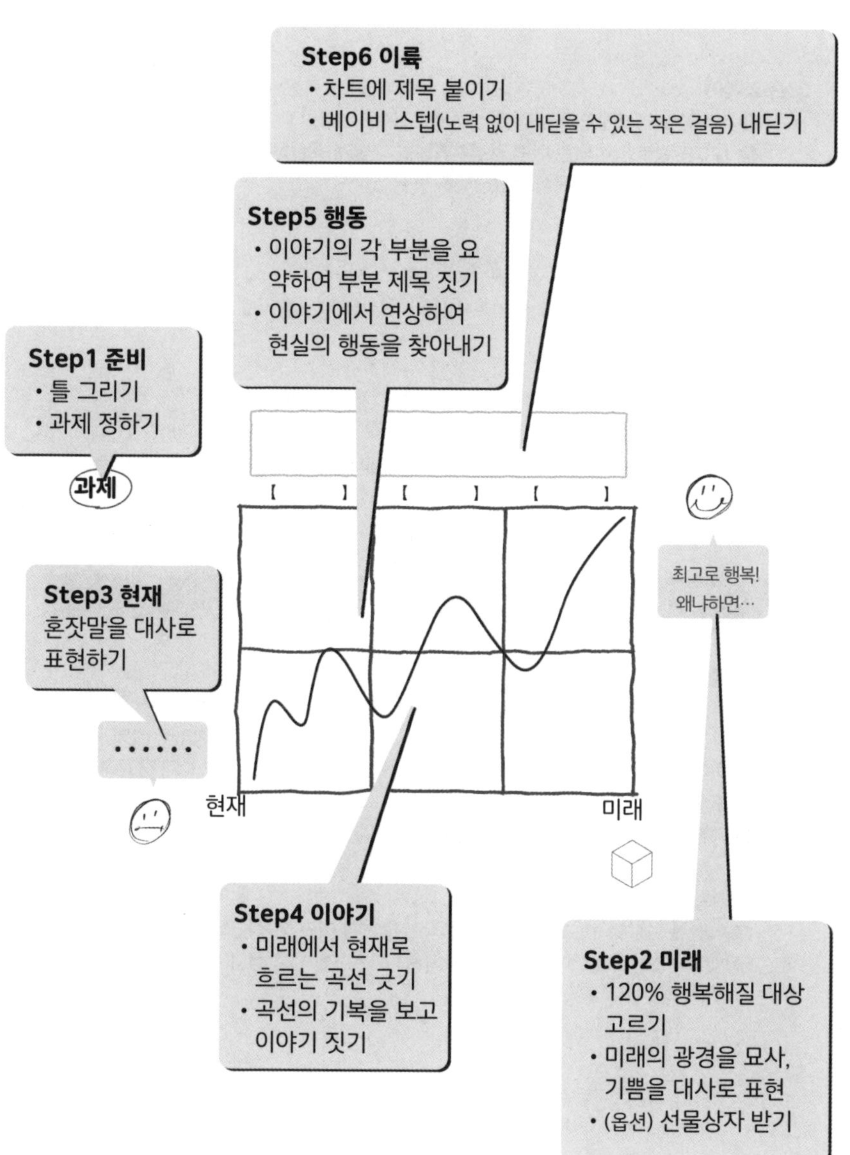
Step6 이룩
• 차트에 제목 붙이기
• 베이비 스텝(노력 없이 내딛을 수 있는 작은 걸음) 내딛기
Step5 행동
• 이야기의 각 부분을 요약하여 부분 제목 짓기
• 이야기에서 연상하여 현실의 행동을 찾아내기
Step1 준비
• 틀 그리기
• 과제 정하기
과제
최고로 행복! 왜냐하면…
Step3 현재
혼잣말을 대사로 표현하기
……
현재
미래
Step4 이야기
• 미래에서 현재로 흐르는 곡선 긋기
• 곡선의 기복을 보고 이야기 짓기
Step2 미래
• 120% 행복해질 대상 고르기
• 미래의 광경을 묘사, 기쁨을 대사로 표현
• (옵션) 선물상자 받기

[상상의 영역] 120% 행복한 사람의 이야기를 창작하기

Step1. 준비

❶ 6개의 칸과 제목 박스를 그리고 과제를 달성할 기간(타임라인)을 정한다.
❷ 과제를 정한다.

Step2 미래

❶ 120% 행복하게 만들 대상을 한 사람 고르고 스마일 마크와 이름을 적는다.
❷ 120% 행복한 미래는 어떤 광경? 기쁨을 어떻게 표현하는가?
❸ 120% 행복한 미래에서 선물상자를 받는다.

Step3 현재

❶ 현재의 상황을 노멀 페이스 마크로 그린다.
❷ 혼자일 때 흘리듯 내뱉는 사소한 말을 상상하여 대사로 표현한다.

Step4 이야기

❶ 미래에서 현재를 향해 잘 안 쓰는 손으로 곡선을 그린다.
❷ 곡선 중 신경 쓰이는 포인트 5~7군데에 ↑(아래에서 위를 향하는 화살표)를 그린다.
❸ 곡선 아래의 공간에 화살표를 그린 부분에 무슨 일이 일어났는지 곡선에 따른 이야기를 적는다.

[현실의 영역] 스스로 할 수 있는 행동 찾아내기

Step5 행동

❶ 곡선 아래의 이야기 중 '왠지 신경 쓰이는 단어(키워드)' 를 골라 동그라미를 친다.
❷ 곡선 아래의 이야기 흐름을 대략 파악하고 각 부분의 제목을 6개의 칸 위에 적는다.
❸ 이야기의 흐름, 기존 스케줄, 동그라미 친 이야기 속 키워드에서 과제 달성에 도움이 될 만한 본인의 행동을 연상한다.
❹ 곡선 위 공간에 본인이 할 수 있는 행동을 적는다.

Step6 이륙

❶ 이렇게 성장해가는 과정이 영화라면 이 영화에 어떤 제목을 붙일까?
❷ 베이비 스텝(노력 없이 내디딜 수 있는 최초의 작은 한 발짝)을 정한 뒤 언제 내디딜지 선언한다.

● Future Mapping Chart

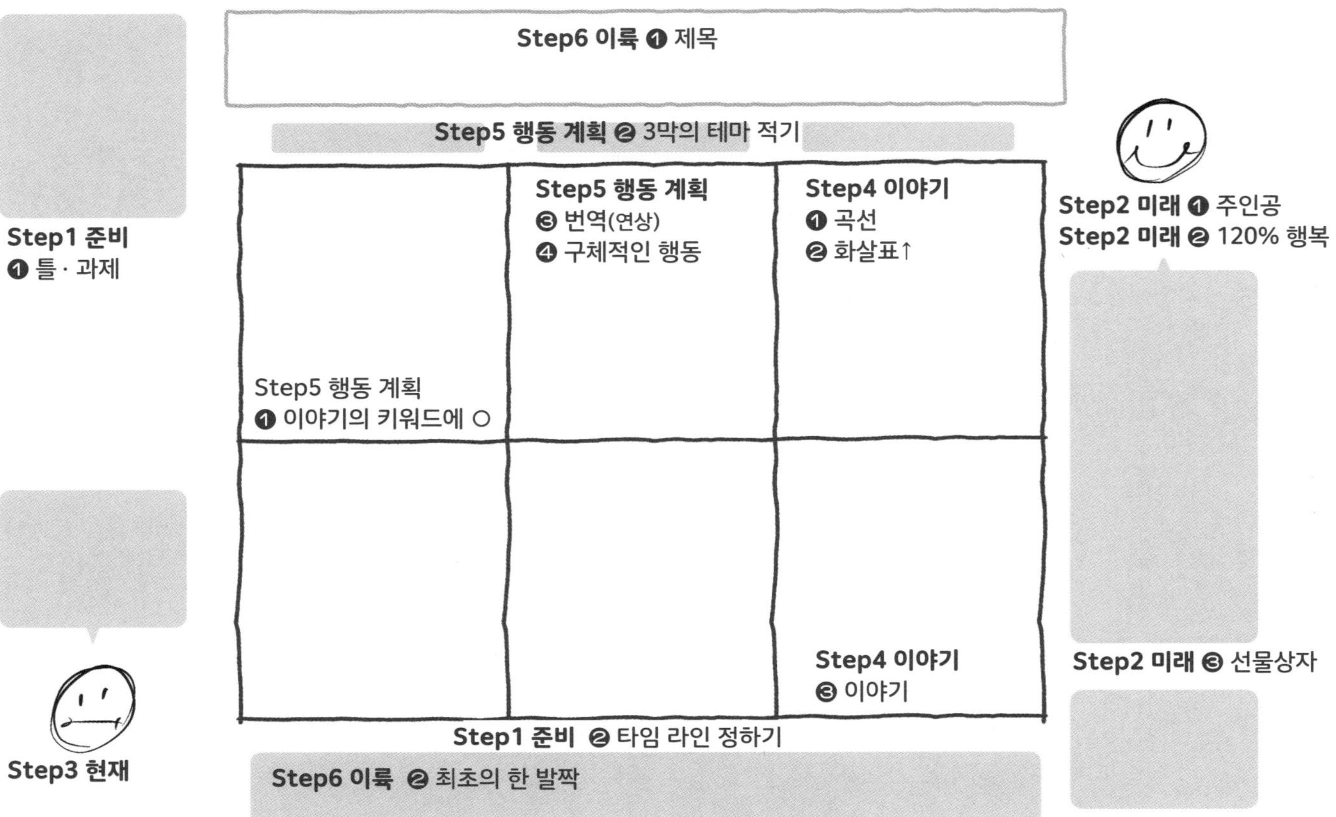

● Future Mapping Chart

● Future Mapping Chart

에필로그

이 책을 통해 꼭 전하고 싶었던 것이 있다. 우리는 모두 누군가를 행복하게 만듦으로써 상상을 초월한 이상적인 미래를 창조하는 힘을 가졌다는 점이다.

퓨처 매핑을 개발한 이래 나는 이타성이 지닌 가능성에 계속해서 놀라는 중이다. 배려하는 마음으로 누군가의 행복을 비는 이야기를 엮으면 그것이 곧 나 자신을 비추는 거울이 된다. 그 결과 미래로 나아가기 위해 필요한 감춰진 재능이 저절로 떠오른다. 재능은 관계 안에서 발견되었으므로 다양한 사람들과 어울려 새로운 프로젝트를 만들어낸다.

단순한 메커니즘으로 수많은 문제를 해결하는 흥미진진한 모험. 나는 이 모험을 함께 떠날 동지를 한 사람이라도 더 찾고픈 마음으로 이 책을 썼다. 이제는 지식을 창조하여 사회적 문제를 해결하는 것이 가치를 창출하는 시대, 즉 지식창조시대에 접어들었다. 세상에는 문제가 쌓여 있다. 특히 일본은 지진 재해, 방사능 오염, 에너지 문제, 고령화 사회, 주변 국가와의 정치적 분쟁이라는 난제를 안고 있다. 그러나 이러한 난관은 우리의 중요한 재능을 부각시킨다. 세상을 새롭게 탄생시키기 위해 필요한 재능은 바로 이타심이다.

지금까지 일이란 일용할 양식을 얻는 것이 목적이었다. 조직의 윗사람은 "고객을 위해, 회사를 위해"라고 입이 마르도록 외쳤지만, 유감스럽게도 주어진 사고 툴은 시장 점유율을 빼앗는 것이 목적인 경쟁 시대에 개발된 것이었다. 따라서 현장 사람들은 항상 이율배반적인 가치관 속에서 모순을 안고 살아갔다.

그러나 이제 이타적인 이야기를 하면 할수록 창의적인 부가가치가 창출된다는 프로세스가 명확해졌다. 매일 아침 일어나 그날의 스케줄을 생각할 때마다, 한 가지 질문을 던져보자. "그럼 오늘은 누구를 행복하게 만들까?" 이렇게 생각하며 하루를 여는 것이다.

마침내 세상은 경쟁으로 부를 쌓던 시대를 종식하고 '화합을 통해 평화롭게'라는 말처럼 존경과 화합을 통해 번영하는 시대로 전환할 준비가 되었다. 지구를 위하는 마음으로 일하고 싶은 당신과 함께 새로운 세상을 만드는 공동 작업을 행하고 있다는 사실에, 마음속 깊이 뿌듯함을 느낀다.

간다 마사노리

추신 : 이 책을 집필하면서 실제 퓨처 매핑 차트를 만들어 도전한 결과를 보고하겠다.

[과제] 상하이 세미나를 성공시키기 위해 할 수 있는 최고의 준비는 무엇인가?

[기한] 12일간

[결과] 대성공. 경영자를 중심으로 참가자가 약 30여 명 모여, 웃음이 끊이지 않는 멋진 협동 작업을 끝냈다. 마지막은 기립박수. 학원이라는 이름의 클래스가 결성되어 앞으로도 쭉 활동을 이어가기로 했다.

[깨달은 점] 선물상자에 들어 있던 연꽃. 당일 행사장에 가보니 곳곳에 연꽃이…. 이런 선물을 받을 수 있다는 점도 퓨처 매핑의 묘미입니다.

스토리씽킹

초판 1쇄 발행 2021년 5월 30일
초판 3쇄 발행 2023년 8월 30일

지은이 간다 마사노리
옮긴이 김형숙

기획 · 편집 도은주, 류정화
미디어 마케팅 초록도비

펴낸이 윤주용
펴낸곳 초록비책공방

출판등록 2013년 4월 25일 제2013-000130
주소 서울시 마포구 월드컵북로 402 KGIT 센터 921A호
전화 0505-566-5522 팩스 02-6008-1777

메일 greenrainbooks@naver.com
인스타 @greenrainbooks
포스트 http://post.naver.com/jooyongy
페이스북 http://www.facebook.com/greenrainbook

ISBN 979-11-91266-08-5 (03320)

* 정가는 책 뒤표지에 있습니다.
* 파손된 책은 구입처에서 교환하실 수 있습니다.